Ediție îngrijită de (Ausgabe betreut von ~ edited by): Sidor Costinaşi
Tehnoredactare & design (technische Ausführung & Design ~ editing and design): Sidor Costinaşi

Limba germană (deutsch ~ translation into German): Christine Weber
Limba engleză (englisch ~ translation into English): Daniela Mariana Danea

Oscar Skrabel

Bistrița

nostalgii citadine

städtische nostalgie ~ town melancholy

~album~

Cuvânt înainte

Pe nesimțite, anii se scurg în angrenajul lui Cronos, oferindu-ne puține satisfacții, rare succese și, mai ales, obligându-ne la prea multe renunțări. Nemiloasa clepsidră a vieții, acceptată unanim, devine, la vremea înseratului vieții, pentru cei mai mulți dintre noi, o povară.

Odată cu trecerea anilor, de la o anumită vârstă, timpul este copleșitor de intens receptat, zborul lui cerșind clipei eternitate.

Intrați în criză de timp am dori, parcă, să mai evocăm ceva, ceea ce părea cândva insignifiant, sau chiar intim, acel ceva... păstrat ca un balsam în inima fiecăruia - amintirile.

Târziu, constatăm efemeritatea acestora, ca de altfel și a lucrurilor zămislite cu pricepere, făcute să dăinuie. Abia când încep să dispară o cunoștință, un vecin, o casă, mai apoi un prieten, o stradă, constatăm cu toții că, odată cu ei, se stinge și o parte a sufletului nostru. Iată de ce am convingerea că este de datoria celor mai vârstnici să-și facă amintirile cunoscute celor tineri, chiar dacă pentru unii ar putea părea irelevante. Numai consemnându-le le putem feri de desuetudine și uitare.

Cu toate că în viața comunității noastre s-au desfășurat momente de mare reverberație istorică și socială de-a lungul vremurilor, nu asupra lor voi insista în rândurile ce urmează, ci asupra perioadelor de liniște și armonie, când s-au pus bazele unei culturi și civilizații citadine remarcabile, când s-a edificat mult și s-a prosperat pe măsură.

Multă vreme am considerat că este datoria altora să aștearnă pe hârtie slove pline de admirație, despre urbea noastră, așa cum a fost ea până nu de mult, cât și despre realizările unor concitadini valoroși, trecuți demult în eternitate, cărora le datorăm multe.

Cum timpul a trecut ...și soliștii nu au apărut, v-aș ruga să-mi îngăduiți mie, acest "intermezzo."

Impresionat de multe realizări ale înaintașilor noștri, mă simt obligat să vi le amintesc și să vi-i reamintesc, aducându-le astfel un omagiu și o pioasă recunoștință.

După zeci de ani de colecționare a ilustratelor și fotografiilor cu oameni și locuri din Bistrița de altădată, vi le ofer în speranța că ele vor vorbi mai mult decât vă pot spune eu în puținele pagini ale acestui album, ce se dorește a fi o restituire a unor drepturi patrimoniale către orășeanul de astăzi, mai puțin informat și doritor să le cunoască. Sper, deasemenea, ca ele să ofere și un prilej de duioasă aducere aminte pentru bistrițenii cu mai multe amintiri.

Totul se vrea animat de gratitudine pentru bistrițeanul de odinioară, o mărturisire sinceră a dragostei ce o port urbei noastre patriarhale și, de ce nu, civilizației, decenței și speranței în prosperitatea zilei de mâine.

Autorul

Vorwort

Unspürbar fließen die Jahre im Uhrwerk des Chronos, sie teilen wenig Befriedigung aus, selten Erfolge, vor allem verpflichten sie zu vielen Entsagungen. Die unbarmherzige Sanduhr des einmütig angenommenen Lebens wird am Lebensabend für die meisten unter uns zur Last, zur Bedrängnis.

Während die Jahre vergehen wird die Zeit ab einem bestimmten Alter überwältigend intensiv empfunden, und in ihrem raschen Flug ersehnen wir ewig andauernde Augenblicke der Ruhe.

In eine Zeitkrise eingetreten möchten wir vielleicht noch etwas wachrufen, etwas, das irgendwann unbedeutend erscheint oder sogar intim, dieses Etwas.....aufbewahrt wie ein Trost im Herzen von jedem Menschen die Erinnerungen.

Spät erst bemerken wir ihre Vergänglichkeit so wie auch jene der mit Verstand angefertigten Dinge, angefertigt um dauerhaft zu sein. Erst wenn ein Bekannter verschwindet, ein Nachbar, ein Haus, dann ein Freund, eine Straße, erst dann stellen wir alle fest, dass gleichzeitig mit ihnen ein Teil unserer Seele verlöscht. Deshalb habe ich die Überzeugung, dass es die Pflicht der Älteren ist, ihre Erinnerungen den Jungen weiter zu geben, auch wenn es für einige unter ihnen irelevant erscheinen mag. Nur wenn wir sie aufzeichnen können werden wir sie vor Vergessen und Veralten bewahren.

Obwohl es im Leben unserer Gemeinde im Ablauf der Zeiten Momente mit großem historischem und sozialem Widerhall gab werden die folgenden Zeilen nicht auf diesen verweilen, sondern auf den Perioden der Ruhe und Harmonie, als man die Basis einer bemerkenswerten städtischen Kultur und Zivilisation legte, als viel gebaut und in Maßen erneuert wurde.

Lange Zeit habe ich geglaubt dass es die Pflicht anderer wäre, auf Papier die Bewunderung für unsere Stadt, so wie sie bis vor nicht allzu langer Zeit war, niederzuschreiben, und auch über die Leistungen einiger hervorragender Mitbürger, die schon lange in die Ewigkeit eingegangen sind und denen wir viel verdanken.

Wie doch die Zeit vergangen ist......und keiner hat sich gemeldet, so also bitte ich, mir dieses „Intermezzo" zu erlauben.

Beeindruckt von den vielen Leistungen unserer Vorfahren fühle ich mich verpfllichtet, an sie zu erinnern und bringe ihnen auf diese Art meine Ehrenbezeugung und eine fromme Anerkennung dar.

Nachdem ich mehr als zehn Jahre lang Ansichtskarten und Fotografien von Leuten und Plätzen des früheren Bistritz gesammelt habe, möchte ich diese veröffentlichen in der Hoffnung, dass sie mehr sagen können als ich in den wenigen Seiten dieses Albums, das eine Rückgabe von Eigentumsrechten an den Städter von heute sein möchte, der wenig informiert ist und sie kennen lernen möchte. Desgleichen hoffe ich, dass sie für alle Bistritzer, die diese Zeiten noch frisch im Gedächtnis haben, eine liebevolle Erinnerung darstellen.

Das alles möchte die Dankbarkeit für den Bistritzer von früher wieder beleben, es ist ein ehrliches Zeugnis der Liebe, die ich für meine Vaterstadt fühle und, warum nicht, für die Kultur, Gesittung und die Hoffnung in das Aufblühen in der neuen Zeit.

Der Autor

Forward

Imperceptibly, the years pass together with the wheels of Cronos, with little satisfaction, with little success and more than that with too many giving-ups. The pitiless hourglass of life, accepted by all of us, becomes a burden, an ephemeral instant in the twilight of our life.

Passing the years, from a certain age the time is overwhelming and intense intercepted , and its flight beggs for eternity.

Being a permanent lack of time, we seem to wish to conjure up something that once seemed insignificant or maybe intimate, that something... Kept like a balm in everybody's heart the memories.

Later, we notice their ephemerity as well, and that of the things made with ability, made to last. Only when an acquintance, a neighbor, a house and then a friend and a street disappear we notice that a part of our soul goes together with them. That's why I am convinced that it is up to the old that the memories be Known by the young even if for some of them this could appear irrelevant. Only by putting them down can we save them from disuse and forgetfulness .

Even if in our community's life there were some moments of historical and social reverberation, I am not going to insist on them but on the moments of peace and harmony, when a remarkable cultural and social citylife was founded.

For a long time I thought that it was other people's duty to put down words full of admiration about our town, as it was not a long time age and about its people's achievements to whom we owe very much.

As the time passed... and the soloists did not come up let me be the „intermezzo".

Being impressed by what our predecessors did I feel „ forced" to remind then to you and bring them all my respects.

After tens of years of collecting pictures and photos with the people from the ancient Bistrița, I want to offer them to those who are interested in, hoping that they will tell you more than I can tell you in the few pages of this album, which wants to be a restitution of some patrimonial rights. It is dedicated to townsmen less informed and eager for details. I hope it will also be a recollection for all the people in Bistrița who have some memories left.

I want that everything will be a sincere avowal of the love I have for our patriarchal town and why not, for civilization decency and hope for tomorrow's flowering.

The author

Préface

Tout doucement les années s'écoulent sous le signe de Cronos avec peu de satisfactions, avec de rares succès et trop de renoncements. Le cruel sablier de la vie, unanimement accepté, devient, vers la fin de l'existence, pour la plupart des mortels, un fardeau ou un moment éphémère.

La fuite du temps, à un certain âge, est très intensément ressentie: son vol supplie à l'instant l'éternité. Par faute de temps, nous désirerions revivre quelque chose, ce qui semblait naguère insignifiant ou intime, ce quelque-chose qu'on garde comme un baume au fond du coeur .... les souvenirs.

Plus tard on constate que ceux-ci sont fugitifs tout comme les objets créés avec habileté, faits pour durer à jamais. Petit à petit on constate la disparition d'une connaissance, d'un voisin, d'une maison, ensuite d'un ami ou d'une rue et l'on sent qu'ils ont emporté notre âme.

Voilà pourquoi, j'ai la conviction que c'est le devoir des personnes âgées de préserver les souvenirs pour que les jeunes les connaissent eux-aussi. Il faut les noter pour les protéger de l'oubli et de la futilité.

Bien que dans la vie de notre communauté aient eu lieu, le long des années, des moments de grande effervescence historique et sociale, j'insisterai dans ce livre sur les périodes paisibles et d'harmonie quand on a commencé à édifier une culture et une civilisation citadine remarquables et quand la société a beaucoup prospéré.

Un certain temps j'ai considéré que ce n'est pas mon devoir de coucher sur le papier des mots pleins d'admiration pour notre bourg, tout comme il se présentait il n'y a pas longtemps et sur les réalisations de nos citoyens valeureux, passés de vie à trépas, auxquels nous sommes redevables.

Le temps s'est envolé.... les auteurs n'apparaissent pas, permettez-moi donc cet ,,intermezzo". Puisque je suis très touché des réalisations de nos précurseurs, je me sens obligé de vous les rappeler et ainsi en leur rendre hommage.

Après une dizaine d'années, où je me suis fait une collection de cartes postales illustrées et des photos représentant des gens et des endroits de la Bistriţa d'autrefois, je peux les offrir à ceux qui s'y intéressent, en ayant l'espoir qu'elles peuvent exprimer plus que moi-même, dans les pages de mon album qui se veut une restitution des droits patrimoniaux faite au citadin de notre ville, moins informé et désireux de les apprendre. J'espère qu'elles se constituent en un émouvant souvenir pour les anciens habitants de Bistriţa.

Tout ce que je vous propose veut être un signe de gratitude pour mes concitoyens, un témoignage sincère de l'amour que je porte à mon ancien bourg patriarcal et, pourquoi pas, à la civilisation , à la décence et à l'espoir dans un prospère lendemain.

L'auteur

Bistrița

1352

Sumar

Întemeieri (Gründung ~ (Settlements)

Valori medievale (Mittelalterliche Werte ~ Mediaeval values)

Obiceiuri şi datini (Sitten und Gebräuche ~ Customs and traditions)

Burgul BISTRIȚA

Dovezi arheologice, care să ateste existența unor așezăminte omenești pe arealul actual al orașului Bistrița, sunt multiple și datează din comuna primitivă și perioada daco-romană. Burgul a fost însă întemeiat de coloniștii sași, cărora regele Ungariei Bela al IV-lea le-a oferit ca privilegii și întinse teritorii. Colonizarea masivă a teritoriului Bistriței s-a realizat abia în secolul al XIII-lea, când au sosit aici marea majoritate a coloniștilor germani, veniți din Ducatul Luxemburg, de pe Valea Moselei, dar și din Flandra și Saxonia, așa după cum s-a putut deduce pe baza cercetărilor lingvistice și dialectologice efectuate.

Primele izvoare scrise legate de prezența coloniștilor germani și secui pe aceste meleaguri alături de populația băștinașă de origine valahă, pecenegă și chiar slavă datează din secolul al XII-lea. Informații din această ultimă perioadă sunt numeroase. Ele se întind de-a lungul a peste 800 de ani, începând cu anul 1191. Cu toate acestea, istoricii au opinii diferite cu privire la prima atestare documentară a Bistriței, deoarece unii fac abstracție de numele inițial al burgului, cel de Nossa, așa cum numeau primii coloniști sașii, reședința ținutului Nosnergau, în prima perioadă a existenței sale.

Dintre numeroasele variante ce doresc să stabilească prima atestare documentară a orașului nostru, cea mai verosimilă mi se pare cea susținută de bistrițeanul *Dr. JOST LINKNER, din Wels (Austria)* care, în articolul "Numele Bistriței de-a lungul vremurilor", din cartea *"BISTRITZ IN SIEBENBURGEN"*, vol.I, apărută la Wehrheim/Taunus (*Germania*), în anul 1980, arătă că orașul Bistrița a fost menționat, de-a lungul istoriei sale, în peste 36 de variante toponimice, dintre care 10 au ca formă de bază cuvântul NOSA, între anii 1241 și 1661, 24 de variante slavul *BISTRICHE,* din anul 1264 și până astăzi, precum și toponimicul românesc *TĂRGU ROSSU*, menționat la 1839 de *J. LENK V. TREUENFELD, în LEXICONUL GEOGRAFIC AL TRANSILVANIEI.*

Ori, tocmai această varietate toponimică a generat incertitudini în stabilirea primei menționări scrise.

Mulți istorici, care au venit în contact cu documente ale vremii în care apare toponimicul de *NOSA*, nu au făcut legătura cu actuala denumire de Bistrița, de unde și fireștile semne de întrebare.

Cetatea Bistrița, în anul 1602; gravură de H.J. Schollemberger
Die Bistritzer Burg im Jahre 1602, Gravur von H.J. Schollemberger
Bistrița Fortress in 1602, engraving by H.J. Schollemberger

Această idee este susținută și în articolul „Bistrița în vechile cronici și rapoarte", al regretatului, *Prof. Dr. ERNST WAGNER* ,unul dintre cei mai competenți cercetători ai istoriei orașului, care confirma că cea mai veche atestare documentară a orașului Bistrița, în care el apare sub denumirea de *NOSA*, este cea din *„CODICELE ORIGINAL AL MĂNĂSTIRII BENEDICTINILOR DIN LUXEMBURG"*, document în care se descrie invazia tătarilor în Transilvania în anul 1241.

Textul original, scris în limba latină de către *PREASFINȚIA SA DIONISOS*, unul dintre cei patrusprezece scriitori salvatori, este reluat în detaliu și în *"MONUMENTA GERMANIAE HISTORICA SCRIPTORES"*, Tabloul 14, pagina 65, ca și în lucrarea *"IZVOARE ASUPRA ISTORIEI SAȘILOR DIN TRANSILVANIA ÎNTRE ANII 1191-1975", Ediția II, KOLN-VIENA,1981,* în care pagina 20, are următorul conținut: *"ÎN ANUL 1241 DE LA ÎNTRUPAREA DOMNULUI, CHIAR ÎN DUMINICA PAȘTELOR (31 martie), PESTE CODRII CARPAȚILOR AU NĂVĂLIT TĂTARII ÎN RODNA, UN TÂRG AL UNGURILOR, OMORÂND 4000 DE OAMENI SAU MAI MULȚI. ÎN MARȚEA ACELEIAȘI SĂPTĂMÂNI (2 aprilie) AU FOST OMORÂȚI ÎN TÂRGUL NOSA 6014 CREȘTINI! O A DOUA HOARDĂ TĂTARĂ A NĂVĂLIT ÎN TRANSILVANIA ÎN PROVINCIA BURZA OMORÂND CONDUCATORUL OȘTILOR DIN ȚARA TRANSILVANIEI ȘI PE TOȚI OAMENII SĂI. LA 4 APRILIE AU CĂZUT ÎN SATUL KOKELBURGH (KUMELBURGH) MAI MULT DE 30.000 DE OAMENI. DE ASEMENI, ÎN JOIA DINAINTEA DUMINICII MISERICORDIEI (11 aprilie) AU CĂZUT ÎN ORAȘUL HERMANNSDORF (VILA HERMAN) MAI MULT DE 100 000 DE LOCALNICI".*

De altfel, într-un document de la curtea Împăratului Ferdinand I, întocmit la Viena la 31 august 1559, se pomenește pentru prima oară de Bistrița într-un text referitor la Comitele Emerich de Salzburg, pomenit în anul 1222.

Cu prilejul unor comemorări recente, organizate de notabilitățile locale, se sublinia că prima atestare documentară a orașului ar fi datată în anul 1264, menționat fiind Documentul emis de Papa Urban al IV-lea, prin care acesta cerea Ducelui Ștefan al Transilvaniei să restituie Ungariei, ținutul Bistriței și al Rodnei. Denumirea sub care apare orașul în textul original, scris în limba latină, era *BISTRICHE.*

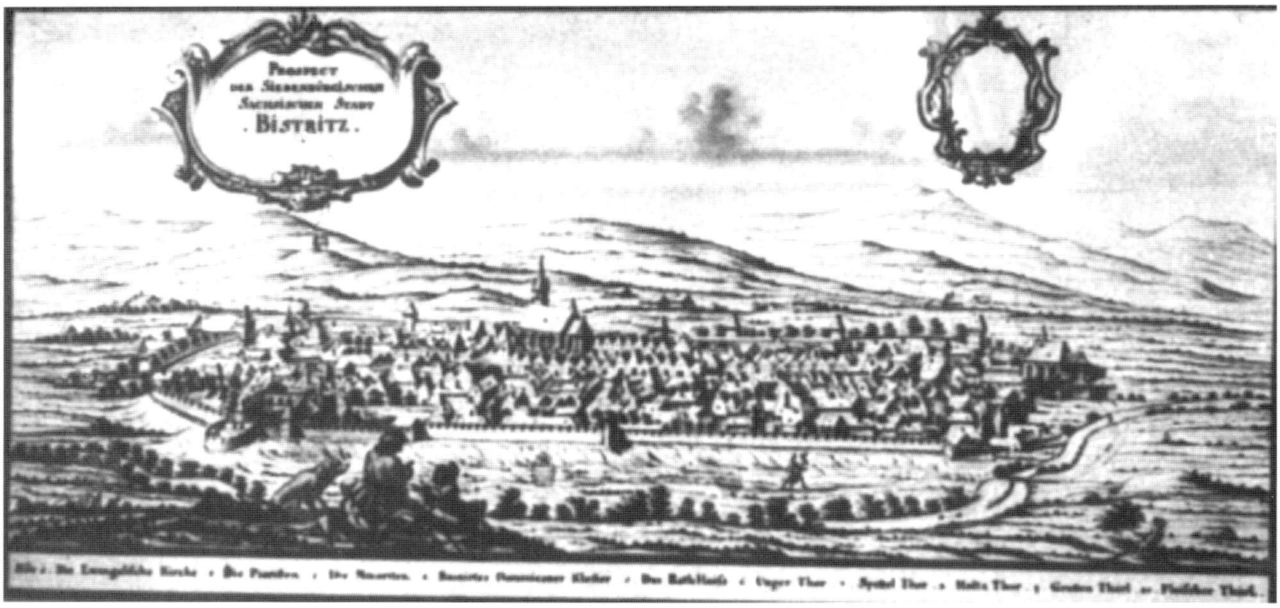

Proiect urbanistic secolul XVII ~ Stadtbild XVII. Jh. ~ Town plan, 1736

Iată și conținutul acestuia „ *URBAN EPISCOPUL, PREA IUBITUL NOSTRU FIU ÎNTRU HRISTOS, ȘTEFAN, ÎNTÂIUL NĂSCUT AL PREAIUBITULUI NOSTRU FIU BELA, ILUSTRU REGE AL UNGARIEI, MÂNTUIRE. ÎNĂLȚIMEA TA TREBUIE SĂ SE FEREASCĂ CU GRIJĂ DE TOT CE SE CUNOAȘTE A FI NEDREPT ȘI NEPOTRIVIT ȘI MAI ALES DE ORICE FAPTĂ CARE PARE A CUPRINDE ÎN SINE O NEDREPTATE SAU JIGNIRE ADUSĂ PREAIUBITEI NOASTRE FICE ÎNTRU HRISTOS, MARIA, ILUSTRA REGINĂ A UNGARIEI, TATĂL TĂU ȘI AL ZISEI REGINE MARIA, TU, FĂRĂ A ȚINE SEAMA CĂ PRICINILE PURTATE ÎNTRE ALȚII NU TREBUIE SĂ VATĂME PE UN AL TREILEA, TU SUB CUVÂNTUL UNEI ÎNVOIELI CARE, FĂRĂ CONSIMȚĂ-*

MÂNTUL REGINEI, S-A FĂCUT ODINIOARĂ ÎNTRE TINE ŞI NUMITUL REGE, TATĂL TĂU, AI ÎNCĂLCAT ÎMPOTRIVA DREPTĂŢII ŞI ŢI, SPRE PAGUBĂ ŞI NEAJUNSUL NUMITEI REGINE, NIŞTE SATE ŞI PĂMÂNTURI NUMITE ÎN LIMBA OBIŞNUITĂ ***BISTRICHE*** *, RODNA, ZELNA ŞI CRAINIMĂT, PE CARE LE-AU STĂPÂNIT ÎN TIHNĂ ŞI PACE ATÂT SUSNUMITA REGINĂ, CÂT ŞI TOATE ÎNAINTAŞELE SALE, DIN VREMURI A CĂROR AMINTIRE S-A PIERDUT………………", semnată la 16 iulie 1264.*

Aşadar, având în vedere că există o menţionare documentară de epocă, ce este legată de anul 1241, în anul 2001, se împlinesc **760 de ani** de când numele oraşului nostru este menţionat în scris.

Au fost la modă, în ultima vreme, aniversări intempestive, menite să alimenteze vanităţi şi orgolii conjuncturale sau politicianiste, ale primarilor autohtoni, care au întinerit urbea noastră, cu câţiva zeci de ani, în dauna adevărului istoric.

Die Bistritzer Burg

Es gibt viele archäologische Beweise für die Existenz menschlicher Siedlungen auf dem Gebiet der heutigen Stadt Bistritz. Sie stammen von primitiven Völkern und aus der daco-romanischen Periode. Die Burg wurde von sächsischen Kolonisten gegründet, denen der ungarische König Bela IV. auch ausgedehnten Boden als Privileg angeboten hatte. Die massive Kolonialisierung erfolgte erst im XIII.Jh., als hier die Mehrheit der deutschen Kolonisten aus dem Fürstentum Luxemburg, aus dem Tal der Mosel, aber auch aus Flandern und Sachsen eintraf, wie man den sprachlichen und dialektischen Forschungen entnehmen kann.

Die ersten schriftlichen Quellen mit Bezug auf die Gegenwart von deutschen und szekler Kolonisten in dieser Gegend, neben der einheimischen Bevölkerung von Walachen, Petschenegen und auch Slawen, stammt aus dem XII. Jh. Die Informationen aus dieser letzten Periode sind zahlreich. Sie erstrecken sich auf einen Zeitraum von über 800 Jahren, mit dem Beginn im Jahre 1191. Trotzdem haben die Historiker verschiedene Ansichten im Hinblick auf die erste dokumentierte Erwähnung von Bistritz, weil manche den ersten, von den sächsischen Kolonisten für den Hauptsitz der Provinz Nösnergau in der Anfangszeit seiner Existenz verwendeten Namen der Burg Nossa verallgemeinerten.

Unter den zahlreichen Varianten, welche die erste dokumentierte Bezeugung unserer Stadt festlegen möchten, scheint jene des Bistritzers Dr. JOST LINKNER aus Wels (Österreich) der Wahrheit am Nächsten zu kommen. In seinem Artikel „Der Name von Bistritz im Laufe der Zeit“ aus dem Buch „BISTRITZ IN SIEBENBÜRGEN“, vol. I, erschienen in Wehrheim/Taunus (Deutschland) im Jahre 1980, zeigt er auf, daß die Stadt Bistritz während seiner langen Geschichte in über 36 Bezeichnungsvarianten erwähnt wurde, von denen 10 als Grundform das Wort NOSA haben, in den Jahren 1241 1661. 24 Varianten weisen das slawische BISTRICHE auf, ab 1264 bis heute, oder die rumänische Bezeichnung TARGU ROSSU, wie von J. LENK V. TREUENFELD 1839 in seinem GEOGRAFISCHEN LEXIKON TRANSILVANIENS erwähnt.

Vielleicht ist gerade diese Vielfalt an Bezeichnungen der Grund für die Unsicherheit betreffend die erste schriftliche Erwähnung.

Viele Historiker, die in diesen Zeitdokumenten mit der Erwähnung der Bezeichnung NOSA in Kontakt gekommen sind, haben keine Verbindung mit dem Namen von Bistritz hergestellt, daher auch die daraus entstehenden Fragezeichen.

Diese Idee wird auch in dem Artikel „Bistritz in alten Chroniken und Berichten“ vertreten, verfaßt von Prof. Dr. ERNST WAGNER, einem der kompetentesten Forscher der Stadtgeschichte. Er bestätigt, dass die älteste dokumentarische Erwähnung der Stadt Bistritz, in welcher diese unter der Bezeichnung NOSA geführt wird, aus den „ORIGINALE KODIZES DES BENEDIKTINER-KLOSTERS VON LUXEMBURG“ stammt, ein Dokument, in dem der Einfall der Tataren in Siebenbürgen im Jahre 1241 beschrieben wird.

Der Originaltext in lateinischer Sprache SEINER HEILIGKEIT DIONISOS, eines der 14 überlieferten Schreiber, wird detailliert in „MONUMENTA GERMANIAE HISTORICA SCRIPTORES“, Bild 14, Seite 65, wieder aufgenommen, ebenso in der Arbeit „QUELLEN DER GESCHICHTE DER SACHSEN IN TRANSILVANIEN ZWISCHEN DEN JAHREN 1191-1975“, Ed.II, Köln-Wien 1981, deren Inhalt auf der Seite 20 lautet: „IM JAHRE 1241 NACH DER ERSCHEINUNG DES HERRN, GENAU AM OSTERSONNTAG (31. März), SIND DIE TATAREN

ÜBER DIE WÄLDER DER KARPATEN IN RODNA EINGEFALLEN, EINEM MARKT DER UNGARN, UND SIE HABEN 4000 MENSCHEN ODER MEHR ERMORDET. AM DIENSTAG DER GLEICHEN WOCHE (2. April) WURDEN IM MARKT NOSA 6014 CHRISTEN ERMORDET! DIE ZWEITE TATARENHORDE ÜBERFIEL UND ERMORDETE DEN OBERBEFEHLSHABER UND ALLE SEINE LEUTE IN TRANSILVANIEN IN DER PROVINZ BURZA: AM 4. APRIL FIELEN IM DORF KOKELBURG (KUMELBURGH) MEHR ALS 30.000 MENSCHEN. DESGLEICHEN FIELEN IN DER STADT HERMANNSDORF (VILA HERMAN) AM DONNERSTAG VOR DEM SONNTAG MISERICORDIA (11. April) MEHR ALS 100 000 EINWOHNER.“

Andererseits wird in einem Dokument vom 31. August 1559 in Wien am Hof des Kaisers Ferdinand I. zum ersten Mal Bistritz erwähnt, in einem Text mit Bezug auf das Jahr 1222 und den Bezirksverwalter Emerich von Salzburg. Aus Anlaß einer vorangegangenen Gedächtnisfeier, die von den örtlichen Adeligen organisiert worden war, wurde die erste dokumentarische Erwähnung der Stadt mit dem Jahre 1264 angegeben. Es wird das von Papst Urban IV. herausgegebene Dokument erwähnt, in welchem er von Herzog Stefan von Siebenbürgen verlangte, die Gegend von Bistritz und Rodna an Ungarn zurückzugeben. Die Bezeichnung, unter der die Stadt im lateinischen Originaltext erscheint, lautet BISTRICHE.

Hier der Inhalt: „BISCHOF URBAN; AN UNSEREN VIELGELIEBTEN SOHN IN CHRISTUS, STEFAN, DEN ERSTGEBORENEN UNSERES VIELGELIEBEN SOHNES BELA, HERVORRAGENDER KÖNIG UNGARNS, BEFREIER. EURE HOHEIT MUSS SICH SORGFÄLTIG VOR ALLEM UNRECHT UND ALLER UNGERECHTIGKEIT HÜTEN; VOR ALLEM VOR JEDER TAT, DIE IN SICH EIN UNRECHT ODER EINE KRÄNKUNG UNSERER VIELGELIEBTEN TOCHTER IN CHRISTUS, MARIA, HERVORRAGENDE KÖNIGIN UNGARNS, DEINES VATERS UND DER ERWÄHNTEN KÖNIGIN MARIA, TRÄGT. DU HAST OHNE EINE VEREINBARUNG ZWISCHEN DER KÖNIGIN UND DIR UND DEM GENANNTEN KÖNIG; DEINEM VATER, GEGEN DIE GERECHTIGKEIT VERSTOSSEN, ZUM SCHADEN UND ZUM NACHTEIL DER ERWÄHNTEN KÖNIGIN UND EINIGER DÖRFER UND LÄNDEREIEN, IN DER GEBRÄUCHLICHEN SPRACHE **BISTRICHE** GENANNT, RODNA, ZELNA UND CRAINIMAT, DIE IN RUHE UND FRIEDEN VON DER OBEN GENANNTEN KÖNIGIN UND ALLEN IHREN VORFAHREN REGIERT WURDEN, SEIT DEN ZEITEN, DEREN ERINNERUNG VERLOREN IST...“, gezeichnet am 16. Juli 1264.

Da eine dokumentarische Erwähnung der Epoche besteht, die mit dem Jahr 1241 verbunden ist, erfüllen sich im Jahre 2001 **760 Jahre,** seitdem unsere Stadt erstmals schriftlich erwähnt wurde.

In letzter Zeit sind unerwartete Jubiläen Mode geworden, dazu bestimmt, die Eitelkeit und den eigenen oder den politischen Stolz der ansässigen Bürgermeister zu nähren, die unsere Stadt um einige Jahrzehnte verjüngt haben, zum Schaden der historischen Wahrheit.

The burgh of Bistriţa

There are numerous archeological testimonies to assert the existence of some human settlements on the present setting of the town of Bistriţa and they all date back to the primitive commune and the Dacian and Roman period. But the burgh was founded by the Saxon colonists to whom the King of Hungary, Bela the fourth offered (as privileges) vast territories. The massive colonization of the territory of Bistriţa was achieved only in the 13-th century when most of the German settlers arrived here coming from the duchy of Luxemburg, the Mosela valley coming from Flanders and Saxony, as one can infer from linguistic and dialectal research.

The first written sources connected to the German and Saxon colonists on this land by the native populations of Wallachian, Petchenegian and even Slavic origin date back to the 12th century. The information from this last period is very abundant. It spans along over 800 years starting from 1191. However, historians have different opinions about the first documentary attestation of Bistriţa, because some do not take into account the initial name of the burgh, that of Nossa, as the first Saxon colonists used to call the capital of Nosnergan county during the first period of its existence.

Among the numerous variants trying to establish the first documentary attestation of our town, the most reliable seems to be that of the late Dr. Jost Linker from Wels (Austria) who, in his article "The name of Bistriţa along the centuries" in the book "Bistritz in Siebenburgen", vol I, edited at Wehrheim/Taunus (Germany) in 1980 showed that Bistriţa had been mentioned throughout its history, in over 36 toponymical variants, 10 of which had as a basis the word NOSA between 1241 and 1661, 24 variants had the Slavic BISTRICHE starting from 1264 up to now and the Romanian toponymical of TÂRGU ROSSU, mentioned in 1839 by J Lenk V. Trenenfeld in the geographical lexicon of Transilvania.

But this very toponymical variety has caused uncertainty in establishing the first written attestation.

Many historians, who had access to the documents of the time when the toponymical term of NOSA appeared, failed to make the connection with the actual name of Bistriţa, hence some confusion appeared.

This idea is also upheld by the article "Bistriţa in the old chronicles and reports' by prof. dr. Ernst Wagner, one of the most learned researchers of the history of the town of Bistriţa, who confirmed that: the oldest document attestation of the town Bistriţa, where it appeared as NOSA was in "The Original manuscript of the Monastery of the Benedictines in Luxembourg", document where the Tatar invasion in Transylvania of 1240 is described.

The original text, written in Latin by His Holiness Dionysus, one of the 14 militant writers, is detailed in "Monumenta Germaniae Historica Scriptores" picture 14 page 65, as well as in the work "Sources about the history of the Saxons of Transylvania between 1191-1975", Second edition , Koln-Vienna, 1981, where, on page 20, it is stated: " In the year 1241 Anno Domini, on the very Easter Day (March 31st), upon the Carpathians woods there rushed the Tatars horde in Rodna, a burgh of the Hungarians, killing 4000, if not more. On Tuesday the same week (April 2nd) 6014 Christians were killed in NOSA burgh! The second Tatar horde rushed at Transylvania Burza Province, killing the ruler of the army of Transylvania and all his people. On April 4th over 30000 people died in the village of Kokenburgh (Kumelburgh). On Thursday before Mercy Sunday (April 11th) over 100000 inhabitants died in the town of Hermannsdorf (Vila Herman)".

Anyway, the first reference to Bistrița is made in a document of the court of Emperor Ferdinand, written in Vienna on April 31st, 1559 and also mentioned in a text referring to Emerich of Salzburg in 1222. On the occasion of some recent commemorations, organized by local officials, they emphasized that the first documentary testimony of the town would date 1264 and mentioned the Document issued by Pope Urban 4th by which he had asked to Duke Stefan of Transylvania to yield to Hungary the counties of Bistrița and Rodna. The name of the town in the original text, written in Latin, was Bistriche.

Here is its content:" Bishop Urban, our beloved Christ follower, the first born of our beloved son Bela, King of Hungary, beware of everything unfair and unsuitable and especially of all deed apparently covering some unfair offence addressed to our beloved Maria, the great queen of Hungary , your father and queen Maria's, without the queen's consent, there had been once done between you and the said King, your father you had violated the law and, therefore you had invaded some lands and counties called BISTRICHE, Rodna, Zelna and Crainimăt, which had been peacefully ruled by both the said queen and her forerunners back to times immemorial ... " signed in July 16th, 1264.

Therefore, keeping in mind that there is a documentary mentioning of the time, referring to the year 1241, in 2001 it is 760 years since our town was mentioned in writing.

There have been fashionable lately to have flabbergasting celebrations made to increase the political and circumstantial vanities of native mayors who have made our town appear tens of years younger, in spite of the historical truth.

Străzi

Oraşul Bistriţa a fost edificat de către coloniştii saşi, pe prima terasă a Râului Bistriţa, într-o zonă de mare interes strategic, cu resurse în imediata vecinătate. Planul iniţial a respectat caracteristicile arhitectonice ale epocii şi ale specificului german, vizibile în cetăţile medievale europene ale acelor vremuri, aşezarea fiind ulterior înconjurată cu ziduri de apărare şi bastioane cu porţi de acces fortificate.

Reţeaua stradală a avut o geometrie paralelă şi parţial convergentă Pieţei Centrale, de formă dreptunghiulară. Străzile transversale sunt elemente secundare ale arhitecturii iniţiale, ele apărând ulterior, din raţionamente strategice şi funcţionale. Străduţele înguste ce aveau forma unor pasaje pietonale asigurau căi de acces spre sistemul de apărare al cetăţii. În oraş mai pot fi întâlnite şi azi 15 astfel de pasaje.

Fortificaţii ~ Die Befestigungen ~ Fortifications

Pasaj XII ~ Passage XII

Vechiul centru al oraşului Bistriţa, ca aspect urbanistic, se înscrie în categoria burgurilor germane ale începutului de mileniu, având şi specificul oraşelor săseşti din Transilvania secolelor al XII lea şi al XIII-lea.

Numeroase erau pâraiele ce drenau străzile principale până în secolul al XIX-lea, ele având atât un caracter igienic, din lipsa canalizării, cât şi unul funcţional, punând în mişcare morile din oraş, dar asigurând şi apa necesară atelierelor manufacturiere şi gospodăriilor orăşenilor. În anul 1550 apare la Viena, cartea "Chorographia Transilvaniei", a lui Reicherstorffer, care şi face o prezentare a oraşului Bistriţa:

"Oraşul Bistriţa, aşezat în şesul unei văi larg deschise, are de o parte şi de alta dealuri cu podgorii. Prin mijlocul oraşului curge râul cu acelaşi nume ce se îndreaptă spre latura de miazăzi a suburbiei de jos şi îndată după două mile se uneşte cu râul Someş şi este îmbelşugat mai ales în peşti. La patru mile de oraşul Bistriţa sunt minele de aur din Rodna, nu mai puţin vestite ca minele de aur de la Baia-Mare, la capătul celălalt al Transilvaniei."

În anul 1564 la Viena, Giovan Andreea Gramo publică o scurtă descriere a Transilvaniei în care este prezentat în detaliu oraşul Bistriţa:

"Oraşul căpetenie şi ăl dintâi dintre toate oraşele este Sibiul, urmează apoi Braşovul şi Bistriţa... La o depărtare de 7 mile de Beclean se găseşte frumosul, bogatul, populatul şi puternicul oraş Bistriţa aşezat pe un loc şes, într-o vale veselă, înconjurată de izvoare, care udă întreaga vale spre vest până la dealul foarte înalt, depărtat cu vreo mie cinci sute paşi şi mai bine, de zidurile oraşului, celelalte trei laturi ale oraşului, în parte scăldate de apele unor asemenea izvoare, în partea de miazăzi un puţ lat care se umple de râu, fac ca acest oraş să fie de necucerit. Forma sa este ovală. Cele două laturi mai mici sunt îndreptate una spre sud şi cealaltă spre nord, iar celelalte două una

spre est şi alta spre vest. Străzile drepte sunt tăiate de la un capăt la celălalt de pâraie formate din acele izvoare şi care curg prin tot oraşul spre marele folos al locuitorilor şi totodată spre desfătarea ochilor privitorilor.

Şi pe fiecare din laturile acelea este o poartă principală cu foarte multe mori de-a lungul şanţurilor puse în mişcare de apa izvoarelor ce ţâşnesc acolo, şi ele pot să macine mai mult decât cer nevoile oraşului. Are o biserică frumoasă refăcută de un meşter din Bergamo, pe cheltuiala proprie a oraşului şi care este închinată Sfântei Fecioare, dar acum se sluješte în ea după învăţătura lui Luther ca şi în toate celelalte oraşe săseşti din această ţară. Pâraiele amintite care curg prin oraş se împreună la ieşirea lor în suburbia dinspre miazăzi şi se varsă apoi la paisprezece mile spre nord."

Poarta Lemnelor 1830 ~ Das Holztor 1830 ~ Woods' Gate 1830

Strada Lemnelor cu poarta dărâmată în 1850
Die Holtzgasse mit dem 1850 abgetragenen Tor
Woods' Gate and the 1850 Gate

Poarta Rodnei
Das Rodnaer Tor
Rodna gate

Pasaj XIV
Passage XIV

Strada Spitalului 1901
Spitalgasse 1901
Hospital Street 1901

Strada Spitalului 1904
Spitalgasee 1904
Hospital Street 1904

Biserica Romano-Catolică şi Restaurantul Fritsch, 1921 *Röm.kath. Kirche mit Restaurant Frisch 1921*
The Roman-Catholic Church and Fritsch Restaurant 1921

Strada Ungurească, 1917 ~ Ungargasse 1917 ~ The Hungarian Street, 1917

Strada Lemnelor, 1916 ~ Holtzgasse 1916 ~ Woods' Street,1916

Strada Lemnelor 1902
se observă şanţurile de suprafaţă

Holtzgasse 1902
man kann die Wassergräben erkennen

Woods Street, 1902
one could see the surface ditches

Piaţa Centrală, latura de sud-est, 1905 ~ Hauptplatz, südöstl. Seite, 1905 ~ Central Square, the south-east side, 1905

Poşta şi Casa Molitoris, 1901 ~ Post und Molitoris-Haus, 1901 ~ The post-office und Molitoris House, 1901

Vedere aeriană dinspre nord 1916 ~ Luftansicht gegen Norden 1916 ~ North air view, 1916

Ilustrată cu Strada Lemnelor în 1903 ~ Holtzgasse,1903 ~ Woods' Street 1903

Consilierii oraşului şi muncitorii, la începutul pavării străzilor, 1935 ~ Gemeinderat und Arbeiter, Beginn der Straßenpflasterung, 1935
Town Councillors and the workers before starting to pave the streets, 1935

Biserica Evanghelică şi Strada Lemnelor, 1870
Evang. Kirche und Holtzgasse, 1870
The Evangelical Church and Woods' Street, 1870

Strada Pungarilor, 1903
Beutlergasse 1903
"Pungarilor" Street, 1903

Piaţa Centrală latura de sud, 1928 ~ Südliche Seite des Hauptplatzes 1928 ~ Central square, the south side, 1928

Ilustrată 1906, Poşta şi Strada Spitalului ~ Ansichtkarte 1906, Post und Spitalgasse
Postcard 1906, The Post-office und Hospital Street

Amenajarea stradală a zonei de jos a oraşului, 1912 ~ Straßenbau im unteren Teil der Stadt, 1912
Street arrangement in the west side of the town, 1912

În anul 1763 Nicolaus Olahus publică la Viena lucrarea "Despre Dacia", unde în capitolul "Despre Transilvania" face referire la plaiurile bistrițene :

"Șieul izvorăște din Țara Secuilor spre nord și unindu-se mai întâi cu râul Bistrița, care scaldă orașul Bistrița, destul de însemnat prin bogăția sa și numărul orășenilor, se varsă mai sus de orașul Dej."

În anul 1885 E. Albert Bielz publică la Viena **"Siebenburgen Ein Handbuch für Reisende"** (Transilvania Dicționar de călătorie) în care se insistă asupra mai multor itinerarii din județul Bistrița Năsăud, a orașului ca și descrierii drumurilor sale de la Reghin la Bistrița, Văii Someșului, Munților Rodnei și a traseului Bistrița - Dej.

Din secolul al XV-lea, bistrițenilor li se îngăduie să edifice și construcții din piatră și să-și ridice ziduri de apărare și fortificații, pentru a putea face față năvălirii hoardelor migratoare din Răsăritul Europei.

La sfârșitul secolului al XVII-lea, când puterea economică și politică a orașului a crescut, manifestările de independență și autoguvernare locală nu au mai fost pe placul diriguitorilor curților Europei Centrale, motiv pentru care au ordonat dărâmarea zidurilor de apărare și a fortificațiilor, mai ales că migrațiile din răsărit au încetat să mai fie un pericol.

Cât înaintașii noștri au stat de veghe la hotarele de răsărit ale civilizației europene, jertfindu-se, Europa a putut prospera, în mare parte datorită lor, care aici, la răscruce de civilizații și imperii, au fost un scut ce a asigurat pacea și liniștea atât de necesară prosperării Europei Centrale și Occidentale, atât de puțin recunoscătoare astăzi, pentru tot ce s-a făcut atunci pentru ea.

Ba mai mult, locuitorii acestor meleaguri au păstrat cu sfințenie elemente de cultură și civilizație europeană pe care apusenii înșiși le-au pierdut de-a lungul vremurilor.

La sfârșitul secolului al XIX-lea, existența unor orașe-cetăți transilvănene, puternic fortificate, era greu de a fi acceptată de aristocrația europeană. Aceasta era puțin dispusă să acorde sprijin tendințelor de independență a burgurilor transilvănene. Pentru a le putea supune, fără rezerve, și a le aservi total, Curtea de la Viena dă ordin expres de dărâmare a fortificațiilor, bastioanelor și a porților de acces ale tuturor cetăților ardelene, ceea ce a dus la o sărăcire arhitectonică medievală ireparabilă.

Odată cu demolarea zidurilor de apărare ale Cetății și extinderea perimetrului construibil, apare și o nouă sistematizare a rețelelor stradale, aceasta primind, ulterior, un caracter rectangular și o lățime considerabilă, ceea ce a permis orașului să se extindă concentric în jurul vechiului plan urbanistic. Acest fapt a făcut ca partea veche a burgului medieval să se păstreze în cea mai mare parte, până astăzi, fără intervenții moderniste severe.

Așa se face că au mai rămas câteva vestigii medievale dintre care aș aminti fragmentele zidurilor de apărare, Turnul Dogarilor, Mănăstirea Dominicană, Biserica Minoriților, Complexul arhitectonic Sugălete și Biserica evanghelică-luterană, ce pot fi vizitate și admirate și astăzi. Aici, goticul târziu, barocul și neoclasicul pot fi întâlnite pretutindeni. De asemenea se poate constata cu ușurință în arhitectonica edificiilor bistrițene din secolele al XVII-lea și al XVIII-lea și o interferență a stilurilor clasice cu elemente autohtone, ceea ce oferă burgului medieval, o varietate arhitectonică aparte, de interes turistic.

Straßen

Die Stadt Bistritz wurde mit Material aus der nächsten Umgebung von den sächsischen Kolonisten auf der ersten Geländestufe des Flusses Bistrita errichtet, an einem strategisch wichtigen Punkt. Der ursprüngliche Plan beachtete die architektonischen Charakteristika des deutschen Baustiles der Epoche, der noch in den mittelalterlichen europäischen Städten dieser Zeit sichtbar ist. Zuletzt wurde die Ansiedlung mit Verteidigungsmauern, Bastionen und bewehrten Stadttoren versehen.

Das Straßennetz war parallel angelegt und teilweise vom Hauptplatz rechtwinkelig auslaufend. Die Querstraßen erscheinen zur besseren strategischen und funktionellen Nutzung erst später. Die engen Gässchen in Form von Durchgängen erlaubten den Zugang zum Verteidigungssystem der Stadt. Es gibt auch heute noch 15 solche Passagen.

Aus städtebaulicher Sicht zählt das alte Zentrum der Stadt Bistritz zu den deutschen Burgen am Beginn des Jahrtausends, es beinhaltet aber auch die Eigenheiten der sächsischen Städte im Siebenbürgen des XII. und XIII. Jh.

Zahllos waren die Rinnsale, welche die Hauptverkehrsstraßen bis ins XIX. Jh. entwässerten. Sie hatten hauptsächlich hygienische Aufgaben, weil es keinen Kanal gab, sie waren aber auch notwendig, um die Mühlen der Stadt in Gang zu halten und um die handwerklichen Werkstätten und die Haushalte zu betreiben. Im Jahre 1550 erscheint in Wien das Buch „Chorographia Transilvaniei“ von Reicherstorffer, der die Stadt Bistritz auch einmal besucht hat:

„Die Stadt Bistritz, die auf der Ebene eines weiten Tales errichtet ist, hat auf beiden Seiten Hügel mit Weingärten. Durch die Mitte der Stadt fließt der fischreiche Fluß mit dem selben Namen, er hält sich an die südliche Grenze der unteren Vorstadt und vereinigt sich nach zwei Meilen mit dem Fluß Somes. Vier Meilen von der Stadt Bistritz entfernt gibt es die Goldminen von Rodna, die nicht weniger berühmt sind als die Goldminen von Baia-Mare, am anderen Ende Siebenbürgens.“

In Wien publiziert Giovan Andreea Gramo im Jahre 1564 eine kurze Beschreibung Siebenbürgens, in der die Stadt Bistritz im Detail vorgestellt wird:

„Die Hauptstadt und die erste unter allen Städten ist Hermannstadt, dann folgen Kronstadt und Bistritz... Von Beclean 7 Meilen entfernt findet man die schöne, reiche, bevölkerte und starke Stadt Bistritz, errichtet auf einem ebenen Platz in einem fröhlichen Tal, umgeben von Quellen, die das ganze Tal bewässern: gegen Westen hin bis zum hohen Hügel , der ungefähr eintausendfünfhundert Schritte und mehr entfernt ist von den Mauern der Stadt, die anderen drei Seiten werden ebenfalls teilweise von solchen Quellen umspült, gegen Süden befindet sich ein breiter Brunnen, der vom Fluß gefüllt wird. All das macht, dass die Stadt uneinnehmbar ist. Ihre Form ist oval. Von den zwei kleineren Seiten ist die eine nach Süden, die andere nach Norden gerichtet, die anderen beiden nach Osten und Westen. Die geraden Gassen werden von einem Ende zum anderen von Rinnsalen begleitet, die aus diesen Quellen gespeist werden und zum großen Nutzen der Einwohner als auch zu deren Ergötzen durch ihren Anblick durch die ganze Stadt fließen.

An jeder dieser Seiten gibt es ein Haupttor und Gräben sehr viele Mühlen entlang der , die vom Quellwasser in Bewegung gesetzt werden und die mehr mahlen können als die Stradt braucht.Die Stadt hat eine schöne Kirche, die der Heiligen Jungfrau geweiht ist und von einem Meister aus Bergamo auf Kosten der Stadt erbaut wurde. Jetzt aber wird der Gottesdienst nach

Der Lehre Luthers gehalten, so wie in allen anderen Sächsischen Städten in diesem Land. Die erwähnten Rinnsale, die durch die Stadt fließen, vereinigen sich nach dem Verlassen der Stadt in der Vorstadt gegen Süden und münden dann 14 Meilen nördlich."

Im Jahre 1763 publizierte Nicolaus Olahus in Wien die Arbeit „Über Dacien" wo er im Kapitel „Über Siebenbürgen" sich auf die Bistritzer Gegend bezieht:

Der Fluß Sieu entspringt im nördlichen Szeklerland und vereinigt sich zuerst mit dem Fluß Bistrita, der die Stadt Bistritz durchfließt, welche bedeutend ist durch ihren Reichtum und die große Anzahl der Einwohner. Er mündet etwas oberhalb der Stadt Dej."

Albert Bielz publizierte 1885 in Wien **„Siebenbürgen - Ein Handbuch für Reisende" (Transilvania Reise-Wörterbuch) in welchem mehrere Ausflüge für den Landkreis Bistrita-Nasaud beschrieben werden, sowie die Wegbeschreibung von Reghin nach Bistritz, das Tal des Somesch, die Rodnaer Berge und die Route Bistrita-Dej.**

Ab dem XV. Jh. wurde den Bistritzern erlaubt, Gebäude aus Stein zu errichten sowie die Verteidigungsanlagen und Wehrmauern, um den aus dem Osten Europas eindringenden Horden widerstehen zu können.

Am Ende des XVII. Jh., als die wirtschaftliche und politische Macht der Stadt gewachsen war, waren die Regierenden der mitteleuropäischen Herrscherhäuser nicht sehr erbaut von den Unabhängigkeitsbestrebungen und dem Verlangen nach lokaler Selbstverwaltung. Deshalb wurde die Schleifung der Verteidigungs- und Wehranlagen befohlen, vor allem auch weil die Einfälle aus dem Osten keine Gefahr mehr darstellten.

Solange unsere Vorfahren an den Grenzen zum Osten hin Wache gestanden hatten und sich für die europäische Zivilisation aufopferten, konnte Europa aufblühen. Großteils dank jener, welche hier an der Kreuzung von Zivilisation und Imperien ein Schutzschild bildeten, das für Ruhe und Frieden im wachsenden Zentraleuropa und im Westen so notwendig war. Diese anerkennen heute jedoch kaum die Leistung, die damals für sie erbracht worden ist.

Aber nicht nur das. Die Bewohner dieser Gegenden haben getreu die Elemente der europäischen Kultur aufbewahrt, die der Westen selber schon im Lauf der Zeit aufgegeben hatte.

Am Ende des XIX. Jh. war die Existenz von stark bewehrten Städten in Siebenbürgen für den europäischen Adel kaum akzeptierbar. Und er war nicht mehr bereit, die Tendenzen der siebenbürgischen Städte zur Unabhängigkeit zu unterstützen. Um sie ohne Vorbehalte unterwerfen und unterdrücken zu können, gab der Wiener Hof in aller Eile den Befehl zur Zerstörung der Wehrmauern, Bastionen und Eingangstore in allen siebenbürgischen Städten. Das hat natürlich auch der mittelalterlichen Architektur irreparable Schäden zugefügt.

Gleichzeitig mit der Zerstörung der Verteidigungsmauern der Stadt und der dadurch entstehenden Vergrößerung des Baulandes erscheint auch ein neues System für das Straßennetz, das letztlich rechteckig und in beträchtlicher Breite angelegt wurde. Das erlaubte der Stadt, sich gleichmäßig um das alte Stadtzentrum herum auszubreiten, und durch diese Tatsache konnte der alte Teil der mittelalterlichen Stadt zum großen Teil bis heute bewahrt werden, ohne größere modernistische Eingriffe.

So haben sich noch einige mittelalterliche Überreste erhalten, von denen ich an die Fragmente der Verteidigungsanlagen erinnern möchte, den Faßbinderturm, das Dominikaner-Kloster, die Minoritenkirche, die Häuserreihe mit den Arkaden „Sugalete" Kornmarkt - und die evang-luth. Kirche, die heute noch bewundert werden können. Hier kann man überall Spätgotik, Barock und Neoklassik finden. Auch kann man leicht das Zusammentreffen klassischer Baustile mit einheimischen Elementen in der Architektur der Bistritzer Gebäude aus dem XVII. und XVIII. Jh. erkennen, was der mittelalterlichen Stadt eine architektonische Vielfalt verleiht, die auch von touristischem Interesse ist.

Streets

The town of Bistrița was founded by the Saxon Colonists on the first terrace of the River Bistrița, in a highly strategic area with resources nearby. The initial plan obeyed the architectural characteristics of the age and to the German features, visible in the mediaeval European fortress of those times, the settlement being later surrounded by defense walls and bastions with fortified access gates.

The street network had a parallel and partially convergent to the Central Square geometry in a rectangular shape. The transverse streets are secondary elements of the initial architecture; they appeared later out of functional and strategical reasons. The narrow streets in the shape of pedestrian passages were access ways to the defense system of the fortress. There are 15 such passages in our town now.

The old centre of the town of Bistrița, as town - planning aspect, enlists in the category of German burghs from the beginning of the millennium, also having the typical trait of the Saxon Towns in Transylvania of the 12th and 13th centuries.

There were numerous rivulets draining the main streets up to the 19th century; they had both hygienic character, as the sewerage system was missing, and a functional one, setting into motion the mills in the town but ensuring the necessary water for the manufacture workshops and people's houses in town. In 1550 the book "The Chorography of Transylvania" by Reicherstorffer, appeared in Vienna, presenting the town of Bistrița:

"The town of Bistrița, situated on the plain of a wide-open valley has, on both sides hills and vineyards. The river with the same name flows in the middle of the town towards the Southern part of the lower suburb and after 2 miles away from Bistrița it flows into the Somes river. Four miles away there are the gold mines of Rodna, not less famous than the gold mines in Baia Mare, at the other end of Transylvania."

In 1564, at Vienna, Giovan Andreea Gramo published a short description of Transylvania where the town of Bistrița is given a detailed account:

"The capital city and the first one of all is Sibiu, then comes Brasov and Bistrița...7 miles away from Beclean there is the beautiful, rich, crowded and strong town of Bistrița situated in a plain, on a merry valley surrounded by springs which water the whole valley westwards to the very high hill, over one thousand and five hundred steps away the town walls; the other three sides of the town, partly watered by such springs and southwards a wide well which the river fills, make this town unconquerable. It is oval shaped. The two smaller sides go one southwards and the other northwards and the other two go one westwards and the other eastwards. The straight streets are cut from one end to the other by rivulets formed from these springs and they flow all over the town for the inhabitants' use and by passers' delight.

And every side has a main gate with very many mills along ditches, propelled by the springs over there, and they grind more than the local needs. It has a beautiful church, restored by a worker from Bergamo, at the town's expense dedicated to the Holy Mother, but now the service is done after Luther's teaching, the same as in all the Saxon towns of this country. The rivulets flowing through the town join while getting out in the southern suburbs and then flow fourteen miles northwards."

In 1763 Nicolaus Olahus published in Vienna his book "On Dacia" where, he refers to the county of Bistrița in the chapter "On Transylvania":

“ The Şieu springs from the Szeckler county to the north and meets first the river Bistriţa, which bathes the town of Bistriţa highly important due to its wealth and to the number of its inhabitants, then flows up from the town of Dej.”

In 1885 E. Albert Bielz published in Vienna “Siebenburgen Ein Handguch fűr Reisende” (Transylvania. A Travelling dictionary) where he insists on more itineraries in Bistriţa Nasaud district, on the town and also describing his travels from Reghin to Bistriţa, The Valley of the Someş, the Rodna Mountains and the road Bistriţa Dej.

Beginning with the 15th century the inhabitants of Bistriţa were allowed to build stone buildings, and to raise fortifications and defense walls in order to cope with the invasions of the migratory hordes from eastern Europe.

At the end of the 17th century, when the economical and political power of the town had grown, the manifestations of independence and local self-governing were no longer tolerated by the leaders of Austria Imperial Court. That is why they ordered the fortifications and the defense walls to be pulled down, moreover due to eastern invasions which were no longer a threat.

As long as our forefathers had watched the Eastern frontiers of the European civilization, Europe could thrive, greatly due to those who, at the crossroads of civilizations and empires, were like a peace-ensuring shield so necessary for the welfare of Europe, yet ungrateful for all that has been done for its actual well-being.

Moreover, the people of these places have piously preserved elements of European culture and civilization which the Western Europeans themselves have lost throughout the centuries.

At the end of the 19th century the existence of some Transylvanian fortresses, well-protected, was difficult to accept by the European aristocracy, unwilling to support the independence tendency of Transylvanian burghs. In order to subject them unconditionally and to fully enslave them, the Royal Court of Vienna ordered the fortifications, the bastions and the access gates of Ardeal fortresses to be pulled down, which led to an irretrievable waste of medieval architecture.

Along with demolishing the defense walls of the Fortress and the expansion of the building area, there appears a new systematization of the street network. The streets got a rectangular character and they were considerably widened, which afforded the town to expand concentrically around the old town plan. But this fact allowed the old part of the medieval burgh to be preserved up to this day, without any serious changes.

Therefore, some medieval vestiges have been preserved among which the fragments of the defense walls, The Coopers' Tower, The Dominican Monastery, The Church of the Minorites, the Sugălete architectural complex, and the Lutheran-Evangelical Church, which can be visited and admired even nowadays. Here, late Gothic, Baroque and Neoclassicism may be seen everywhere. One can easily notice in the architecture of Bistriţa buildings of the 17th and 18th centuries, the interference of classical and native elements which offer to the medieval burgh a special architectural variety which tourists are most interested in.

Nostalgii citadine

Parcă revăd străzile cu calupurile de granit rânduite pe mijloc, încinse pe margini de pavajul mărunt al pietrelor de râu, printre care se țeseau dese covoare de portulace policrome. Florile de piatră se întindeau între casele atât de cunoscute din burgul medieval peste tot, lăsând loc doar laițelor și băncilor de pe la porți. Pe acestea, la umbra teilor și castanilor, în după amiezile de vară, tăinuiau molcom vecinii, despre multe din cele trecute, văzute sau auzite.

Liniștea după amiezelor era îngânată, în răstimpuri, doar de bătăile sobre ale ceasului din Turnul Sașilor, care și pe atunci orânduia treburile. Rareori se auzea tropotul cailor de la birjele ce duceau spre casă câte un doctor sau avocat ostenit de licoarea vinului Steiniger sau a celui de Lechința, servit la Restaurantul lui Braedt.

Orășenii, așa cum se numeau cei ce locuiau în casele din fosta cetate, alcătuiau cu hrubenii, podenii și cei din hendergass, întreaga populație a Bistriței, ce se ridica, la mijlocul secolului trecut, la 18.000 de suflete. Comunitatea era alcătuită din germani, români, evrei și maghiari, ce se cunoșteau bine, ducând o viață patriarhală într-o deplină armonie.

În viața de zi cu zi, grupurile acestea nu se deosebeau prea mult, doar în zilele de sărbătoare se revărsau orgolii în a-și dovedi unii altora frumusețea tradițiilor strămoșești și a obiceiurilor, păstrate cu sfințenie, din generație în generație.

Trăsurile așteptau în Piața Centrală
Droshken warten auf dem Hauptplatz
Carriages waiting in Central square

Sărbătorile și târgurile numeroase erau tot atâtea prilejuri de etalare a costumelor populare, a cântecului și jocului și, mai ales, ocazii a numeroase concursuri, întreceri și petreceri.

Seara, grădinile de vară „Bombardir", „ Tuți", „Stefan", sau „La Figănoaia" deveneau neîncăpătoare. Aici, bistrițenii, cu "responsabilitatea" lor binecunoscută, înecau micii și grătarele în berea sau vinul autohton. Comesenilor li se alăturau de cele mai multe ori vestiții muzicanți din țigănime. Virtuozitatea multora, de care îmi amintesc și astăzi cu plăcere, făcea ca agapele să se termine târziu în noapte, întotdeauna în mare veselie, dar într-o decență citadină remarcabilă. Nu arareori, lăutarii îi urmau în miez de noapte pe cei ce doreau să facă serenade iubitelor. Încurajate de Bachus și generate de Amor, suspinele cavalerilor se distingeau printre tangourile sudamericane, liedurile nemțești sau a romanțelor lui Fernic, interpretate cu mult patos de lăutari.

Un chibrit, ce strălucea la ferestrele întunecate, aducea întotdeauna răspunsul mult așteptat și nu arareori, chiar împăcarea și iertarea râvnită, ca apoi totul să se scufunde în noapte și liniște, ca Burgul să adoarmă în liniște.

Vedere aeriană a centrului vechi, 1914 *Luftbild des alten Stadtzentrums 1914* *Old Centre air view, 1914*

Vedere aeriană dinspre sud, 1916 *Luftbild gegen Süden 1916* *South side air view, 1916*

Städtische Nostalgie

Mir ist, als könnte ich die Straßen wieder sehen, mit den in der Mitte aufgereihten Pflastersteinen, am Rand umgeben von den kleinen Flußsteinen, zwischen denen sich dichte Teppiche von bunten Portulak-Röschen webten. Diese „Steinblumen“ breiteten sich zwischen den so gut bekannten Häusern der mittelalterlichen Stadt überall aus, unterbrochen nur von den Sitzgelegenheiten und Bänken an den Haustoren. Auf diesen erzählten sich die Nachbarn im Schatten der Linden und Kastanien an den ruhigen Nachmittagen des Sommers vieles aus der Vergangenheit, Gesehenes oder Gehörtes.

Die Nachmittagsruhe wurde nur vom gleichmäßigen Ticken der Uhr des Sachsenturmes gestört, die damals den Tagesablauf bestimmte. Hie und da hörte man das Klappern der Hufe eines Droschkenpferdes, das einen Arzt oder Rechtsanwalt nach Hause brachte, der erschöpft war vom süffigen Steiniger-Wein oder jenem aus Lechnitz, die im Restaurant des Braedt serviert wurden.

Die Städter - so nannten sich diejenigen, die in den Häusern innerhalb der ehemaligen Stadtmauern lebten - setzten sich aus denen aus der Hrube zusammen, den Podeni und den Bewohnern der Hendergass. Die gesamte Population von Bistritz hatte um die Mitte des vergangenen Jahrhunderts 18.000 Seelen. Die Gemeinde bestand aus Deutschen, Rumänen, Juden und Ungarn, welche sich alle untereinander gut kannten und ein patriarchalisches Leben voller Harmonie führten.

Im täglichen Leben unterschieden sich diese Gruppen nicht sehr, nur an den Feiertagen setzten sie ihren Stolz darein, einer dem anderen die Schönheit der uralten Traditionen und Bräuche vorzuführen, die von Generation zu Generation sorgfältig aufbewahrt worden waren.

Die Feiertage und die zahlreichen Märkte waren ebenfalls eine solche Gelegenheit, die Volkstrachten zur Schau zu stellen, die Lieder und Tänze. Vor allem waren sie Gelegenheit zu zahlreichen Wettbewerben, Treffen und Unterhaltungen.

Am Abend waren die Sommergärten “Bombardir“, “Tuti“, “Stefan“ oder “La Figanoaia“ überfüllt. Hier ertränkten die Bistritzer mit ihrer allbekannten "Verantwortlichkeit die Mici und das Gegrillte in Bier oder bodenständigem Wein. Den Tischgesellschaften spielten oft die berühmten Musikanten aus der Ziganime auf. Durch die Virtuosität vieler, an die ich mich auch noch heute mit Vergnügen erinnere, dehnten sich die Festessen bis spät in die Nacht, immer mit großer Fröhlichkeit, jedoch mit bemerkenswerter städtischer Zurückhaltung. Nicht selten folgten die Musikanten um Mitternacht demjenigen, der seiner Geliebten ein Ständchen bringen wollte. Von Bacchus angespornt und von Amor geleitet unterschieden sich die Seufzer der Kavaliere durch südamerikanischen Tango, deutsche Lieder oder die Romanzen des Fernic, immer mit viel Pathos von den Musikanten begleitet.

Ein Zündholz, das in einem der dunklen Fenster aufleuchtete, brachte immer die lang erwartete Antwort und nicht selten auch die Versöhnung und ersehnte Vergebung, damit danach alles in Nacht und Stille versinke und die Stadt in Ruhe einschlafen konnte.

Town melancholy

I can still see with my mind's eyes the granite moulds arranged in the middle, surrounded by the tiny paving made up of river gravel like carpets woven in polychrome portulacae. Stone flowers were all over between the well-known houses of the mediaeval burgh leaving enough room for the benches in front of the gates. Under the lime and chestnut trees' shadow down on benches, neighbours used to linger in summer afternoons, about everything seen, heard, or happened before.

The afternoon peace was at times accompanied by the sombre ticking of the clock in the Saxons' Tower which, even then, ordered their work. One could seldom hear the clatter of horses from the carriages which took back home some doctor or lawyer worn out by Steiniger or Lechinta wine, served at Braedt, Europe or Pipa restaurants.

The citizens, as the people living in the former fortress houses were called, together with those living in underground homes, those living in lofts and those in Pendergrass represented the whole population of Bistrița which reached about 18,000 people at the middle of the 19th century.

The community was made up by Germans, Romanians, Jews and Hungarians who knew one another well and who were leading a peaceful life in complete harmony.

In everyday life, these groups were not very different but on holidays they could show off the beauty of their ancient traditions and customs, piously preserved over generations.

The numerous holidays and markets were also opportunities for displaying their folk costumes, their songs and dances and for organizing contests, competitions and parties.

In the evening, the public gardens “Bombardir”, “Tuți”, ”Stefan' or “At Figănoaia's” were cramped. Here, the people of Bistrița were “responsibly” drowning steaks and highly seasoned sausages in native wine or beer. Famous Gipsy singers would join them most of the time. Their artistic perfection, which I gladly remember even to this day, made parties end late at night, always happily but in a remarkably town-like decency.

Fiddlers would sometimes follow, in the middle of the night, those who wanted to serenade for their beloved. Inspired by Bachus and generated by Amor, the gentlemen's sighs were heard through South-American tango, German lieds or Fernic's romances interpreted by enthusiast fiddlers.

A match lighted behind the dark windows would always bring the long-waited for answer or even the reconciliation or forgiveness and then everything merged into night and silence and the Burgh would go to sleep.

Edificii

Afirmam că multă vreme bistrițenii nu au putut înălța construcții din piatră, fiind obligați prin dispozițiile Principilor Transilvaniei ca și prin cele ale Curții regale și imperiale, să-și ridice case doar din lemn.

Abia după câteva incendii de mari proporții, cât și ca urmare a necesității de stăvilire a hoardelor migratoare, s-a permis construirea edificiilor din piatră și cărămidă.

Prosperitatea economică a orășenilor din secolele XVI-XVIII și invazia perpetuă a năvălitorilor, au impus ridicarea unor construcții temeinice, de o mare diversitate stilistică, cu rol strategic, militar, în măsură să asigure stăvilirea hoardelor barbare, venite din Asia și Europa Răsăriteană. În numele creștinismului și a apărării pământului străbun, oamenii acestor pământuri și-au făcut datoria aici, laolaltă, români, germani, maghiari, secui, evrei și de alte naționalități, fără să bănuiască că va veni o vreme, ca cea de azi, când o mare parte dintre națiunile europene au uitat rolul de scut al înaintașilor noștri în calea paloșului, focului și a barbariei hoardelor migratoare.

Fosta mănăstire Dominicană, 1964
Das ehemalige Dominikanerkloster 1964
The former Augustan Monastery, 1964

Uzina electrică din Parc, 1939
Elektrizitätswerk im Park 1939
The power plant in the Park, 1939

Ansamblu Sugălete, 1920
Häuserzeile am Kornmarkt 1920
The Sugălete complex, 1920

Casa Argintarului, 1920
Haus des Silberschmiedes 1920
The Silver Jeweller's House, 1920

Prefectura
Komitatshaus
The Prefect's Office

Lyzeum "A. Mureşanu" 1918
The building of "A. Mureşanu" high school, 1918
Edificiul liceului "A. Mureşanu", 1918

Edificiul Poştal, 1922
Postgebäude 1922
The Post-office building,1922

Liceul Evanghelic-lutheran, 1911
Evang. Luth. Lyzeum 1911
The Evangelical-Lutheran high school,1911

Banca Naţională 1938
Nationalbank 1938
The National Bank, 1938

Sediul Societății "Regna", 1926
"Regna"-Gesellschaft 1926
The "Regna" society Headquarters, 1926

Centrul Cultural, 1918
Kulturzentrum 1918
The Cultural Centre, 1918

Sediul asociației meseriașilor bistrițeni, 1914
Sitz des Bistritzer Gewerbevereins 1914
The centre of Bistrița craftsmen,1914

Die Gebäude

Ich habe schon erwähnt, dass die Bistritzer lange Zeit keine Gebäude aus Stein bauen durften. Durch die Anweisungen der in Siebenbürgen Herrschenden, aber auch des kaiserlich-königlichen Hofes waren sie verpflichtet, nur Häuser aus Holz zu errichten.

Erst nach einigen Großfeuern und durch die Notwendigkeit der Verteidigung gegen die einfallenden Horden erlaubte man den Bau von Gebäuden aus Stein und Ziegel.

Durch das wirtschaftliche Aufblühen der Städte des XVI-XVIII. Jh. und die wiederkehrenden Überfälle der Eindringlinge wurde der Bau solider Häuser notwendig, mit großem Unterschied im Stil, zu strategischen oder militärischen Zwecken, um den aus Asien und Osteuropa hereinbrechenden Horden Einhalt zu gebieten. Im Namen des Christentums und zur Verteidigung der Heimat haben die Menschen dieser Gegenden ihre Pflicht getan, Schulter an Schulter Rumänen, Deutsche, Szekler, Juden und andere Nationalitäten, ohne zu ahnen, daß eine Zeit wie die heutige kommen würde, wo ein großer Teil der europäischen Nationen die Rolle unserer Vorfahren als Schutzschild gegen Schwert, Feuer und die Barbarei der eindringenden Horden vergessen hat.

Large Buildings

I have said that the people of Bistrița were forbidden (for a long time) to raise stone buildings, being forced by The Princes of Transylvania's orders and those of the Imperial and Royal Court to build only wood houses.

Only after some big fires and consequently, out of the necessity to stop the migratory hordes, were they allowed to raise stone and brick buildings.

The welfare of the townspeople in the 16th 18th centuries and the permanent invasions of the migratory people imposed the construction of safe buildings, stylistically varied and having a strategic and military role, able to stop the barbarian hordes which were coming from Asia and Eastern Europe. In the name of Christianity and defending their ancestors' land, the people here did their duty together, Romanians, Germans, Hungarians, Szecklers, Jews and other nationalities, without thinking that one day many European nations would forget our ancestors' shield against the swords, fire and barbarism of migratory hordes.

Poştalionul

Apariţia curselor regulate ale poştalioanelor în oraşul nostru a fost legată de începuturile activităţii poştale în Transilvania. În Evul mediu exista o reţea de călăreţi şi curieri poştali ce străbăteau voievodatul la dispoziţia Principelui autonom, aceştia ducând corespondenţa la nevoie. În perioada 1541-1688 începe organizarea primelor poşte locale.

Organizarea poştelor locale a fost impusă de introducerea poştalioanelor ce asigurau, pe lângă serviciile poştale, şi pe cele de transport de persoane. Oraşele în care acestea ajungeau erau obligate să asigure caii de schimb, pentru o deplasare mai rapidă, ca şi găzduirea şi cinstirea călătorilor. Cheltuielile trebuiau suportate de către municipalitate.

În anul 1667 au fost numiţi la Bistriţa primii doi directori de poştă, în persoana domnilor Johann Rosenauer şi Georg Parlaghi, cu sarcini de a se ocupa de aceste lucruri.

La sfârşitul secolului al XVIII-lea se stabilesc curse regulate între principalele oraşe ale Transilvaniei, care aveau legături şi cu ţările învecinate.

Plecarea poştalionului din Bistriţa, pictură 1896 ~ Malerei von 1896-Abfahrt des Postillions von Bistritz ~ Mail coaches leaving Bistriţa, painting 1896

Din ,,CALENDARIUM NOVUM ET VETUS MAGNUS PRINCIPATUS TRANSILVANIAE", ediţiile 1796-1836, cunoaştem itinerariile poştalioanelor din Transilvania, nominalizarea principalilor magistraţi de poştă, precum şi localităţile în care existau poşte. Astfel, pe actualul perimetru al judeţului nostru, principalul traseu al poştalioanelor era cel ce lega Sibiul de Caşovia. Acest itinerar era străbătut în 44 de ore, cu halte mai importante la Sighişoara, Târgu-Mureş, Bistriţa, Suceava şi Cernăuţi, cu legătură spre Viena.

Pe ruta de mai sus existau la noi în judeţ următoarele oficii poştale: Teaca, Bistriţa, Prundul Bârgăului, Iliuţa şi, ceva mai târziu, după construirea actualei variante a drumului spre Bucovina, Tihuţa.

Timpul necesar pentru parcurgerea etapelor dintre oficiile poştale era: Reghin- Teaca o oră şi jumătate, Teaca-Bistriţa două ore, Bistriţa - Prundu-Bârgăului - o oră şi jumătate.

Sosesc poştalioanele, 1850

Ankunft der Postkutschen 1850

Mail coaches are coming, 1850

Existau şi două trasee interne, parcurse de două ori pe săptămână: Bistriţa-Cluj, în 7 ore şi 45 de minute, cu poşte la Ciceu- Cristeşti şi Şintereag, şi Bistriţa- Baia Mare, cu o durată de 10 ore.

Dintre magistraţii de poştă din această perioadă îi amintesc, la Bistriţa: Sambori, Fagarasi, Daniel Schuster, Johanes Drexler; la Teaca: Budai, Dinges şi Müller; la Prundu-Bârgăului: Maria Becheş şi Iacobus Khol; la Iliuţa: Roterich şi Iosif Held, iar la Tihuţa: Martin Bohner şi Iosif Scrabal.

Cu diligenţa, pe traseul de la Tihuţa la Poiana Ştampei, în Pasul Bârgăului se va deplasa şi Jonathan Harker, eroul celebrului roman al lui Bram Stoker „Contele Dracula", care, în noaptea de 4 mai a anului 1873, ora 0, „se întâlneşte aici cu renumitul vampir", după o călătorie „cu poştalionul, de-a lungul râului verzui al Bistrței, prin satul Prundu-Bârgăului".

Drumul în Pasul Bârgăului, 1906
Straße auf den Borgo-Paß 1906
Bârgău pass, 1906

Oficiul poştal Iliuţa, 1870
Postamt Iliuţa 1870
Iliuţa Post-office, 1870

Die Postkutsche

Das Erscheinen regulärer Postkurse in unserer Stadt war mit den Anfängen der Posttätigkeit in Siebenbürgen verbunden. Im Mittelalter gab es ein Netz von Reitern und Postkurieren, welche die Woiwodschaft nach den Bedürfnissen der autonomen Fürsten bedienten und deren Korrespondenz beförderten. Zwischen 1541 und 1688 beginnt die Organisation der ersten lokalen Poststellen.

Diese lokalen Poststellen wurden durch die Einführung der Postkutschen gefördert, die neben den Postdiensten auch den Personentransport übernahmen,. Die Städte, in denen sie Halt machten mußten für den Wechsel der Pferde Sorge tragen, um eine schnellere Beförderung zu gewährleisten, aber auch für die Unterbringung und Verpflegung der Reisenden. Die dadurch entstehenden Ausgaben wurden von den Stadtgemeinden getragen.

Im Jahre 1667 wurden in Bistritz die ersten beiden Postdirektoren ernannt - Johann Rosenauer und Georg Parlaghi - die sich mit diesen Dingen zu beschäftigen hatten.

Am Ende des XVIII. Jh. wurden reguläre Kurse zwischen den wichtigsten Städten Siebenbürgens eingerichtet, die auch mit den Nachbarländern Verbindung hatten.

Aus dem „CALENDARIUM NOVUM ET VETUS MAGNUS PRINCIPATUS TRANSILVANIAE“, Ausgabe 1796 bis 1836, kennen wir die Routen der siebenbürgischen Postkutschen, die Namen der wichtigsten Postverwalter sowie die Orte, in denen es Postämter gab. So war die Hauptstrecke auf der Fläche des heutigen Landkreises Bistrita-Nasaud die Verbindung Hermannstadt/Sibiu mit Casovia./Kosice SK. Diese Strecke wurde in 44 Stunden gefahren, mit den wichtigsten Haltestellen in Schässburg/Sighisoara, Neumarkt/Targu Mures, Bistritz, Suceava und Cernauti, mit Verbindung nach Wien.

Auf dieser Route gab es in unserem Landkreis folgende Postämter: Teaca, Bistrita, Prundul Bargaului, Iliuta und etwas später, nach der Errichtung der heutigen Straßenverbindung in die Bukovina, Tihuta.

Die für die Etappen notwendige Zeit betrug von Reghin nach Tekendorf/Teaca eineinhalb Stunden, von Teaca nach Bistritz zwei Stunden, von Bistritz nach Prundu-Bargaului eineinhalb Stunden.

Es gab auch zwei interne Strecken, die zweimal in der Woche befahren wurden: Bistritz - Klausenburg/Cluj sieben Stunden fünfundvierzig Minuten, mit Halt in Ciceu-Cristesti und Siebenkragen/Sintereag, sowie Bistritz - Baia Mare, mit einer Reisezeit von zehn Stunden.

Ich erinnere an die Postverwalter dieser Zeit in Bistritz: Sambori, Fagarasi, Daniel Schuster, Johannes Drexler; in Tekendorf/Teaca: Budai, Dinges und Müller; in Burgau/Prundu Bargaului: Maria Beches und Jakobus Khol; in Iliuta: Roterich und Josef Held, in Tihuta: Martin Bohner und Iosif Scrabal.

Mit der Kutsche auf der Route von Tihuta nach Poiana Stampei am Borgo-Paß wird auch Jonathan Harker reisen, der Held des berühmten Romans „Graf Dracula“ von Bram Stoker, der in der Nacht des 4. Mai 1873 um 0 Uhr „sich hier mit dem berühmten Vampir trifft“, nach einer Reise „mit der Postkutsche entlang des grünen Flusses der Bistritz, durch das Dorf Prundu-Bargaului“.

The Mail Coach

The setting of regular mail coach journeys in our town is connected to the beginning of mail activity in Transylvania. In the Middle Ages there was a system of riders and mail couriers who were moving across the principality at the self governing prince's order. They used to take mail, if needed.

Between 1541 and 1688 the first local mail offices are organized. This had been imposed by the appearance of mail coaches which ensured, besides mail services, the public transport. The towns where they arrived were compelled to have spare horses for a faster journey and ensure the sleeping and food facilities for the travellers. The expenses had to be paid by the municipality.

In 1667 the first two post-office directors were appointed at Bistrița; they were Mr. Johann Rosenauer and Mr. Georg Parlaghi in charge of these things.

At the end of the 18th century were set regular journeys between the main towns of Transilvania, which were also connected to the neighbouring counties.

From "CALENDARIUM NOVUM ET VETUS MAGNUSP RINCIPATUS TRANSILVANIAE", the editions of 1796 1836 we know the itineraries of Transylvania main coaches, the appointing of the main mail magistrates and the towns where there were post offices. Thus, in the present area of our district, the main journey of the mail coaches was the one linking Sibiu to Casovia. This journey was made in 44 hours, with important stops at Sighișoara, Târgu Mureș, Bistrița, Suceava and Cernăuți, leading on to Vienna.

On the above-mentioned journey, in our district there were the following post offices: Teaca, Bistrița, Prundu Bârgaului, Iliuța and, a little later Tihuța, after the actual variant of the road to Bucovina had been established.

The time necessary to reach the post offices was: Reghin Teaca: 1 hour and a half, Teaca Bistrița: 2 hours, Bistrița Prundu Bârgaului 1 and a half hour.

There were also 2 local journeys, made twice a week: Bistrița Cluj 7 hours and 45 minutes, with post offices at Ciceu Cristești and Șintereag, and Bistrița Baia Mare 10 hours. Among the main magistrates in this period are: in Bistrița: Sambori, Fagarasi, Daniel Schuster, Johanes Drexler; in Teaca: Budai, Dinges and Műller; in Prundu Bârgaului Maria Beches and Iacobus Khol, in Iliuța: Roterich and Iosif Held and in Tihuta: Martin Bohner and Iosif Scrabal.

Jonathan Harcker, the hero of the famous Bram Stoker's novel "Dracula" also goes by the mail coach from Tihuta to Poiana Stampei across Bargau Pass and on the night of May 4th 1873, at midnight "meets here the famous vampire" after a journey "by the mail coach along the river of Bistrița through the village of Prundu Bargaului".

Casa Ioan Zidaru

Unul dintre edificiile vechi ale orașului, cu valoare arhitectonică și istoriografică aparte, este „Casa Ioan Zidaru", situată în Centrul Vechi al orașului (vis-à-vis de Tribunal), pe coltul străduței ce duce spre Piețișor.

Edificată de meșterii autohtoni pentru Prim-judele Bistriței, Andreas Beuchel, ea a fost terminată în jurul anului 1520. Spațioasă, cu numeroase camere cu tavane boltite în ogive gotice, cu portaluri de piatră, ornamentate cu motive geometrice și florale, ea are coridoare de acces la nivelul etajului, precum și mari spații de depozitare, fiind o realizare arhitectonică de excepție a acelor vremuri. Valoarea arhitectonică a acestei clădiri este completată și de o istoriografie aparte.

Casa "Ion Zidaru", înainte de restaurare, 1960
Das Haus „Ion Zidaru" vor der Restaurierung 1960
"Ion Zidaru" House before restauration, 1960

După căderea Regatului Ungariei la 1526, sub loviturile otomane, începe, la scurtă vreme, lupta pentru supremația Transivaniei dintre Ioan Zapolya și Ferdinand de Habsburg. Aceștia, deși antrenați cu armatele pe mai multe fronturi, nu au putut să-și impună superioritatea asupra provinciei fără sprijin extern. Astfel, ambii își dau seama de rolul strategic și militar pe care l-ar putea avea Domnul Moldovei, Petru Rareș, în dobândirea acestei provincii. În aceste încercări Petru Rareș sprijină, mai întâi, tabăra lui Ferdinand, trecând apoi de partea lui Ioan Zapolya, care, în schimbul acestei alianțe, oferă domnitorului moldovean, ca recompensă, Cetatea de Baltă, Cetatea Ciceului cu cele 60 de sate, Ungurașul cu 34 de sate, Bistrița și Valea Rodnei, ambele cu cele 23 de sate aparținătoare.

În aceste condiții, când lupta dintre cei doi era incertă, se pare că Prim-judele Bistriței, Andreas Beuchel, a ezitat în a se alătura din vreme grupării ce va deveni învingătoare. Acest lucru i-a făcut pe bistrițeni să-l considere trădător. Urmașul său în funcția de Prim-jude al Bistriței îl condamnă la moarte prin decapitare, ceea ce s-a și întâmplat în Piața Centrală a orașului, în iulie 1532, când călăul orașului a primit recompensa de un galben pentru executarea sentinței.

Tot acum se hotărăște ca efigia în basorelief a celui pedepsit să fie expusă spre luare aminte pe peretele de miazăzi al Bisericii săsești, unde poate fi văzută și astăzi.

Orașul sechestrează bunurile executatului, printre care și casa amintită, ce va fi vândută ulterior lui Ioan Zidaru (Pietrarul), meșter venit din Moldova. Acesta, la rândul său, a fost urmărit de Petru Rareș și urmașii săi, pentru neonorarea unor datorii și astfel a fugit la Sibiu. În urma acestui fapt, clădirea a fost din nou vândută, cu 200 de florini, cetățeanului Paul Budaker.

Moștenită din generație în generație, ea a fost apoi etatizată și reamenajată, iar câteva decenii a funcționat în ea „Restaurantul Central".

În prezent edificiul a revenit moștenitorilor Doctorului Budușan, cel care a fost ultimul proprietar tabular antebelic.

Das Haus des Ioan Zidaru

Eines der alten Gebäude der Stadt mit wertvoller Architektur und besonderer Geschichte ist das Haus des Ioan Zidaru, das sich im alten Zentrum der Stadt (gegenüber dem ehemaligen Gerichtsgebäude), an der Ecke der Gasse zum kleinen Markt befindet.

Von einheimischen Meistern für Andreas Beuchel gebaut, den Ersten Richter von Bistritz, wurde es ungefähr 1520 vollendet. Es ist geräumig, mit zahlreichen Zimmern, gewölbt mit gotischen Spitzbogen, mit Steinportalen, die mit geometrischen und floralen Motiven geschmückt sind. Das Gebäude hat Flure zum Eingang auf der Höhe des Stockwerkes, aber auch viel Platz zur Lagerung. Es ist eine besondere architektonische Arbeit jener Zeit. Dieser architektonische Wert wird auch von einer besonderen Geschichte ergänzt.

Nach dem Fall des Königreiches Ungarn 1526 beginnt unter den otomanischen Angriffen nach kurzer Zeit der Kampf zwischen Ioan Zapolya und Ferdinand von Habsburg um die Oberherrschaft in Siebenbürgen. Obwohl beide mit ihren ausgebildeten Heeren an mehreren Fronten gekämpft hatten, konnten sie ohne Unterstützung von auswärts in dieser Provinz nicht ihre Überlegenheit beweisen. Die strategische und militärische Rolle des Herrn von Moldova, Petru Rares, schien für diesen Zweck geeignet. Bei den Versuchen unterstützte Petru Rares zuerst das Lager des Ferdinand, bevor er sich auf die Seite Ioan Zapolya´s schlug, der als Gegenleistung dem Herrscher von Moldova die Burg Balta, die Burg Ciceu mit ihren 60 Dörfern, Ungurasi mit 34 Dörfern, Bistritz und das Rodnaer Tal mit je 23 zugehörenden Dörfern anbot.

Als der Kampf zwischen den beiden unentschieden schien zögerte der Erste Richter von Bistritz, Andreas Beuchel, sich rechtzeitig der später siegreichen Gruppierung anzuschließen. Deshalb wurde er von den Bistritzern als Verräter angesehen. Sein Nachfolger im Amt des Ersten Richters verurteilte ihn zum Tode durch Enthaupten, was auch auf dem Hauptplatz der Stadt im Juli 1532 geschah. Der Scharfrichter erhielt ein Goldstück als Lohn für die Durchführung des Urteils.

Jetzt wurde auch beschlossen, daß das Bildnis des Verurteilten als Basisrelief an der Südwand der sächsischen Kirche aufgestellt werden sollte, wo man es noch heute sehen kann.

Die Stadt zog alle Güter des Verblichenen ein, darunter auch das erwähnte Haus, das an Ioan Zidaru (Steinmetz) verkauft wurde, einem Meister, der aus Moldova gekommen war. Dieser wurde jedoch von Petru Rares und seinen Nachfolgern wegen Nichterfüllung seiner Pflichten verfolgt, sodaß er nach Hermannstadt/Sibiu floh. Danach wurde das Gebäude erneut für 200 Gulden an den Bürger der Stadt, Paul Budaker verkauft.

Von Generation zu Generation weiter vererbt, wurde es zuletzt verstaatlicht und wieder hergerichtet, einige Jahrzehnte lang diente es als „Restaurant Central".

In der Gegenwart wurde das Gebäude den Erben des Dr. Budusan zurück gegeben, welcher der letzte eingetragene Eigentümer aus der Vorkriegszeit war.

The House Ioan Zidaru

One of the old buildings of the town, with special architectural and historiographical value is "The house Ioan Zidaru" ,situated in the Old Centre of the town (opposite the Court of Law), at the corner of the street leading to Pieţisor (Piata Mica).

It was built by the local craftsmen for the Prime Judge of Bistrita, Andreas Beuchel, and it was finished around 1520. It is large, with numerous rooms having vaulted ceilings in Gothic pointed arches and stone portals with floral and geometrical ornaments; it has access corridors at the storey level and large lodging spaces, being an exceptional architectural achievement of the time. The architectural value of this building is completed by a particular historiography. Shortly after the fall of the Kingdom of Hungary in 1526 under the Turkish attacks, the fight for the rule over Transylvania began between Ioan Zapolya and Ferdinand of Habsburg. Although they had been trained with their armies on front, neither of them could impose his supremacy over the province without external support. This way both realized the strategic and military role that the king of Moldova, Petru Rares, might have in conquering this province. In these attempts Petru Rares first supported Ferdinand but after that he took sides with Ioan Zapolya who in exchange for this alliance offered as a reward to the Moldavian King, Cetatea de Balta , Cetatea Ciceului and its 60 villages Unguraşul with 34 villages, Bistrita and Rodna, both with their 23 villages.

Under these circumstances, when their fight was uncertain, the Prime-Judge of Bistrita, Andreas Beuchel would have hesitated to join before long the group who was to win. This made the people in Bistrita consider him a traitor. His follower in the office of Prime-Judge of Bistrita sentenced him to be beheaded which actually happened in the Central Square of the town in July 1632 when the town hangman got his one ducat pay for the execution. Then they also decided that his bas-relief effigy should be displayed on the eastern wall of the Saxon Church, where it can still be seen.

The town held back his belongings, among which the above mentioned house, which would be later sold to Ioan Zidaru (the stone - cutter), a master mason who had come from Moldova. He, in his turn was followed by Petru Rares and his descendents for not honouring his debts and so he fled to Sibiu Consequently, the building was sold again to citizen Paul Budaker for 200 ducats.

It had been inherited from one generation to another then it became state property and restored. The "Central Restaurant" has been here for some tens of years.

In the present, the house has become the property of the heirs of doctor Buduşan, who was the last pre-war tabular owner of the building.

Turnul Dogarilor

Cei ce străbat astăzi parcul oraşului pot vedea, spre miazănoapte, fragmente din vechiul zid de apărare a Bistriţei de altădată, aşa cum se bucură de existenţa acestora şi cei din străzile Ecaterina Teodoroiu, Dogarilor, sau Bistricioarei. Zidul avea rolul de a proteja oraşul de desele invazii ale popoarelor migratoare, dar a jucat un rol important şi în asigurarea independenţei oraşului, periclitat de trupele austriece sau maghiare, ce l-au asediat şi ele în numeroase rânduri.

Lupta de la Bistriţa, confruntarea dintre armatele austriece şi maghiare pentru ocuparea oraşului (1812)

Kamft um Bistritz, Konfrontation österr. und ungar. Truppen zur Besetzung der Stadt(1812)

Bistriţa battle, the fight betwen the Austrian and Hungarian armies to conquer the town(1812)

Construirea zidului a început imediat după permisiunea obţinută de la Matei Corvin, la 1463, de a dărâma vechea cetate a Bistriţei de pe Burich.

Piatra din cetate, la care s-a adăugat şi cea provenită din carierele Iadului şi ale Cepariului, a constituit materialul din care s-au ridicat zidurile iniţiale. Prima centură de apărare a oraşului avea forma de patrulater, cu laturile de 1000 pe 800 metri, incluzând 13 turnuri de apărare şi un bastion, a căror înălţare a fost încheiată la anul 1485. După alţi 50 de ani începe construcţia celei de- a doua centuri, impusă nu numai de extinderea perimetrului construibil, cât şi de necesitatea de a proteja noile edificii, şi de a repara şi consolida unele porţiuni ale vechiului zid, deteriorat între timp.

Zidul ridicat acum avea o înălţime de 10 metri şi o grosime de 2 metri, fiind înconjurat de un şanţ de apărare cu o adâncime de 3 metri, umplut cu apă printr-un canal derivat din râul Bistriţa.

Din loc în loc, în poziţii strategice, s-au amplasat cele 18 turnuri si bastioane de apărare a oraşului. Acestea erau în grija breslelor ce le-au şi edificat, cu sarcina de a le dota cu tot ceea ce era necesar pentru a deveni redute inespugnabile. Forma şi dimensiunile lor variau în funcţie de puterea economică a breslelor cărora le apartineau. Cum breslele se diferenţiau atât ca număr cât şi ca bogăţie, se poate deduce şi varietatea constructivă a acestora. Tot acum se construiesc şi principalele căi de acces în oraş, desigur fortificate şi ele, cum au fost: Poarta Lemnelor(Holzgassertor), Poarta Ungarică (Ungargassertor), Poarta Spitalului (Hospitaltor) şi Poarta Rodnei.

Din păcate, în urma dispoziţiilor imperiale sosite din Viena la 1863, începe dărâmarea fortificaţiilor, a porţilor şi bastioanelor.

Singurul care s-a păstrat până astăzi, în afara fragmentelor amintite, este TURNUL DOGARILOR, unul din cele mai puţin impresionante, ca arhitectură şi mai puţin impunător, ca şi breasla puţin numeroasă a celor ce l-au edificat şi i-au dat numele. El s-a păstrat în condiţii relativ bune şi poate fi vizitat şi admirat. Are trei nivele , din care cele superioare au spaţii şi încăperi cu ferestre crenelate. La primul etaj există posibilitatea de acces, pe zidul de apărare, la metereze. Scările interioare abrupte şi înguste asigurau un acces rapid luptătorilor de la un nivel la altul, ca şi o aprovizionare relativ lesnicioasă.

Turnul are o înălţime de 25 de metri. Partea inferioară, necompartimentată, a fost folosită ca magazie, având un portal masiv înspre oraş. De aici se asigura, printr-un tunel subteran, legătura cu Abaţia Benedictinilor din apropiere, tunel ce continua spre biserica evanghelică, ca apoi să ajungă pe dealul fostei cetăţi de pe Burich, oferind astfel o posibilitate de evacuare a burgului în cazul unui asediu prelungit sau a unui pericol iminent. Cât este adevăr în aceste ultime afirmaţii şi cât legendă, este greu de ştiut, urmând ca cercetări amănunţite si sistematice să elucideze aceste amănunte, în caz că vor prezenta interes pentru cineva.

Cert este, însă, că Turnul Dogarilor a fost folosit ca spital pentru bolnavii cronici de nervi, care erau legaţi, aici, în cămăşi de forţă, dar şi ca loc de ferecare în lanţuri a prostituatelor notorii, înainte de a fi ţintuite la stâlpul infamiei, din Piaţa Centrală, unde gâdele oraşului le aplica loviturile cu şteampul, înainte de a fi alungate cu măturile de femeile venerabile ale oraşului, în afara Cetăţii, prin Poarta Spitalului.

Turnul şi zidul văzute dinspre sud, 1921
Der Turm und die Mauer von Süden gesehen 1921
The tower and the wall-south view, 1921

Turnul a fost supus unor amenajări succesive, nu întotdeauna inspirate. Dacă amenajarea Turnului Dogarilor din 1926, sub conducerea arhitectului de atunci al oraşului, Oskar Kelp, a fost una binevenită, spaţiul fiind oferit ca sediu tinerilor cercetaşi bistriţeni, timp de opt ani, până la desfiinţarea mişcării cercetăşeşti prin decretul regelui Carol al II-lea, după această dată el devine locuinţă pentru mai multe generaţii de nefericiţi ai soartei.

Repararea Turnului Dogarilor din anul 1968 a fost mai puţin inspirată. Ce e drept, a dus la o salubrizarea a lui şi a scos în evidenţă şi elemente de construcţie din epoci diferite, dând imaginea unui mozaic arhitectonic. Din păcate, s-au făcut adăugiri ulterioare de-a dreptul fanteziste, brutale intervenţii asupra unor elemente de detaliu, cât şi asupra construcţiei iniţiale.

Cu toate acestea „ TURNUL DOGARILOR" rămâne unul dintre cele mai interesante obiective turistice medievale ale oraşului.

Turnul şi zidul văzute dinspre sud, 1922
Der Turm und die Mauer von Süden gesehen 1922
The tower and the wall-south view, 1922

Turnul şi zidul văzute dinspre vest, 1938
Der Turm und die Mauer von Westen gesehen 1938
The tower and the wall-west view, 1938

Der Faßbinder-Turm

Wer heute den Stadtpark durchstreift kann gegen Norden hin die Fragmente der Verteidigungsmauer des alten Bistritz sehen, an deren anderen Seite die Straßen Ecaterina Teodoroiu, Dogarilor und Bistricioarei liegen. Die Mauer sollte die Stadt vor den öfteren Invasionen der eindringenden Völker schützen, sie spielte aber auch eine wichtige Rolle in der Sicherung der Unabhängigkeit der Stadt, die von den österreichischen oder ungarischen Truppen bedroht wurde, welche sie in zahlreichen Fällen belagerten.

Der Bau der Mauer begann 1463, gleich nach der von Matthias Corvin erhaltenen Erlaubnis, die alte Bistritzer Burg zu zerstören.

Die Steine dieser Burg, zu denen noch jene aus Jaad/Livezile und Tschippendorf/Cepar kamen, wurden für den Aufbau der ersten Mauern verwendet. Der erste Verteidigungsring der Stadt hatte die Form eines Rechtecks, mit Seiten von 1000 auf 800 Meter, 13 Verteidigungstürmen und einer Bastion, die 1485 vollendet wurde. Nach weiteren 50 Jahren begann der Bau des zweiten Ringes, der zur Erweiterung des Baulandes notwendig wurde , aber auch um die neuen Gebäude zu schützen und einige Teile der alten Mauer zu reparieren und zu verstärken, die inzwischen verfallen waren.

Die nun errichtete Mauer hatte eine Höhe von 10 Metern und eine Stärke von 2 Metern und wurde von einem Verteidigungsgraben mit einer Tiefe von 3 Metern umgeben, der mit Wasser aus einem Verbindungskanal mit dem Fluß Bistrita gespeist wurde.

An strategischen Positionen wurden die 18 Türme und Verteidigungsbastionen der Stadt eingebaut. Sie wurden den Zünften, die sie auch errichtet hatten, in Obhut gegeben mit der Verpflichtung, sie mit allem auszustatten was notwendig war, um ein uneinnehmbares Bollwerk zu werden. Ihre Form und Größe war verschieden, je nach finanzieller Kraft der Zunft, der sie zugehörten. Jetzt wurden auch die Haupteinzugsstraßen in die Stadt gebaut, die ebenfalls befestigt waren: Holzgässertor, Ungargassertor, Spitaltor und Rodnaer Tor.

Leider begann nach kaiserlicher Entscheidung, die 1863 aus Wien eintraf, die Zerstörung der Befestigungen, Tore und Bastionen.

Das Einzige, was bis heute außer den erwähnten Fragmenten bewahrt wurde, ist der Faßbinderturm, als Architektur wenig eindrucksvoll und imposant, weil auch die Zunft, die ihn gebaut hatte und ihm seinen Namen gab, nicht sehr viele Mitglieder hatte. Er ist relativ gut erhalten und kann besichtigt und bewundert werden. Er hat drei Stockwerke, von denen die oberen Räume mit Fenstern und Zinnen versehen sind. Im ersten Stock kann man an der Mauerbrüstung auf die Verteidigungsmauer hinaustreten. Die steilen und engen Stiegen im Inneren ermöglichten den raschen Zutritt der Krieger von einem Stock in den anderen sowie einen relativ leichten Nachschub.

Der Turm hat eine Höhe von 25 Metern. Der untere Teil war nicht gegliedert und wurde als Lagerraum benutzt, der ein massives Tor gegen die Stadt hin hatte. Von hier aus gab es einen unterirdischen Tunnel als Verbindung zum Benediktiner-Kloster in der Nähe. Er führte weiter zur Evang. Kirche und endete auf dem Hügel der alten Burg. Er bot eine Möglichkeit zur Evakuierung der Burg im Falle einer längeren Belagerung oder anderer größerer Gefahren. Was von diesen letzten Behauptungen wahr ist und was Legende ist schwer zu beweisen. Falls es für jemanden von Interesse ist, wird er systematische und genaue Forschungen anstellen, um diese Einzelheiten zu klären.

Sicher jedoch ist, daß der Faßbinderturm als Spital für chronisch Nervenkranke benutz wurde, die hier in Zwangsjacken gehalten wurden. Aber auch als Gefängnis für notorische Prostituierte, die hier angekettet wurden bevor sie auf dem Hauptplatz an den Pranger gestellt und vom Scharfrichter mit dem Pochhammer bestraft wurden. Anschließend jagten die ehrbaren Frauen der Stadt sie mit Besen aus der Stadt hinaus, durch das Spitalstor.

Der Turm wurde ständig verändert, nicht immer jedoch zu seinem Besten. Die Veränderung des Faßbinderturmes von 1926 unter dem damaligen Architekten der Stadt, Oskar Kelp, war aber sehr willkommen, da der Turm den jungen Bistritzer Pfadfindern als Aufenthaltsraum angeboten wurde. Das blieb er für 8 Jahre bis zur Auflösung der Pfadfinderbewegung durch ein Dekret von König Carol II. Danach wurde er Unterkunft für mehrere Generationen von Obdachlosen.

Die Reparatur des Faßbinderturmes von 1968 war weniger gelungen. Wahr ist, daß sein Bauzustand bekannt wurde und auch Elemente aus verschiedenen Epochen gefunden wurden, die ein architektonisches Mosaik ergaben. Leider wurden zuletzt auch einige phantasievolle Hinzufügungen gemacht, brutale Einschnitte auf Details wie auch auf den ursprünglichen Bau.

Trotzdem bleibt der Faßbinderturm für Touristen eines der interessantesten mittelalterlichen Objekte der Stadt.

The Coopers' Tower

Those who wander northwards through the town Park, as well as those who live in Ecaterina Teodoroiu, Dogarilor (Coopers'), or Bistricioarei streets may see fragments of Bistriţa's old defense wall. The wall was meant to protect the town against the frequent invasions of migratory peoples and it also played an important part in ensuring the town's independence, threatened by the Hungarian and Austrian troops who had also besieged it.

The construction of the wall started immediately after permission had been granted by Matei Corvin in 1463 to pull down the old fortress of Bistrita from Burich.

The stone in the fortress, together with the stone from Iad (Hell) and Cepari stone mines, was the stuff from which the initial walls were built. The first defense enclosure of the town was rectangular in shape with sides of 1,000 and 800 meters, including 13 defense towers and a bastion whose construction was completed in 1485. 50 years later, the construction of the second enclosure started, being imposed both by the expansion of the building area and the necessity to protect the new buildings and repair and reinforce parts of the old wall impaired in time.

The newly-built wall was 10 meters high and 2 meters thick, being surrounded by a 3 meters deep moat, filled with water through a canal derived from the river of Bistrita.

Here and there, in strategic locations, there were placed 18 towers and bastions for the town defense. They were looked after by the guilds who had also constructed them. They had to equip them with everything necessary to make them impugnable. Their form and dimensions varied depending on the economical power of the guilds. As they were different in number and wealth there was construction variation between them, too. The main access roads to the town were also built in this period, such as: the Wood Gate (Holzgassertor), the Hungarian Gate (Ungargassertor), the Hospital Gate (Hospitaltor) and the Rodna Gate.

Unfortunately, as a consequence of the imperial orders from Vienna in 1863, they started demolishing the fortifications, the gates, and the bastions.

The only one which has been preserved up to now is the Coopers' Tower, one of the least architecturally impressive and imposing of all, similar to the guild which constructed and gave it its name.

It has been relatively well preserved and it can be visited and admired. It has three levels : the upper ones are spacious and have crenel-windowed rooms. On the first floor there is access possibility on the defense wall to the crenels. The interior stairs, steep and narrow, ensured quick access to the fighters from one level to another and a relatively easy supplying.

The tower is 25 meters high. The inferior part with no compartments was used as a warehouse, as it had a massive portal to the town. The connection from here to the Benedictine Abbey nearby was done through an underground tunnel which also led to the Evangelical Church and then up the hill of the farmer Burich fortress, thus offering the possibility of evacuating the burgh in case of siege or danger. We may never guess the truth or myth of these matters, but we hope further systematical and detailed research might clear up these circumstances, if necessary.

It is certain that the Coopers' Tower had been used before as a hospital for the chronically nervous diseased and as a prison for notorious prostitutes who had been locked here before they were held up to infamy in the Central Square, where the local hangman whipped them and then they were thrown away the city walls through the Hospital Gate by the venerable women in town.

The tower has been successively but not always successfully restored. The restoration done in

1926 by the then town architect Oskar Kelp was excellent, as the tower was offered to the young scouts of Bistrita for a period of eight years until the Scouts Movement was abolished through Carol 2nd decree. After that the tower became a lodge for miserable people for many generations to come.

The restoration of the tower in 1968 was not so good. It made the tower healthier and emphasized construction elements from different periods, offering the image of an architectural mosaic. Unfortunately there have been other brutal adjustments and changes of some details, and of the initial building, too.

However "The Coopers' Tower" still remains one of the most interesting mediaeval sights of the town.

Catedrala Evanghelică

Catedrala Evanghelică din Piaţa Centrală a rămas şi astăzi, după mai multe secole, cel mai impunător edificiu al oraşului. Construcţia acesteia a început în secolul al XIV-lea, continuându-se de-a lungul anilor cu lucrări de adăugire, înălţări şi consolidări succesive, încheiate la 1563 de către meşterii din Lwov ai arhitectului Petrus Italus de Lugano.

Biserica a fost ridicată peste o mai veche Bazilică romană. În mare parte aceasta a fost înglobată în actuala construcţie, ceea ce explică prezenţa unor elemente arhitectonice şi decorative mai vechi, cum ar fi şi cele datate la începutul secolului al XIV-lea.

Portalul dinspre est al catedralei

Das Ostportal ~ The Cathedral eastern portal

Catedrala este de tip hală, cu tribune peste navele laterale, susţinute de pilaştrii octogonali.

Portalul principal, ca şi cele laterale, au impresionante registre de colonete angajate, de o ridicată valoare artistică şi sculpturală Zidurile cu frize au arcuri trilobate, specifice goticului german, au şi elemente arhitectonice ce aparţin Renaşterii Europei meridionale.

Ferestrele înalte, cuprinse în contururi semicirculare, mai au încă vitralii din epoci diferite.Încăperile laterale au un plan neregulat cu şapte travee de dimensiuni variabile.

Acestea au apărut odată cu construirea stranelor, în 1508, de către meşterul Antonius.

Pe latura de miazăzi a zidului exterior se poate observa cea mai veche sculptură gotică din ţară, datată la 1320; se pare că ea este lespedea de pe mormântul unui cavaler decedat şi înmormântat aici, în urma participării sale la una din numeroasele cruciade ale cavalerilor teutoni, care au trecut şi peste plaiurile noastre. Tot aici, pe peretele dinspre miazăzi a Catedralei Sfătul Nicolae se poate vedea lângă basorelieful cu efigia Prim-judelui Beuchel şi ceasul solar.

Turnul catedralei măsoară 76,5 m înălţime. El s-a ridicat separat în mai multe etape, cu lungi perioade de întrerupere. La 1487 era terminat etajul al II-lea, la 1513, al III-lea, la 1519, al IV-lea, desăvârşindu-se abia în a doua jumătate a secolului al XVIII-lea. În firidele etajului al treilea apar sculpturi din secolul al XV-lea, unele deteriorate de vremuri, altele prăbuşite, datorită nepăsării şi neglijenţei administratorilor urbei. Turnul principal are patru turnuleţe spre muchii, ce simbolizau forţa şi prosperitatea urbei.

În incinta catedralei se pot admira valorosul mobilier lucrat în 1519 de Johannes Begler, cele 23 de steaguri ale breslelor bistriţene, cât şi orga cu o vechime de peste 500 de ani. Orga este o bijuterie având un registru amplu, în stare de funcţionare, aşa cum ne putem convinge cu toţii la concertele ce se

Interiorul navei principale
Inside the main nave

susțin frecvent aici.

Numai clopotul cel mare al bisericii, al cărui dangăt se auzea cândva din Herina, nu mai este . El a fost topit în primul război mondial, din interese militare, fiind înlocuit cu un altul, ceva mai mic, în anul 1932. În rest, totul este aici de o originalitate indiscutabilă, de o sobrietate austeră şi de o vârstă seculară, ceea ce ar trebui să ne îndemne să cercetăm mai în amănunt şi să vizităm catedrala toți bistrițenii şi nu numai.

În acest templu, populația germană, majoritară în burgul medieval, îşi trăia o parte a vieții spirituale, în vremuri de pace şi prosperitate, ca şi în vremuri de restrişte, ce, din păcate, pentru ea au fost numeroase şi îndelungate. Aş aminti câtiva slujitori ai bisericii, printre care pastorii: Molitoris, Menning, sau Franchy, care au servit cu credință în ultimele decenii, înaintea exodului spre occident a populației germane. Ei au transformat biserica într-un centru de cultură important, cu o generoasă deschidere spre toleranța socială şi etnică.

Astăzi, catedrala este supusă unor restaurări exterioare. Sper ca la insistențele notabilităților, cu eforturile Parohiei Evanghelice şi ale saşilor de pretutindeni, antreprenorul principal să-i păstreze nealterate valorile şi să-i redea cât mai grabnic strălucirea de altădată. Este bine ştiut că acest edificiu nu este numai un loc în care s-a făurit istorie, ci şi un patrimoniu cultural național de excepție.

Este un bun al nostru, al tuturor bistrițenilor, ce se cere păstrat cu sfințenie pentru noi şi urmaşii noştri. Dar, înainte de toate, el a fost un locaş de cult, ce concentra viața spirituală a unei populații germane numeroase cândva. Preoții, slujitorii lui, erau respectați, iubiți şi venerați deopotrivă de toți bistrițenii, indiferent de nație.

Serviciul religios se desfăşura aici sobru, după un ritual binecunoscut: începea întotdeauna la orele 10, ca la 11 fix el să se încheie. In acest interval, credincioşii participau efectiv cu cărțile religioase în mâini, la săvârşirea şi susținerea slujbei în acompaniamentul vestitei orgi.

Participarea la manifestările bisericeşti era considerată de toată lumea ca evenimentul săptămânal cel mai important şi, ca atare, şi modul în care se prezentau familiile aici, nu era unul oarecare, ci unul de fast vestimentar tradițional.

Catedrala dinspre est 1916 ~ die Kathedrale gegen Osten 1916
East view to the Cathedral, 1916

Primăvara anului 1928
Frühling 1928
The spring of 1928

Iarna anului 1941
Winter 1941
The winter of 1941

Vara anului 1952
Sommer 1952
The summer of 1952

Catedrala dinspre nord, 1906
die Kathedrale gegen Norden 1906
North view to the Cathedral, 1906

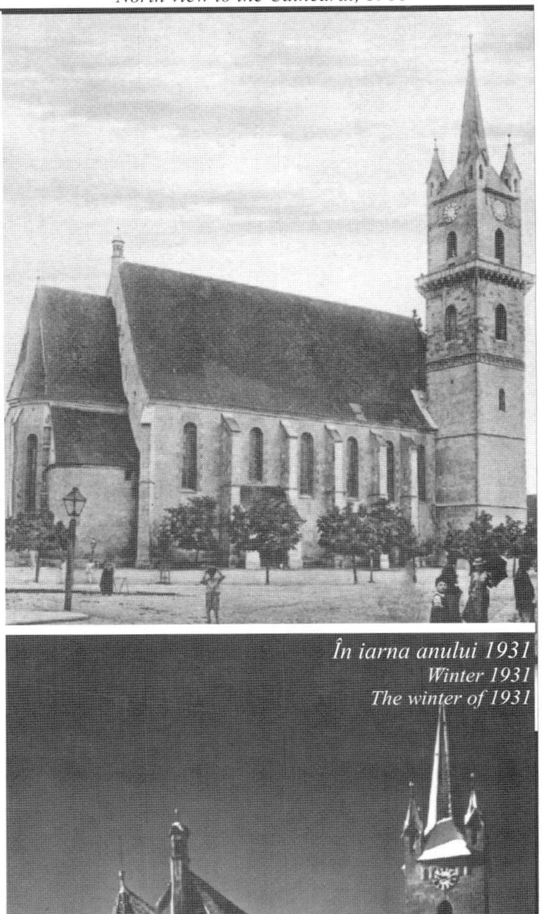

În iarna anului 1931
Winter 1931
The winter of 1931

Catedrala şi Gimnaziul de fete, 1926 ~ Kathedrale und Mädchen-Gymnasium 1926
The Cathedral and the Girls Gymnasium, 1926

Catedrala Evanghelică-luterană văzută dinspre est, 1899
Die evang.-luth. Kirche gegen Osten 1899
East view to the Evangelical-Lutheran Cathedral, 1899

Die Evangelische Kirche

Die Evangelische Kirche auf dem Hauptplatz ist auch heute, nach vielen Jahrhunderten, das imponierendste Bauwerk der Stadt. Baubeginn war am Beginn des XIV. Jh., die Arbeiten wurden durch die Jahre mit sukzessiven Erweiterungen, Erhöhungen und Verstärkungen weitergeführt und 1563 durch die Meister des Petrus Italus von Lugano aus Lwov/Lemberg abgeschlossen.

Die Kirche wurde über einer älteren romanischen Basilika errichtet. Zu einem großen Teil wurde diese in den aktuellen Bau eingearbeitet, was die Existenz einiger älterer architektonischen und dekorativen Elemente erklärt wie jener, die zum Beginn des XIV. Jh. datiert wurden.

Die Kathedrale ist eine Hallenkirche, mit Emporen an den Längsseiten, die von achteckigen Pfeilern gestützt werden.

Das Haupttor hat wie die Seitentore eindrucksvolle Einfassungen mit verbundenen Säulen von hohem künstlerischen Wert. Die gemeißelten Mauern mit Friesen haben dreigeteilte Bögen, die der deutschen Gotik entsprechen, sie haben aber auch architektonische Elemente aus der Zeit der Renaissance des südlichen Europas.

Die hohen Fenster mit halbkreisförmigem Abschluß haben noch Einfassungen aus verschiedenen Epochen. Die Seitenwände sind außen unregelmäßig mit sieben Stütztraversen in verschiedenen Größen unterteilt.

Diese entstanden gleichzeitig mit dem Bau des Chores 1508 durch den Meister Antonius.

An der Südseite der Außenwand kann man die älteste gotische Skulptur des Landes sehen, datiert 1320. Es scheint, dass sie die Steinplatte vom Grab eines hier verstorbenen und begrabenen Ritters ist, der auf dem Weg von einem der zahlreichen Kreuzzüge der deutschen Ritter in unsere Gegend kam. Ebenfalls hier, auf der Wand der Südseite der Kirche zum Heiligen Nikolaus, kann man neben dem Basisrelief des Ersten Richters Beuchel auch eine Sonnenuhr sehen.

Der Turm der Kirche hat eine Höhe von 76,5 m. Er wurde in mehreren Etappen mit langen Zeiten der Unterbrechung erbaut. Das zweite Stockwerk wurde 1487 vollendet, 1513 das dritte, das vierte 1519, vervollständigt erst in der zweiten Hälfte des XVIII. Jh.. In den Nischen des dritten Stockwerks erscheinen Skulpturen aus dem XV. Jh., einige verwittert, andere zerstört durch die Gleichgültigkeit und Nachlässigkeit der Stadtverwaltung.

Im Inneren der Kirche kann man das wertvolle Mobiliar, 1519 von Johannes Begler gefertigt, bewundern, die 23 Fahnen der Bistritzer Zünfte und die Orgel, die über 500 Jahre alt ist. Diese Orgel ist ein Schmuckstück, mit einem umfangreichen Register und immer noch funktionsfähig. Davon können wir uns bei den Konzerten überzeugen, die hier regelmäßig abgehalten werden.

Nur die große Glocke der Kirche, die man manchmal bis nach Herina hören konnte, ist nicht mehr. Sie wurde im Ersten Weltkrieg eingeschmolzen und 1932 durch eine kleinere ersetzt. Ansonsten ist hier alles von jahrhundertealter, unzweifelhafter Originalität, und von einer ernste Einfachheit. Das sollte nicht nur uns Bistritzer zu öfteren Besuchen und weiteren genauen Nachforschungen anspornen.

In diesem Tempel verbrachte die hauptsächlich deutsche Bevölkerung einen Teil ihres spirituellen Lebens in den Zeiten des Friedens und des Wachstums, aber auch in Zeiten des Unglücks, welche leider auch zahlreich und lang andauernd waren. Ich möchte hier an einige Diener der Kirche erinnern, an die Pastoren Molitoris, Menning oder Franchy, die in den letzten Jahrzehnten vor dem Exodus der deutschen Bevölkerung nach Westen in Treue gedient haben. Sie haben die Kirche in ein wichtiges Kulturzentrum geformt, mit einer großmütigen Öffnung zu sozialer und ethnischer Toleranz.

Heutzutage wird die Kirche von außen renoviert. Ich hoffe, daß die Beharrlichkeit der oberen

Bevölkerungsschicht mit den Anstrengungen der Evangelischen Pfarre und der Sachsen aus aller Welt als Hauptunternehmer die unverfälschten Werte so bald wie möglich wieder in ihrer alten Schönheit erstrahlen lassen. Es ist gut bekannt, daß dieses Bauwerk nicht nur ein von der Geschichte gezeichnet Ort ist, sondern auch ein besonderes nationales Kulturdenkmal.

Es ist unser aller Besitz, der mit Sorgfalt für uns und unsere Nachkommen bewahrt werden will. Aber vor allem war es eine Kultstätte, ein Zentrum des spirituellen Lebens einer einst zahlreichen deutschen Bevölkerung. Die Pfarrer als seine Diener waren geachtet, geliebt und verehrt von allen Bistritzern, unabhängig von ihrer ethnischen Zugehörigkeit.

Der Gottesdienst wurde hier schlicht gehalten, nach dem wohlbekannten Ritus: er begann immer um 10 Uhr, um pünktlich um 11 Uhr zu enden. Während dieser Zeit nahmen die Gläubigen mit großem Ernst am Gottesdienst teil, mit den Gesangsbüchern in den Händen und begleitet von der berühmten Orgel.

Die Teilnahme an den kirchlichen Feiern wurde von aller Welt als das wichtigste wöchentliche Ereignis angesehen und infolgedessen war auch die Art, in der sich hier die Familien versammelten nicht eine gewöhnliche, sondern erweiterte sich zu einem Gepränge traditioneller Kleidung.

The Evangelical Cathedral

The Evangelical Cathedral in the Central Square has been so far, after many centuries, the most impressive building of the town. Its construction began in the 14th century and it continued along the years with successive consolidations, insertions, raising and completed in 1563 by the Lwow workers of the architect Petrus Italus de Lugano.

The church was raised over an older Roman Basilica. Most of it was enclosed in the actual construction, which explains the presence of ancient architectural and decorative elements such as those dating from the beginning of the 14th century.

The cathedral is hall-like with rostrums over the side naves, held by octagonal pilasters.

The main portal, as well as the side ones, has impressive registers of engaged colonnades of a highly artistical and sculptural value. The friezed walls have three-cusped arches specific to the German Gothic, but they also have architectural elements belonging to Southern European Renaissance.

The high windows, framed in semicircular lines still have stained-glasses from different periods. The side rooms have an irregular design with seven bays of variable dimensions.

They appeared along with the construction of the pews in 1508 by craftsman Antonius.

On the south side of the exterior wall one could see the oldest Gothic sculpture in the country, dated 1320; it seems to be the tombstone of a deceased knight who died and was buried here after he had taken part in one of the numerous crusades of the Teutonic Knights which passed through our lands. Still here, on the Southern wall of Saint Nicholas Cathedral, one can notice the solar clock near the bas-relief with the effigy of the Prime-Judge Beuchel.

The tower of the cathedral is 76,5 m tall. It was raised separately in many stages with long periods of interruptions. The second floor was finished in 1487, the third in 1513, the fourth in 1519, and it was fully completed only in the second half of the 18th century. In the niches on the third floor there are sculptures from the 15h century, some of them worn out by the passage of time, others fallen in because of the town managers' carelessness and negligence. The main tower has other four smaller towers towards the edges symbolizing the town power and prosperity.

Inside the cathedral one can admire the valuable furniture wrought in 1519 by Johanes Begler, the 23 banners of Bistrița guilds and the 500 years old organ.

The new organ is a piece of jewellery, working with an ample register as we can all hear at the concerts which are frequently held here.

But the big church bell, whose sound was once heard up to Herina, is no longer there. It had been melted during the First World War, out of military considerations, and it was replaced by another smaller one in 1932. Everything else here is unquestionably genuine, of an austere sobriety and as old as centuries, which should urge us to search in detail and visit the cathedral, natives and tourists as well.

Inside this temple, the German population, the most numerous in the mediaeval burgh, used to live part of their spiritual life both in times of peace and prosperity and of toil which, unfortunately for them, were long and plenty. I'd like to mention some servants of the church among which the pastors: Molitoris, Menning or Franchy who had faithfully served during the last decades before the German population started to go west. They turned the church into an important cultural centre, with generous ethnical and social tolerance.

Nowadays, the cathedral has been restored on the outside. I truly hope, considering the insistence of local authorities of the Evangelical parish and of the Saxons everywhere, that the main contractor will preserve its valuables untouched and render its long lost glamour. It is good to know that this building is not only a historical place but also an exceptionally national cultural inheritance.

It is the possession of all Bistrita inhabitants which has to be piously preserved for ourselves and for our descendants. But above all it was a religious place which used to focus the spiritual life of the German population, very numerous by the time. The priests, those who served here, used to be respected, loved and worshipped by all Bistrita people, no matter their nationality.

The religious service was very sobre, following a well-known ritual: it always started at 10 o'clock and it always ended at 11 o'clock sharp. In this interval, the believers were actively participating, religious books in hands, in the performing of the service. The participation to church manifestations was considered the most important weekly event and therefore the families' way of dressing, when coming here, was not common, but very pompously traditional.

Sărbătoare în Piața Centrală

Când alaiul celor ce veneau la biserica evanghelică se încropea, noi, copiii, numai ochi şi urechi, impresionați peste măsură, urmăream cu mare atenție, cel mai fascinant spectacol accesibil nouă, cel al defilării cortegiului de enoriaşi saşi. Poate şi de aceea costumația şi particularitățile vestimentare mi-au rămas şi astăzi atât de proaspete în memorie.

Saşii veneau la biserică în frumoasele lor costume populare tradiționale, la care observam cu uşurință diferențele legate de calitatea materialelor, a liniei croiului, intuind astfel cu uşurință zona de obârşie a acestora, deoarece fiecare sat săsesc îşi avea particularitățile lui în privința pieselor componente şi în varietatea coloristică, mai ales la vestimentația feminină. Elemente specifice trădau originea lor şi generau o mare diversitate a costumelor pe care noi le admiram.

Bărbații purtau pantaloni cambrați şi scurte negre, cămăşi albe şi cizme. Numai chimirele şi cravatele, cusute în motive florale pastelate, contrastau cu sobrietatea îmbrăcămintei. Pe cap purtau o pălărie neagră, cu boruri mari. Numai în anotimpul friguros îmbrăcau cojoace albe cu motive florale în tente îndrăznețe. Femeile, în schimb, etalau o costumație din care se revărsa din belşug o fantezie coloristică greu de imaginat, dar de un real bun gust. Mi se părea atunci că trupurile erau doar un suport al hainelor, adevărate manechine în mişcare.

Pe cap purtau o mitră din catifea neagră numită "Borten", ce se prindea cu doua panglici negre şi înguste la ceafă. Aceasta era împodobită cu paiete şi mărgele în partea din față, iar în spate se încheia cu două până la şase ornamente sferice din pietre semiprețioase, sau sticlă verde şi roşie. Înspre spate se revărsau patru panglici lungi, albastre sau galbene, cu motive florale policrome. În multe din acestea motivul predominant era spicul de grâu în fir aurit.

Cu trei săptămâni înainte de cununie, ca şi la logodnă, fetele purtau coronițe colorate sau albe, cu bentițe.

Nevestele primeau la nuntă din partea soacrei o scufiță numită "Haubchen", din catifea neagră, brodată cu motive florale, de regulă în nuanțe de roşu şi roz. Când ele aveau culoarea albastră, acesta era un semn de doliu, fiind, în general, culoarea de predilecție a femeilor vârstnice. Florile preferate erau în cea mai mare parte trandafirii, lăcrimioarele şi nu-mă-uita. Scufițele erau apoi decorate cu paiete şi perle. Ele se prindeau cu două panglici roz la ceafă. Parul îl purtau împletit în două cozi, formate fiecare din opt până la unsprezece şuvițe. Cozile se prindeau sus pe cap. De asemenea, purtau şiraguri lungi de mărgele ce se aranjau în două până la şase rânduri strânse în jurul gâtului, iar un şirag mai lung era lăsat

Bujorii lui Ute
die Pfingstrosen von Ute
Ute's peonies

pe piept. Mărgelele erau din sticlă albă, sidef sau argint.

Peste bluza albă se îmbrăca un laibăr ("Rockleiber") din postav sau catifea roşie (uneori alb sau negru-vara) fără mâneci, cusut de fustă de obicei, dar se foloseau şi laibăre festonate peste rochie, ce erau ornate în trandafiri pe piept şi spate. Ele se încheiau cu o pafta argintie, încrustată cu ornamente din sticla roşie şi verde. Peste fustele lungi de culoare închisă, se purtau şorţuri albe plisate, cu cusături geometrice şi florale în negru.

Poate ar fi necesar să adaug la această prezentare a costumului săsesc, faptul că saşii se distingeau ca fiind oameni harnici, oneşti, capabili de o mare generozitate, pentru care altruismul nu era o noţiune abstractă, ci un fel de a fi. Cu toţii erau, pur şi simplu, nişte bistriţeni, care în zilele de lucru nu se deosebeau cu nimic de ceilalţi concitadini decât poate, prin tenacitate.

Saşte în straie de sărbătoare
Sächsinnen in Feiertagskleidung
Saxon women wearing Sunday clothes

Diversitate în costumația femeilor ~ *Verschiedene Frauentrachten* ~ *Diversity in women's clothes*

1913

Costumele populare tradiționale ale
femeilor de naționalitate germană din Bistrița
Traditionelle Volkstrachten der deutschen Frauen in Bistritz
German women's traditional folk costumes

1939

Feiertag auf dem Hauptplatz

Wenn sich die Kirchgänger vor der evangelischen Kirche versammelten, waren wir Kinder über alle Maßen beeindruckt und nur Augen und Ohren. Wir verfolgten dieses faszinierendste Schauspiel, das uns zugänglich war: den Aufmarsch der Angehörigen der sächsischen Pfarrei. Vielleicht auch deshalb sind mir die Trachten und die Einzelheiten der Gewänder auch heute noch so frisch in Erinnerung.

Die Sachsen kamen in ihren schönen traditionellen Trachten zur Kirche, an denen man leicht den Unterschied im Material, in der Schnittlinie beobachten konnte und so ihre Herkunft erriet, weil jedes sächsische Dorf seine Eigenheiten im Hinblick auf die zur Tracht gehörenden Einzelteile und die Verschiedenheit der Farben hatte, besonders bei der Frauenkleidung. Spezifische Elemente verrieten ihre Herkunft und schufen eine große Vielfalt der Trachten, die wir bewunderten.

Die Männer trugen schwarze Stiefelhosen, weiße Hemden und Stiefel. Nur der breite Ledergürtel und die Krawatten, die mit pastellfarbenen Blumenmotiven bestickt waren, kontrastierten mit der Einfachheit der Kleidung. Auf dem Kopf trugen sie einen schwarzen Hut mit breitem Rand. Nur in der kalten Jahreszeit zogen sie weiße Lammfellmäntel an mit floralen Motiven in gewählten Farben. Die Frauen dagegen stellten eine Kleidung zur Schau, in der sich die Phantasie der Farben im Überfluß bediente, jedoch immer mit gutem Geschmack. Es schien mir damals, als wären die Gestalten nur dazu da, wie Mannequins in ihrer Bewegung die Kleidung zu präsentieren.

Auf dem Kopf trugen sie ein rundes Gebilde aus schwarzem Samt, „Borten" genannt, das mit zwei schwarzen, schmalen Bändern befestigt war. Es war mit Pailletten und Glasperlen an der Vorderseite und hinten mit zwei bis sechs kugelförmigen Ornamenten aus Halbedelstein oder grünem und rotem Glas geschmückt. Über den Rücken fielen vier lange blaue oder gelbe Bänder mit bunten floralen Motiven. Das dominierende Motiv auf vielen dieser Bänder war die mit Goldfaden gestickte Kornähre.

Drei Wochen vor der Hochzeit, wie auch bei der Verlobung, trugen die Mädchen farbige oder weiße Kränze mit schmalen Bändchen.

Die Ehefrauen erhielten von der Schwiegermutter bei der Hochzeit ein Häubchen aus schwarzem Samt, gewöhnlich in rot oder rosa bestickt mit Blumenmotiven. Wenn sie blau waren war es ein Zeichen der Trauer und üblicherweise die Lieblingsfarbe der älteren Frauen. Die bevorzugten Blumen waren großteils Rosen, Maiglöckchen und Vergißmeinnicht. Die Häubchen waren mit Pailletten und Perlen geschmückt. Sie wurden mit zwei rosa Bändern am Kopf befestigt. Auch trugen die Frauen lange Glasperlenketten, die in zwei bis sechs Reihen um den Hals geschlungen waren, wobei eine längere Kette bis zur Brust reichte. Die Perlen waren aus weißem Glas, Perlmutt oder Silber.

Über der weißen Bluse trug man ein Leibchen (Rockleiber) aus Schafwolle oder rotem Samt (manchmal weiß oder schwarz im Sommer) ohne Ärmel, gewöhnlich mit dem Rock zusammen genäht. Man benützte aber auch gestickte Leibchen über dem Rock, die mit Rosenornamenten auf der Brust und am Rücken verziert waren. Sie wurden mit silbernen Verschlüssen mit Ornamenten aus rotem oder grünem Glas befestigt. Über den langen, in dunkler Farbe gehaltenen Röcken trug man weiße, gefältelte Schürzen mit geometrischen und floralen Stickereien in schwarz.

Vielleicht wäre es nötig hinzuzufügen, dass die Sachsen sich als fleißige Menschen auszeichneten, ehrlich, zu großem Edelmut fähig, für die die Nächstenliebe kein abstrakter Begriff war, sondern eine Art zu leben. Alle waren einfach Bistritzer, die sich an den Werktagen in nichts von den anderen Mitbürgern unterschieden, als vielleicht durch ihre Hartnäckigkeit.

Festival in Central Square

When the processions of people coming from the Evangelical Church started, we, children, deeply impressed, used to follow attentively the most fascinating show we could afford seeing, that is the parade of Saxon parishioners. Maybe that is why their costumes and their clothes peculiarities of their dress are still so fresh in my mind.

They used to come to church in their beautiful, traditional folk costumes, to which we could easily distinguish the difference regarding the quality of the material, of the design, guessing from these their source because every Saxon village had its own peculiarities in the colour variety and the component parts, especially in the women's costumes. The specific elements revealed their origin and generated a wide variety of folk costumes which we used to admire.

Men were wearing tight trousers and black jackets, white shirts and boots. Only their money belts and ties, adorned with coloured, flowered patterns, were in contrast with the sobriety of their clothes. They were wearing large brimmed black hats on their heads. In the cold seasons they used to wear white sheepskin coats decorated with boldly coloured flowery patterns. Women showed off clothes which proved an extraordinary colour fantasy, yet they were of taste. I was thinking their bodies seemed to be just hangers for their clothes, real moving dummies. They used to wear a black velvet mitre called "Borten" on their heads. They were adorned with spangles and beads on the front part and at the back it was buttoned with 2 to 6 spherical ornaments made up of semi-precious stones or red and green glass. Four long ribbons, blue or yellow, with colourful flowery decorations were left loose towards the back.

The favourite pattern was the corn ear sown in golden thread.

Young ladies were wearing coloured or white ribbons with bands, three weeks before the wedding or at their engagement.

On their wedding day, daughters-in-law used to get as a present from their mothers-in-law a black velvet cap, embroidered with pink and red flowered patterns, called "Haubchen". When they were blue, they meant mourning , old women's colour.

The favourite flowers were mostly the rose, the lily-of-the-valley and the forget-me-not. The caps were then decorated with spangles and pearls. They were tied back with two pink ribbons. They had their hair plaited in two pigtails, each made up of 8 to 11 strands, and then tied together up their head. They were also wearing long bead necklaces which they arranged in two up to six successive rows round the neck and a longer necklace was left down the breast. The beads were made up of white glass, nacre or silver.

They used to wear a waistcoat ("Rockleiber") made of red cloth or velvet (sometimes white or black in summer), over the white blouse, usually sewn to the skirt, but they also used festooned waistcoats over the dress, decorated with roses on chest and back. They were buttoned with a silvery buckle, engraved with red and green glass ornaments. They were wearing, over the skirts, long dark-colored plaited aprons with black geometrical and flowery seams.

I may need to add to this short presentation of the Saxon costume the fact that they were especially hard-working people, honest, very generous, for whom altruism was not an abstract concept but their lifestyle. They were all, not in the least different from the other people, if one doesn't take into account their tenacity.

Complexul Sugălete

Puţine sunt locurile din oraş care să fie atât de încărcate de istorie ca Sugăletele.

Ca ansamblu civic din vechea cetate, complexul cuprinde, pe latura de nord a Pieţei Centrale , treisprezece clădiri, sub care se înşiră douăzeci de bolţi, în ogive gotice, susţinute şi străjuite de douăzeci şi unu de pilaştrii dreptunghiulari.

Complexul a fost construit la sfârşitul secolului al XIV-lea şi începutul secolului al XV-lea, reconsolidat în mare parte după 1457, când un incendiu devastator a distrus o parte din construcţiile de lemn ale oraşului, printre care şi unele din Piaţa Centrală.

Regele Ludovic I de Anjou (1342-1382), încurajând industria şi comerţul saşilor bistriţeni, a acordat acestora, la 1352, dreptul de a ţine "târgul cel mare", de Sf. Bartolomeu, cu o durată de 15 zile. Tot atunci, oraşul primeşte şi dreptul de antrepozit.

Ca urmare, localnicii au edificat în scurtă vreme Complexul Sugălete şi cu scopuri mercuriale şi de deservire, construind spaţii extinse de depozitare şi adăpost pentru negustori şi convoaiele lor.

Sub porţiunea acoperită a colonadelor, comercianţii îşi puteau etala marfa pe timp nefavorabil, în vreme ce Piaţa Centrală (Marktplatz) oferea un spaţiu mai mult decât suficient când timpul era frumos.

Burgul primeşte şi titlul de „oraş liber regesc", în stema sa observându-se un struţ cu potcoava de aur în cioc, ce simboliza prosperitatea comerţului, crinii Casei domnitoare de Anjou, ca şi cele patru dungi din stema Ungariei.

Stema oraşului Bistriţa
Bistritzer Stadtwappen
Bistriţa Coat of Arms

În anul 1453 regele Ladislau al V-lea îl înalţă pe învingătorul turcilor, regentul Ioan de Hunedoara(Hunyadi), la rangul de grof regal al Bistriţei, acordându-i şi veniturile oraşului. Se pare că această numire a ţinut cont şi de faptul că acesta avea deja aici un „castel cetate" pe Dealul Burberg(Burich), din imediata vecinătate a oraşului.

Prin poziţia sa în teritoriu, Bistriţa se afla la intersecţia unor drumuri comerciale de mare importanţă, ce legau Europa de Vest cu cea Răsăriteană, Polonia şi Rusia cu Peninsula Balcanică. Oraşul era în drumul de tranzit obligatoriu pentru cei ce-şi doreau o cale lesnicioasă şi directă spre şi dinspre aceste regiuni. Aşa se explică numărul mare de convoaie comerciale ce treceau în acele vremuri prin Bistriţa.

Dezvoltarea economică a oraşului a fost sprijinită şi de către Matei Corvin, devenit între timp rege al Ungariei. În anul 1465 el acordă bistriţenilor dreptul de a dărâma cetatea sa de pe Burich, pe care o moştenise, sprijinind astfel populaţia în ridicarea primului zid de apărare al oraşului. După alţi zece ani, în 1475, Matei Corvin atribuie Bistriţei Districtul Rodna, cu cele 20 de localităţi componente, stăpânire ce va dura peste 300 de ani, până la militarizarea regiunii de către Maria Thereza, în anul 1766.

Bistriţa devine, astfel, în scurtă vreme, un centru comercial şi economic de primă mărime al Transilvaniei.

De multe ori comercianţii zăboveau aici, fiind scutiţi de taxe şi impozite, dar şi obligaţi, prin, ordinul expres al regelui, să-şi ofere marfa spre vânzare şi bistriţenilor, când tranzitau burgul.

Aproape zilnic, care cu coviltire umpleau curţile lungi ale caselor din Sugălete. Aici erau amenajate, pe lângă depozite spaţioase, şi grajdurile pentru animalele de povară. În încăperile dinspre piaţă, drumeţii se puteau ospăta pe cinste, cu rafinatele preparate culinare ale bistriţenilor. Vinurile autohtone de Lechinţa, Teaca, Neuburgerul şi Steiningerul erau renumite şi se bucurau şi atunci de o binemeritată apreciere. Viile roditoare din preajma oraşului erau mai mult decât indestulătoare pentru a asigura din belşug vinul pentru cei ce-şi potoleau cu greu setea, sau doreau să-şi „pertracteze" afacerile la un pahar.

Nu arareori în curţile şi grădinile spaţioase din incintă se orânduiau, la cererea musafirilor, mese, unde se petrecea în voie, ferit de privirile curioşilor. În vreme ce alţii, dimpotrivă, se aşezau la mesele orânduite spre stradă, printre florile de piatră ce împestriţau în acele vremuri peste tot pavajul mărunt al străzilor, cu un covor policrom, suav parfumat.

Toate clădirile ansamblului aveau crame spaţioase ...şi, acolo unde era băutura, se instala de obicei şi buna dispoziţie.

Dacă clavirul nu-l găseai peste tot, instrumentele cu coarde şi cele de suflat erau pretutindeni şi se întreceau seară de seară în a desluşi mazurcile şi lendlerele cele mai la modă.

Târziu, în noapte, oaspeţii se retrăgeau spre camerele de la etaj, amenajate în dormitoare confortabile. Doar ceasul din Turnul saşilor mai ţinea seama timpului, bătând ore exacte, pentru cei ce ar fi fost interesaţi sau dispuşi să le mai audă. Numai garda municipală, ce patrula noaptea prin târg, le mai urmărea, deoarece şi ei anunţau ora cu glasurile răguşite, odată cu asigurarea dată orăşenilor că este linişte deplină şi totu-i în ordine în cetate.

Dis-de-dimineaţă, zona fremăta datorită târgoveţilor. Se rânduiau mesele şi tonetele cu marfă. Uneori marfa era expusă în căruţe sau chiar pe jos, sub bolţile stradale.

Dintre mărfurile ce se ofereau aici spre vânzare bistriţenilor, de o mare diversitate, erau cele ale meşterilor autohtoni, dar se găseau şi obiecte din aur şi argint, ornamente artistice , vestimentaţii bisericeşti şi chiar arme, ce-şi aveau obârşia în Europa occidentală sau meridională. Mărfurile erau expuse zilnic sub arcade ca şi în piaţa mare de vis-à-vis.

Dinspre răsărit, din Moldova, Ucraina, Polonia si Rusia, comercianţii aduceau piei, blănuri, animale pentru sacrificat, peşte, miere de albine, pietre semipreţioase şi pânzeturi.

Dezvoltarea rapidă a breslelor în Bistriţa a făcut ca în scurtă vreme produsele meseriaşilor bistriţeni să aibă o mare căutare şi peste graniţă. Nu rareori convoaiele breslaşilor şi mai ales ale negustorilor bistriţeni au fost semnalate şi în Asia Centrală sau Orientul Apropiat.

De o deosebită preţuire s-au bucurat meseriaşii bistriţeni în Moldova. Încă din secolul al XV-lea, bistriţenii frecventau regulat târgurile moldoveneşti. Ei duceau în Moldova unelte agricole, arme, clopote, unelte casnice etc.

Iată doar câteva exemple din comenzile domnitorilor moldoveni, culese din hrisoavele vremii: Domnitorul Eremia Movilă a cumpărat din Bistriţa 200 quintale de vase de aramă, linguri, coase, iarbă de puşcă, sape, seceri, topoare, frânghii şi plase de pescuit. Petru Rareş a cumpărat năvoade de prins peşte, podoabe de aur şi argint, sănii şi care. Alexandru Lăpuşneanu şi-a procurat de aici o sută de coli de pergament.

Tot bistriţenii au furnizat voievozilor moldoveni postavuri fine de Flandra şi Colonia, stofe de mătase cu fire aurite, ca şi ornamente artistice veneţiene, stofe pentru veşmintele bisericeşti, precum şi coloniale ca: piperul, ghimberul, sau chiar alifii şi medicamente.

Comerţul s-a făcut pe bani peşin, dar şi în natură, pe boi îngrăşaţi, cai, porci, piei, blănuri, lână, peşte sau postav ţărănesc etc.

Mulţi meseriaşi au fost solicitaţi, de-a lungul timpului, în Moldova.Cei mai cunoscuţi au fost meşterii zidari şi pietrari, care au construit multe din bisericile şi cetăţile fortificate ale Moldovei.

În acea vreme vestiţi au fost şi „doctorii" bistriţeni, care au îngrijit multe feţe domneşti de-a lungul secolelor, dovadă fiind numeroasele documente existente cu relatări pe această temă.

În perioadele de restrişte, bistriţenii au ajutat moldovenii în repetate rânduri cu hrană şi găzduire. O vreme, însăşi Bistriţa a aparţinut domnitorului moldovean Petru Rareş.

Complexul Sugălete este o realizare arhitectonică remarcabilă, cu un rol funcţional bine determinat, ce a oferit siguranţa, atât de necesară, convoaielor comercianţilor în acea epocă medievală. Elementele specifice arhitectonice ale fiecărei clădiri se integrau perfect în ansamblu, respectând stilul goticului şi al renaşterii transilvănene.

Intervenţiile ulterioare asupra construcţiilor au făcut să apară sporadic şi elemente ale arhitecturii renascentiste sau ale barocului târziu.

Cele treisprezece clădiri au fost îngemănate din considerente strategice. Grosimea de până la un metru şi jumătate a zidurilor caselor şi masivitatea porţilor carosabile bine zăvorâte, dovedesc cu prisosinţă şi astăzi acest lucru. Doar diversitatea basoreliefurilor, a ancadramentelor, a cheilor de boltă, a blazoanelor şi a faţadelor, ofereau caselor ce alcătuiau complexul o varietate ce se mai păstrează încă.

Din păcate astăzi, elemente de o mare valoare arhitectonică şi artistică, martore ale istoriei noastre, sunt acoperite, în parte, de tencuiala indiferenţei şi a iresponsabilităţii.

Acoperişurile caselor au fost refăcute şi ele în repetate rânduri, mai ales în ultimul secol, fiind înlăturate elemente decorative importante, reducându-le mult din înălţime şi din ingeniozitatea constructivă. Astfel, coşurile de fum ca şi lucarnele etajate ale acoperişurilor de altădată au dispărut în cea mai mare parte.

Pierzând din amplitudinea acoperişurilor, Sugăletele a pierdut şi din somptuozitatea de odinioară. Uniformizarea copertinelor a sărăcit complexul de farmecul său medieval.

În prima casă, dinspre răsărit, şi-a avut sediul prima farmacie din oraş, numită „La vulturul negru", atestată documentar în anul 1516. În următoarea clădire a funcţionat multe decenii Librăria Binder. Urmau casele H. Tomae, Himberg & Co., J. Lutsch şi Sklamer, şirul încheindu-se cu Casa Parohială Evanghelică, aceştia fiind proprietarii tabulari la început de secol XX, aşa cum reiese din extrasele de carte funciară, ale acestor imobile.

Multe din clădiri au suferit modificări repetate, pierzând din originalitate, unele din porţile de acces în curţile spaţioase au fost înjumătăţite, ferestrele şi chiar încăperile recompartimentate, fără cea mai elementară responsabilitate civică, sub ochii indulgenţi, dacă nu nepăsători, ai notabilităţilor.

Doar ultimele trei clădiri din partea de vest a ansamblului, păstrează elemente constructive originale, asupra cărora voi insista puţin.

Nu sunt multe datele care ne dau amănunte asupra proprietarilor acestora de-a lungul secolelor. Ştim doar că Ursula, soţia consilierului Paul Forster, lasă în anul 1505, o casă din Complexul Sugălete, parohiei oraşului (probabil cea de la nr. 23), casă ce ulterior a fost vândută şi apoi cumpărată alta, din vecinătatea Casei parohiale,(cea de la nr.14) restaurată şi ea în 1512 cu banii proveniţi din vânzarea celei dintâi. Aceasta a primit numele de Kapitelhaus, deoarece a fost donată în anul 1432 prin testament de către Petrus Kreschmeier, Ordinului catolic Fraternitas beate virginis, cu destinaţia de găzduire a adunărilor capitulului ecumenic. Degradată de timp, ea a fost renovată de Ursula şi recedată Ordinului. Membrii acestui ordin erau preoţii catolici ai oraşului, ca şi cei din satele aparţinătoare. După reforma luterană, ea a adăpostit adunările preoţilor reformaţi ce alcătuiau capitul evanghelic.

Casa parohială evanghelică (de la nr.13) este cea mai nouă clădire a complexului şi păstrează încă multe elemente originale. Unele dintre acestea sunt vizibile din Piaţă Centrală, cum ar fi portalul din piatră în arc frânt, cu un capiteliu heraldic astral, pe care se pot vedea simbolurile: soarele, luna şi luceafărul. Pe acesta este inscripţionat şi anul 1480. Clădirea are forma literei U. Din curtea interioară se deschid ganguri de acces la etaj, cu bolţi şi arcuri intermediare. De o valoare artistică aparte sunt ancadramentele uşilor şi ferestrelor, măiestrit dăltuite în piatră, ca şi bolţile cu pandantivi ale încăperilor de la etaj.

Casa Petermann (situată la nr.15) a păstrat, în cea mai mare parte, forma iniţială. Dintre elementele arhitectonice de aici, aş aminti ancadramentul uşilor de la etaj, ce sunt considerate ca unele dintre cele mai

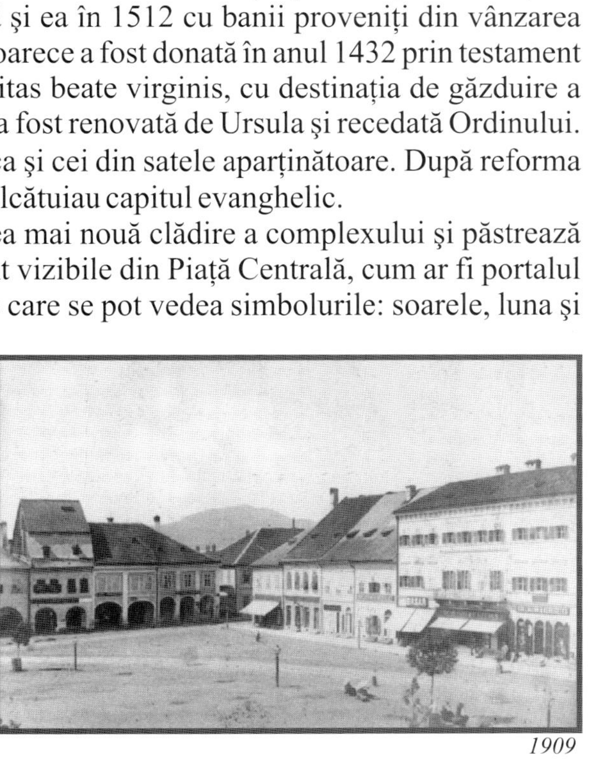

1909

prețioase realizări în stilul gotic din Transilvania. Ancadramentul are în partea de sus două herburi care înfățișează stema orașului și blazonul proprietarului Petermann. Pe capiteliu este gravat și anul 1480, probabil anul edificării. Dar este tot atât de verosimil ca această cifră să reprezinte anul reconstrucției acesteia. Una din ușile ce separă două încăperi de la etaj este sculptată în lemn de paltin, cu ornamente florale deosebit de valoroase, meșteșugit realizate și bine păstrate. Casa Petermann are sub colonade chei de boltă cu sculpturi florale și astrale stilizate .

Clădirile situate spre est de cele amintite mai sus, sunt mici și intervențiile masive ale restauratorilor le-au diminuat mult autenticitatea. La unele dintre ele s-a intervenit asupra fațadelor prin amenajarea unor vitrine dreptunghiulare anonime în locul portalurilor gotice sau prin montarea pe pereți a țevilor de apă, canal și gaze, precum și a branșamentelor electrice și telefonice peste elemente arhitecturale valoroase. Din exteriorul ansamblului, turistul poate observa componentele decorative ale portalurilor din piatră, capiteliul heraldic, statueta Sfântului Nicolaie dintre ferestrele Casei Parohiale, portalurile și porțile carosabile, ca și particularitățile constructive ale caselor componente.

Interiorul ansamblului este spațiu locuibil, oferind posibilități limitate de vizitare. Doar parterul stradal, închiriat comercianților, ca și colonadele exterioare mai pot oferi astăzi imagini, cât de cât, apropiate de ceea ce reprezenta ambientul medieval al acestor locuri, cândva.

Astăzi, o valorificare a întregului ansamblu, cu pretenții de restaurare, este, pe cât de greu de realizat din motive lesne de înțeles în această perioadă de austeritate, pe atât de necesară.

Ansamblul are pentru orașul Bistrița, pe lângă o valoare arhitectonică, și una simbolică și patrimonială, ce se cere etalată și inclusă în circuitul național și internațional de valori. Valorificarea turistică a ansamblului este nu numai posibilă, ci și imperativă, ca o chestiune de civilizație.

Serbarea școlară din anul 1913, în fața Sugăletelor
Schulfeier vor dem Kornmarkt 1913
1913 school festival, in front of the Sugălete Complex

Complexul fotografiat dinspre est, 1922
Der Komplex gegen Osten 1922
East view to the Sugălete Complex, 1922

1909

Latura de est a Sugăletelor, 1922
Die Ostseite des Kornmarktes 1922
The east side of the Sugălete Complex, 1922

1906

Ospătară, 1878
Kellnerin 1878
Waitress, 1878

1926

Der Kornmarkt mit Laubengängen

Es gibt wenige Stellen in der Stadt, die historisch so vorbelastet sind wie der Kornmarkt.

Als städtisches Ensemble aus der alten Burg enthält der Komplex an der Nordseite des Hauptplatzes dreizehn Gebäude, an denen sich zwanzig Arkaden mit gotischen Spitzbogen, gehalten und bewacht von einundzwanzig rechteckigen Säulen, aufreihen.

Der Gebäudekomplex wurde Ende des XIV. Jh. bis in den Beginn des XV. Jh. erbaut und nach 1457 weiter verstärkt, nachdem ein Großfeuer einen Teil der Holzbauten der Stadt zerstört hatte, darunter auch einige auf dem Hauptplatz.

König Ludwig I. von Anjou (1342-1382), der Industrie und Handel der Bistritzer Sachsen förderte, gestand diesen 1352 das Recht zu, den „Großen Markt" zu St. Bartholomä mit einer Dauer von 15 Tagen abzuhalten. Damals erhielt die Stadt auch das Recht als Speicher zur Lagerung.

In der Folge erbauten die Bürger in kurzer Zeit den Kornmarkt zu Handelszwecken und für die Versorgung. Es wurden weite Lagerräume errichtet und Unterkünfte für die Händler und ihre Mitarbeiter.

Unter dem überdachten Teil der Kolonnaden konnten die Händler ihre Waren bei schlechtem Wetter ausbreiten, bei schönem Wetter war auf dem Hauptplatz (Marktplatz) mehr als genug Raum.

Die befestigte Stadt erhielt den Titel einer „freien königlichen Stadt", im Wappen kann man einen Strauß mit einem goldenen Hufeisen im Schnabel erkennen, der das Blühen des Handels symbolisiert. Außerdem enthält es die Lilien des Herrscherhauses derer von Anjou sowie die vier Streifen aus dem ungarischen Wappen.

Im Jahre 1453 erhob König Ladislaus V. den Bezwinger der Türken, Fürst Johann von Hunedoara (Hunyadi) in den Stand eines königlichen Grafen von Bistritz und gewährte ihm auch die Einnahmen der Stadt. Es scheint, daß diese Ernennung auch deshalb erfolgte, weil dieser schon eine „befestigte Burg" auf dem Burghügel (Burich) in unmittelbarer Nähe der Stadt hatte.

Durch seine Lage befand sich Bistritz an der Kreuzung einiger sehr wichtiger Handelsstraßen, die Westeuropa mit dem Osten, mit Polen, Rußland und dem Balkan verbanden. Die Stadt mußte zwangsläufig von allen berührt werden, die einen einfachen und direkten Weg von und in diese Regionen nehmen wollten. So erklärt sich auch die große Zahl der Warentransporte durch Bistritz in diesen Zeiten.

Die wirtschaftliche Entwicklung der Stadt wurde von Matthias Corvin unterstützt, der mittlerweile König von Ungarn geworden war. Im Jahre 1465 gestand er den Bistritzern das Recht zu, die Burg auf dem Burgberg (Burich) zu zerstören, die er geerbt hatte. Auf diese Weise unterstützte er die Bevölkerung bei der Errichtung der ersten Verteidigungsmauer der Stadt. Nach weiteren zehn Jahren, 1475, überantwortete Matthias Corvin den Distrikt Rodna samt seinen 20 zugehörigen Dörfern an Bistritz. Die Herrschaft darüber dauerte über 300 Jahre, bis die Region von Maria Theresia 1766 zur militärischen Zone erklärt wurde.

So wurde Bistritz in Siebenbürgen innerhalb kurzer Zeit ein wirtschaftliches und kaufmännisches Zentrum von erster Größe.

Oft verweilten die Kaufleute hier, sie waren von Steuern und Abgaben befreit, aber durch ausdrücklichen Befehl des Königs verpflichtet, wenn sie durch die Stadt kamen ihre Waren den Bistritzern anzubieten.

Fast täglich füllten Planenwagen die langen Höfe der Häuser am Kornmarkt. Hier hatte man neben den großen Lagerräumen auch Ställe für die Zugtiere eingerichtet. In den Räumen gegen den

Markt hin konnten die Reisenden sich an den raffinierten kulinarischen Köstlichkeiten der Bistritzer ergötzen. Es gab eigenen Wein aus Lechnitz/Lechinta und Tekendorf/Teaca, der Neuburger und der Steininger waren berühmt und erfreuten sich damals großen Zuspruchs.

Die ertragreichen Weinberge in der Umgebung der Stadt erbrachten mehr als genug, um Wein im Überfluß für die Durstigen bereit zu stellen oder für diejenigen, die ihre Geschäfte bei einem Glas Wein begießen wollten.

Nicht selten wurden auf Ersuchen der Gäste in den weiten Innenhöfen und Gärten auch Tische aufgestellt, wo man geschützt vor den Blicken Neugieriger nach Lust und Laune feiern konnte. Die anderen setzten sich an die Tische, die entlang der Straße aufgereiht waren, zwischen den Portulak-Röschen, die in diesen Zeiten überall den Straßenschotter mit einem bunten, lieblich duftenden Teppich überzogen.

Alle Gebäude des Ensembles hatten weite Keller... und dort, wo es etwas zu trinken gab, ging es gewöhnlich auch sehr ausgelassen zu.

Wenn es auch nicht immer ein Klavier gab, Saiten- und Blasinstrumente gab es überall, die am Abend zu Mazurka und Ländler aufspielten, die damals in Mode waren.

Spät in der Nacht zogen sich die Gäste in die Zimmer im Stockwerk zurück, die als komfortable Schlafräume eingerichtet waren. Nur die Turmuhr achtete noch auf die Zeit und schlug die genaue Stunde für die, die daran interessiert waren oder bei Laune, darauf zu achten. Einzig die Stadtgarde, die in der Nacht über den Markt patrouillierte, verkündete mit rauher Stimme nach ihr die Stunde gleichzeitig mit der Kunde an die Einwohner, daß alles in der Stadt ruhig und in Ordnung sei.

Früh am Morgen herrschte hier geschäftiges Treiben. Es wurden die Tische und Fässer mit Waren aufgestellt, einige stellten ihre Waren in den Wagen oder auch am Boden unter den Arkaden zur Schau.

Unter den vielfältigen Waren, die hier den Bistritzern angeboten wurden, gab es auch solche von einheimischen Meistern. Man konnte Objekte aus Gold und Silber finden, künstlerische Ornamente, Kleidung für den Kirchgang und sogar Waffen, die ihren Ursprung in Ost- oder Südeuropa hatten. Die Waren wurden täglich sowohl unter den Arkaden als auch auf dem Marktplatz gegenüber dargeboten.

Von Osten, aus Moldova, der Ukraine, Polen und Rußland brachten die Händler Leder, Pelze, Schlachtvieh, Fische, Bienenhonig, Halbedelsteine und Stoffe.

Die schnelle Entwicklung der Bistritzer Zünfte wurde auch dadurch gefördert, dass die Produkte der Meister auch über der Grenze sehr gefragt waren. Nicht selten wurden die Lieferungen der Zünfte, aber vor allem der Bistritzer Geschäftsleute in Zentralasien oder im Nahen Osten angefordert.

Die Bistritzer Meister erfreuten sich in Moldova einer besonderen Wertschätzung. Schon ab dem XV. Jh. frequentierten sie regelmäßig die moldovischen Märkte. Sie brachten landwirtschaftliche Geräte, Waffen, Glocken, Haushaltswaren etc.

Hier einige Beispiele aus den Bestellungen der moldovischen Herren, gesammelt aus den Urkunden der Zeit: Herr Eremia Movila kaufte von Bistritz 200 Doppelzentner Kupfergeschirr, Löffel, Sensen, Flintenpulver, Schaufeln, Sicheln, Äxte, Stricke und Fischernetze. Petru Rares kaufte Schleppnetze für den Fischfang, Schmuck aus Gold und Silber, Schlitten und Wagen. Alexandru Lapusneanu versorgte sich hier mit 100 Bogen Pergamentpapier.

Die Bistritzer lieferten den Woiwoden der Moldau auch feines Tuch aus Flandern und Köln, Seidenstoffe mit Goldfäden, venezianische Spitzen, Stoffe für die kirchliche Kleidung, aber auch Gewürze wie Pfeffer und Ingwer, oder sogar Salben und Medikamente.

Der Handel wurde mit Bargeld, aber auch in Naturalien abgewickelt: gemästete Ochsen, Pferde, Schweine, Leder, Pelze, Wolle, Fische oder Bauernleinen etc.

Viele Handwerker bewarben sich eine Zeit lang um Arbeit in Moldova. Die bekanntesten waren die Maurer - und Steinmetzmeister, die in Moldova viele Kirchen und befestigte Burgen gebaut haben.

Berühmt in dieser Zeit waren auch die Bistritzer „doctorii", die im Laufe der Jahrhunderte viele Herrschaften behandelten, was zahlreiche Dokumente mit Bezug auf dieses Thema bezeugen.

In Unglücksjahren halfen die Bistritzer den Moldovenern mehrere Male mit Lebensmitteln und Unterkünften aus. Eine Zeit lang gehörte Bistritz auch selber dem moldovenischen Herrscher Petru Rares.

Der Komplex am Kornmarkt ist eine bemerkenswerte architektonische Leistung mit einer gut durchdachten Funktion, welche die für die Händler in der mittelalterlichen Zeit so notwendige Sicherheit bot. Die für jedes Gebäude besondere architektonische Ausführung fügt sich perfekt in das Ensemble ein, obwohl sowohl gotischer Stil als auch Siebenbürgische Renaissance verwendet wurden.

Die neuesten Veränderungen an den Gebäuden haben auch hier und dort Elemente de Jugendstils oder des späten Barock freigelegt.

Diese dreizehn Gebäude wurden aus strategischen Erwägungen zusammengefügt: Die Dicke der Hausmauern von bis zu eineinhalb Metern und die Stärke der gut verschließbaren Einfahrtstore beweisen zur Genüge auch heute noch diese Tatsache. Nur der Unterschied der Basisreliefs, der Zierrahmen, der Bogenabschlüsse, der Wappen und der Fassaden verliehen dem Häuserkomplex eine Mannigfaltigkeit, die sich bis heute bewahrt hat.

Leider sind die wertvollen architektonischen und künstlerischen Elemente als Zeugen unserer Geschichte heute teilweise unter dem Verputz der Nachlässigkeit und Gleichgültigkeit verdeckt.

Auch die Dächer der Häuser wurden des öfteren erneuert, vor allem im letzten Jahrhundert. Es wurden wichtige dekorative Teile ergänzt, und ihre Höhe mit Einfallsreichtum verkürzte. So verschwanden die ehemaligen Rauchfänge und Dachlukenfenster zum größten Teil.

Durch den Verlust der Substanz der Dächer hat der Kornmarkt auch von seiner früheren Pracht viel verloren. Die Angleichung der Dächer hat dem Komplex viel von seinem mittelalterlichen Scharm genommen.

Im ersten Haus gegen Osten war die erste Apotheke der Stadt, genannt „Zum schwarzen Adler“, wie aus einem Dokument aus dem Jahre 1516 hervorgeht. Im Nebengebäude war viele Jahrzehnte lang die Buchhandlung Binder. Es folgten die Häuser H. Tomae, Himberg & Co., J. Lutsch und Sklamer. Die Reihe schließt mit dem evang. Pfarrhaus, welches schon am Beginn des XX. Jh. der evang. Kirche gehört, wie in den Auszügen des Grundbuches für diese Immobilien nachzulesen ist.

Viele der Häuser haben wiederholte Änderungen erfahren und dadurch von ihrer Originalität verloren. Einige der Einfahrtstore in die weiten Höfe wurden halbiert, die Fenster und auch die Innenräume ohne das geringste Verantwortungsgefühl unter den nachsichtigen, wenn nicht gar gleichgültigen Augen der Stadtoberen abgeteilt.

Nur die letzten drei Häuser gegen Westen des Ensembles bewahren noch originale Bauelemente, auf die ich gerne eingehen möchte.

Es gibt nicht viele Daten, die Einzelheiten über die Eigentümer im Laufe der Jahrhunderte erwähnen. Wir wissen nur daß Ursula, die Gattin des Stadtrates Paul Forster, der Stadtpfarre im Jahre 1505 ein Haus am Kornmarkt überläßt (wahrscheinlich Nr. 23). Dieses Haus wurde verkauft und ein anderes in der Nachbarschaft des Pfarrhauses gekauft (Nr. 14), welches 1512 mit dem Erlös des ersten Hauses renoviert wurde. Es erhielt den Namen Kapitelhaus, weil es 1432 durch das Testament des Petrus Kreschmeier dem kathol. Orden Fraternitas beate virginis mit der Bestimmung geschenkt worden war, die Versammlungen des ökumenischen Kapitels zu beherbergen. Im Laufe der Jahre heruntergekommen, wurde es von Ursula renoviert und dem Orden wieder übergeben. Die Mitglieder dieses Ordens waren katholische Priester der Stadt und der umliegenden Dörfer. Nach der lutherischen Reformation versammelten sich dort die reformierten Pfarrer, die das evangelische Kapitel bildeten.

Das evang. Pfarrhaus (Nr. 13) ist das neueste Gebäude des Komplexes und bewahrt noch viele originale Elemente. Einige davon sind vom Hauptplatz aus sichtbar, so wie das Steinportal mit dem gebrochenen Bogen, mit der Himmelsheraldik als Kapitell, auf der man die Symbole für Sonne, Mond und Abendstern sehen kann und die Jahreszahl 1480 eingemeißelt ist. Das Gebäude hat eine U-Form. Aus dem Innenhof führen Gänge mit Wölbungen und Verbindungsbögen in das Stockwerk. Von besonderem künstlerischen Wert sind die meisterhaft in Stein gearbeiteten Einfassungen der Türen und Fenster, sowie die Wölbungen mit Gewölbezwickeln in den Räumen des Stockwerks.

Das Haus Petermann (auf Nr. 15) hat zum größten Teil seine ursprüngliche Form behalten. Von den architektonischen Elementen möchte ich hier die Einrahmung der Türen im Stockwerk erwähnen, die als wertvollste gotische Arbeiten in ganz Siebenbürgen eingeschätzt werden.

Die Umrandung weist oben zwei Wappen auf, die das Stadtwappen und das Hauswappen des Eigentümers Petermann darstellen. Auf dem Kapitell ist das Jahr 1480 eingraviert, wahrscheinlich das Jahr der Errichtung. Es ist aber genauso möglich, daß diese Zahl das Jahr des Wiederaufbaues des Gebäudes wieder gibt. Eine der zwei Räume des Stockwerkes verbindenden Türen, ist aus Bergahorn mit besonders wertvollen floralen Motiven geschnitzt, meisterlich gearbeitet und gut erhalten. Das Haus Petermann hat unter den Kolonnaden Gewölbeabschlußsteine mit stilisierten floralen und astralen Skulpturen.

Die westlich von den oben erwähnten Gebäuden situierten Häuser sind kleiner, massive Eingriffe der Restauratoren haben ihre Authentizität sehr vermindert. Bei einigen von ihnen wurden die Fassaden durch gesichtslose, rechteckige Auslagenfenster anstelle der gotischen Portale verunstaltet, oder durch Montage von Wasser-, Kanal- und Gasleitungen, Strom- und Telefondrähten über den wertvollen architektonischen Elementen. Von außerhalb des Ensembles kann der Tourist noch dekorative Bestandteile der Steinportale erkennen, heraldische Kapitelle, die Statue des heiligen Nikolaus zwischen den Fenstern des Pfarrhauses, Einfahrts- und Eingangstore sowie die baulichen Besonderheiten der zusammengehörenden Häuser.

Das Innere des Ensembles ist Wohnraum und es gibt nur begrenzte Besuchsmöglichkeiten. Nur das Parterre an der Straße, das von Kaufleuten angemietet ist, und die äußeren Kolonnaden könnten heute noch teilweise ansatzweise eine Vorstellung dessen vermittelt, was das mittelalterliche Ambiente dieses Ortes einstens ausmachte.

Das Ensemble hat für die Stadt Bistritz neben dem architektonischen auch einen symbolischen und überkommenen Wert, der sowohl im nationalen als auch im internationalen Wertekatalog eingeschlossen und zur Schau gestellt werden möchte. Eine touristische Bewertung des Ensembles ist nicht nur möglich, sondern als Teil der Zivilisation auch durchaus Pflicht.

The Sugălete Complex

There are few places in town as full of history as the Sugălete Complex.

As civic complex of the old fortress, it comprises on the northern side of the Central Square, thirteen buildings under which there are twenty gothic arches, supported and protected by twenty-one rectangular pilasters.

The complex was built at the end of the 14th and the beginning of the 15th centuries, greatly consolidated after 1457, when a devastating fire destroyed part of the wood buildings of the town, among which some from the Central Square.

King Louis 1st of Anjou (1342-1382) encouraged the Bistrița Saxons' industry and commerce, and granted them, in 1352, the right to have "a 15-day big fair" on St. Bartholomew. On the same occasion the town was granted the right of repository.

Consequently, the inhabitants soon constructed the Sugălete Complex having mercurial and service purposes, wide lodging spaces and shelter for merchants and their companions.

Under the covered part of the colonnades, merchants could display their goods in bad weather, while the Central Square (Marketplatz) offered enough space when the weather was good.

The burgh got the title of "free Kingly town", and in its coat-of-arms we see an ostrich with the golden horseshoe in its beak symbolizing the commerce prosperity, lilies of the House of Anjou and the four stripes from Hungary's coat-of-arms.

In 1453, King Ladislau 5th appointed the winner of the Turks, regent Ioan of Hunedoara (Hunyadi) royal Hungarian Count of Bistrita and gave him the town gains. This appointment seems to have taken into consideration the fact that he already had here a "castle fortress" on Burberg (Burich) Hill near the town.

Owing to its position in the territory, Bistrița was at the crossroads of some very important commercial ways linking Western to Eastern Europe, Poland and Russia to the Balkan Peninsula. The town was in the compulsory transit road of those looking for a direct, easier way to and from these regions. That is why so many commercial convoys used to pass through Bistrița at the time.

The economical development of the town was also supported by Matei Corvin, who had become King of Hungary. In 1465 he granted Bistrita people the right to pull down his castle on Burich Hill, which he had inherited, thus supporting the population in raising the first defense wall of the town. Ten years later, in 1475, Matei Corvin joined the Rodna district and its 20 component parts to Bistrița, a 300-year-lasting rule, until the region was armed by Maria Theresa in 1766.

Bistrița soon became a great commercial and economic centre of Transylvania.

Merchants used to rest here, as they didn't have to pay duties or taxes but they were compelled by the King's order to display their goods for Bistrița inhabitants when passing through the burgh.

Almost daily big, tilted carriages filled the long yards of the houses in the Sugălete Complex. Here there were, beside spacious warehouses, stables for the animals. Inside the rooms facing the market travellers could feast on the delicious and refined food made by the Bistrița people. The native wines of Lechința, Teaca, Neuburger and Steininger were famous and highly appreciated then. The fertilevineyardsaround the town were sufficient to give the wine for those who hardly quenched their thirst or wanted to wet their bargains.

Sometimes, in the large backyards and gardens, at the guests' request, tables were laid where they had their feasts, undisturbed. While others, on the contrary, used to sit at the tables to the street, among the stone flowers which were covering the small paving of the streets with a colourful, finely perfumed carpet.

All the buildings in the complex had wide wine cellars and … where there was something to drink, high spirits appeared, too.

One could not find harpsichords everywhere, but there were string and wind instruments all over the place, trying to make out the most up-to-date mazurkas and "lendlers".

Late at night, guests used to go to their upstairs rooms, which were, in fact, comfortable bedrooms. Only the clock in the Saxons' Tower was ticking for those willing to hear it, as it was the case of the town guard who were patrolling through the town at night, as they used to cry out the exact time with their hoarse voices and let the townspeople know that everything around was calm.

Early in the morning, townspeople were fussing about: goods were being arranged on the tables and counters. Sometimes the goods were displayed in carriages or even down on the pavement under the street arches.

Among the various goods offered to Bistrița inhabitants were those belonging to native workers, but also gold and silver objects and artistic ornaments, church clothes and even weapons originating in Western or Southern Europe. The goods were displayed daily under the arches and in the large market opposite as well.

Merchants used to bring skins, furs, animals, fish, honey, semi-precious stones and linen from Moldova, Ukraine, Poland and Russia.

The rapid development of the guilds in Bistrița made the products of the native tradesmen be appreciated even in foreign countries. The guilds convoys, especially those belonging to Bistrița people, were seen in Central Asia and in the Middle East. They were also highly praised in Moldova. From the very 15th century, Bistrița townspeople regularly went to Moldavian markets where they took agricultural tools, weapons, bells, household tools etc.

Here are some examples of the orders placed by Moldova leaders, spotted in the charters of the time:

King Eremia Movilă bought from Bistrița 200 quintals of copper dishes, spoons, scythes, gunpowder, hoes, sickles, axes, ropes and fishing nets. Petru Rares bought fishing trawls, gold and silver jewels, sledges and carriages. Alexandru Lapusneanu bought one hundred sheets of parchment paper.

Bistrița townspeople were those who supplied Moldavian Kings with fine cloth from Flanders and the colonies, golden threaded silk, Venetian artistic ornaments, fabrics for church clothes and pepper, ginger, even ointments and medicines.

The trade was done in exchange for cash, or barter, for bulls, horses, pigs, skins, furs, wool, fish or peasants' cloth etc.

Many traders were asked to go to Moldova along the years. The best-known were the masons and the stone workers who built many of the churches and fortresses in Moldova. Bistrița's "doctors" were also famous for having looked after many kings along the centuries, as we find in the documents of the time.

In difficult times, the people of Bistrița helped those in Moldova frequently, by offering them food and lodging facilities. Bistrița even belonged to the Moldova King, Petru Rareș, for a while.

The Sugălete Complex is a remarkably architectural achievement having a well-determined functional role, offering the so necessary security to the merchants' convoys in those mediaeval times. The specific architectural elements of each building were perfectly integrated in the assembly, respecting the style of the Gothic and of Transylvania Renaissance.

Further restorations of these constructions allowed elements of Renaissance architecture and late Baroque to appear.

The thirteen buildings were connected for strategic reasons, as the one and a half metre thick walls and the massive front gates, always tightly locked are a proof in this respect.

Only the diversity of bas-reliefs, of encashment, of Keystones, coats of arms and facades offered to the houses belonging to the complex a still preserved variety.

Unfortunately today, elements of a great architectural and artistic value, witnesses of our history, are covered by indifference and irresponsibility. The roofs of the houses had been repeatedly rebuilt, too, especially during the last century, by leaving aside important decorative elements, reducing their height and constructive ingeniosity. Thus, the chimneys and storey-ranged skylights of the former roofs have mostly disappeared. By losing the amplitude of the roofs, the Sugălete also lost its sumptuousness. The standardizing of the rooflets deprived the complex from its mediaeval beauty. The first house on the East side was the first chemist's shop in town, named "At the Black Eagle's", whose documentary attestation was in 1516. The next building had been Binder Bookshop for many decades. Then followed the houses H.Tomae, Himberg & Co, J.Lutsch and Sklamer and finally the Evangelical Vicarage, these being the tabular owners at the beginning of the 20th century, as it is shown in the ground book of the houses.

Many of the buildings have undergone repeated modifications losing their originality; some of the access gates in the wide yards have been diminished, the windows and even the rooms have been repartitioned without any civic responsibility under the kind, if not careless eyes of the officials. Only the last three buildings in the west side of the assembly have still preserved original construction elements which I am going to speak about.

There is little information as to their owners along the centuries. We only know that Ursula, councilor Paul Forster's wife, bequeathed inheritance a house from the Sugălete Complex to the town parish in 1505 (probably the house at nr. 23), which was later sold and another one was bought in the Vicarage neighborhood (the house at nr.14), which was also restored in 1512 with the money got from selling the first one. It got the name of Kapitelhaus, as it had been donated in 1432 through Petrus Kreschmeier's will to Fraternitas beate virginis Catholic Order to host the assemblies of the ecumenical capitulars. Degraded in time, it had been restored by Ursula and given back to the order. The members of this order were the Catholic priests of the town and of its villages. After the Lutheran Reform it hosted the assemblies of the Reformed priests who belonged to the Evangelical capitulars.

The Evangelical vicarage (at nr. 13) is the most recent house of the Complex which has preserved many original elements. Some of them can be seen from the Central Square, such as the stone broken arch portal, with astral heraldic cap, on which one can see the symbols: the sun, the moon and the morning star as well as the year 1480. The building is U-shaped. From the back yard begin access passages to the first floor with vaults and intermediary arches.

The framework of the doors and windows, masterly carved into stone, has a particular artistic value, as well as the pendent vaults of the top floors rooms.

The Petermann House (situated at nr. 15) has preserved almost all its initial form. Among the architectural elements here I might count the framework of the top floors doors, which are considered to be some of the most precious achievements of the Gothic style in Transylvania. At the upper side of the framework there are the town's coat of arms and the one belonging to its owner, Petermann. On the cap the year 1480 is engraved, which might have been the year of its building up. But this year may also represent the time of its reconstruction. One of the doors between two rooms on the first floor is carved in sycamore maple wood, with highly valuable flowery decorations, which have been masterfully made and well preserved. The House of Petermann has, under the colonnades, keystones adorned with stylized astral and flowery sculptures.

The buildings lying to the east of those mentioned above are small and the massive activity of those who have restored them has diminished their authenticity. Some of them now have common rectangular show cases in their façades, instead of the Gothic portals, or they have water, gas or sewage pipes mounted on the walls or even electricity and telephone branch circuits over the valuable architectural elements. From the outside of the complex tourists could notice the decorative components of the stone portals, the heraldic cap, the statue of Saint Nicholas between the windows of the vicarage, the portals and the carriage gates as well as the construction peculiarities of the component houses.

Inside the complex there is a dwelling place, offering little possibility for those who want to visit it. Only the street ground floor, rented by shop-owners, and the exterior colonnades could offer slight glimpses of what the mediaeval environment once represented.

Today, a revaluation of the whole complex, meaning restoration, is not only extremely difficult to be carried out under these severe circumstances, but it is absolutely necessary. This complex has, for the town of Bistrița, both architectural and symbolical value, it belongs to the cultural inheritance and it has to be displayed and included in the national and international patrimony.

The use for tourism of this complex is possible and imperative, a matter of civilization.

Diminețile de Duminică

Niciodată liniştea nu era mai deplină în Târgul Bistriței ca în diminețile de duminică, când oraşul părea adormit şi pustiu. Doar câte o şuviță de fum, ce se ridica şovăielnic din coşurile caselor, trăda gospodăriile în care se orânduiau treburile ce nu sufereau amânare.

Mai târziu, când clopotele celor cinci biserici îşi îngânau tânguitoarea simfonie ce chema la slujbă, oraşul se înviora surprinzător. Se iveau atunci pe la porți, îmbrăcați în straie de sărbătoare, numeroşi orăşeni, ce inundau străzile urbei.

Drumul spre biserică respecta un ritual anume: familiile mergeau izolate, în frunte cu copiii, apoi bătrânii, ca cei în floarea vârstei să încheie grupul.

O familie numeroasă, ordonată şi prețios vestimentată, se dorea etichetată ca una cu bunăstare, ce merita respectul celorlalți, lucru pe care îl ştiau şi îl râvneau cu toții.

Românii din oraş participau la slujbele religioase în trei lăcaşe de cult: Biserica greco-catolică (Biserica din sus), Catedrala ortodoxă şi Biserica romano-catolică (Sf. Anton). Numărul enoriaşilor era cel mai mic la ultima din ele, deoarece aici slujba se oficia în limba latină.

De obicei, femeile tinere, ca şi coristele din strană, purtau frumoase costume populare, cu pânzături, cămăşi şi pieptare înflorate, meşteşugit cusute, într-o mare diversitate de culori. Cele mai în vârstă aveau fuste largi, negre, cămăşi albe, scurte, de barşon, basmale şi nelipsita năfrămuță cu ramuri de busuioc şi măghiran. Bărbații aveau o ținută sobră, doar gulerele cămăşilor şi chimirele, uneori cusute în mărgele, erau pastelate, trădând elemente de apartenență la o anumită zonă folclorică. Cizmele, pantalonii cambrați, laibărele şi scurtele negre, le dădeau un aer festiv.

Corul bisericii din anul 1905 ~ Kirchenchor von 1905 ~ The Church choir in 1905

Credincioşii români greco-catolici, majoritari pe atunci, erau mândri atât de preoții Petringel, Sângeorzan şi Tătaru ce au oficiat la Biserica Greco-catolică, până la al doilea război mondial, dar mai ales de lăcaşul pe care românii îl cumpăraseră de la călugării minoriți, în secolul al XIX-lea, cu mari eforturi pecuniare.

Sponsorii bisericii din 1921 ~ Sponsoren der Kirche 1921 ~ Church Sponsors in 1921

Biserica Greco-Catolică este cel mai vechi monument arhitectonic al oraşului, construit în secolul al XIII-lea (1270-1280), cu contraforturi în două trepte, statuete, fresce exterioare, cu multe elemente de artă murală şi sculpturală renascentistă.

Edificiul reprezenta mai mult decât o biserică oarecare, el era un templu al românilor, primul dobândit de ei în vechea cetate săsească a Bistriţei. Aici fuseseră botezaţi şi cununaţi majoritatea enoriaşilor autohtoni. De generaţii, ei îşi păstrau locurile în băncile de stejar, ce umpleau naosul. Erau unii care, prin merite sau bani, dobândiseră scaunele de lângă iconostas, scaune ce se transmiteau ereditar. Acest lucru era acceptat tacit şi pentru celelalte locuri. Se ştiau locurile lui Oloiu, Cilica, Jujica, Oniţa, Zeta, Goroiu, Mutădealu ca şi a altora cu alte porecle, ce erau unanim acceptate, în spatele cărora erau familii onorabile, vrednice de tot respectul.

Dacă în venirea la biserică exista un perceptibil iz de paradă ostentativă, serviciul divin înlătura orgoliile, generând o mare afectivitate. Acesta se desfăşura după ritualul binecunoscut, intr-o deplină cucernicie şi avea întotdeauna un rol de aleasă primenire sufletească.

După săvârşirea slujbei, femeile şi copiii se îndreptau spre case, pentru a pregăti prânzul aşteptat şi binevenit, după ajunul duminical. Odată cu plecarea acestora, în grupuri mari şi gălăgioase, bărbaţii se retrăgeau „ pentru a pertracta", de regulă, la crâşmele Europa, Buraga sau Pipa, la un pahar cu bere, sau „ alaş cu rum".

Biserica şi casa parohială 1923
Kirche und Pfarrhof 1923
The Church and the vicarage, 1923

Biserica Romano-catolică, 1936
Römisch-kathol. Kirche 1936
The Roman-Catholic church, 1936

Catedrala Ortodoxă, 1939
Orthodoxe Kathedrale 1939
The Orthodox Cathedral, 1939

Edificată între anii 1370-80, Biserica Greco-Catolică din Bistriţa a fost cumpărată de la călugării minoriţi în 1895

Errichtet in den Jahren 1370-80, wurde die griechisch-katholische Kirche 1895 von den Minoritenbrüdern gekauft

The Greek-Catholic church of Bistriţa, founded betwen 1370-80, was bought from the Minorite monks in 1895

Sonntagmorgen

Im Markt Bistritz war es niemals so vollständig ruhig wie an den Sonntagmorgen, wenn die Stadt ausgestorben und schlafend schien. Nur einige Rauchfahnen, die sich unstet aus den Rauchfängen der Häuser erhoben verrieten die Haushalte, in denen die Dinge geordnet wurden, die keinen Aufschub vertrugen.

Später, wenn die Glocken der fünf Kirchen ihren symphonischen Klang begannen um zum Gottesdienst zu rufen, belebte sich überraschend die Stadt. Zahlreiche Städter in Feiertagskleidung tauchten dann an den Toren auf und füllten die Straßen der Stadt.

Der Weg zur Kirche unterlag einem bestimmten Ritus: die Familien gingen einzeln, angeführt von den Kindern, dann die Alten, die Eltern beschlossen die Gruppe.

Eine zahlreiche Familie, geschmückt und kostbar gekleidet, die ihren Wohlstand zeigen wollte, verdiente den Respekt der anderen, was auch alle wußten und erstrebten.

Die Rumänen der Stadt nahmen an drei Orten an den religiösen Feiern teil: die griechisch-orthodoxe Kirche (Biserica din sus), die orthodoxe Kathedrale und die römisch-katholische Kirche (St. Anton). Die Zahl der Pfarrkinder in der Letztgenannten war die kleinste, weil hier der Gottesdienst in Latein gehalten wurde.

Gewöhnlich trugen die jungen Frauen wie auch die Chorsängerinnen ihre schönen Volkstrachten, mit Leinenzeug, Hemden und Brustlatzen, meisterhaft mit Blumen in großer Farbenpracht bestickt. Die Älteren hatten weite schwarze Röcke, weiße Hemden, schafwollene Jacken, Kopftücher und das nicht fehlen dürfende Taschentüchlein mit Zweigen von Basilikum und Majoran. Die Männer waren einfacher gekleidet, nur die Hemdkrägen und die Gürtel waren in Pastellfarben gehalten und manchmal mit Glasperlen bestickt, was die Zuordnung zu einer bestimmten Volksgruppe verriet. Die Stiefel, Stiefelhosen, Leibchen und schwarzen Jacken gaben ihnen ein festliches Aussehen.

Die rumänische Mehrheit stellten damals die griechisch-katholischen Gläubigen, sie waren auf ihre Pfarrer Petringel, Sangeozan und Tataru stolz, die bis zum zweiten Weltkrieg dieses Amt innehatten. Vor allem waren sie aber stolz auf den Altar, den die Rumänen von den Minoritenmönchen im XIX. Jh. mit großen finanziellen Opfern gekauft hatten.

Die griechisch-katholische Kirche ist das älteste architektonische Monument der Stadt. Es wurde im XIII. Jh. (1270-1280) erbaut, mit Strebemauer in zwei Stufen, Statuetten, Außenfresken und vielen Elementen von Wandmalereien und Skulpturen der Renaissance.

Dieses Bauwerk ist mehr als irgendeine Kirche, es war ein Tempel der Rumänen, als erstes Gebäude in der alten sächsischen Stadt von ihnen erworben. Hier wurde die Mehrheit der einheimischen Gläubigen getauft und getraut. Seit Generationen bewahrten sie ihre Plätze in den Eichenbänken, die das Kirchenschiff füllten. Einige hatten durch Verdienste oder bezahlt Sitzplätze neben der Ikonostase erhalten, die weiter vererbt wurden. Das wurde schweigend auch für die anderen Plätze akzeptiert. Man kannte die Plätze des Oloiu, Cilica, Jujica, Onita, Zeta, Goroiu, Mutadealu, aber auch die der anderen, mit anderen Spitznamen, die einstimmig akzeptiert waren. Dahinter standen ehrbare Familien, allen Respektes würdig.

Nach Beendigung des Gottesdienstes gingen die Frauen und Kinder nach Hause, um das Mittagessen zu bereiten. Die Männer versammelten sich in großen, lärmenden Gruppen und zogen sich in die Wirtshäuser Europa, Buraga oder Pipa zu einem Glas Bier oder „Geist mit Rum" zurück.

Sunday Mornings

There were no other more peaceful times than Sunday mornings in the burgh of Bistrița, when the town seemed to be sleeping and empty. Only some smoke coming up hesitatingly from chimneys revealed the houses where pendant work was still being done.

Later on, when the bells of the five churches started tolling their sorrowful symphony calling people to the religious service, the town would surprisingly come to life. Then, crowds of townspeople, dressed up in their Sunday clothes, used to come up to the gates and fill the town streets.

The way to the church respected a certain ritual: the families were walking isolated: first the children, then the old people and the others at the end.

A numerous family, tidy and well-dressed, tended to be considered a wealthy one, deserving the others respect, which was known and wished for by everybody.

The Romanians in town used to go to three churches: The Greek-Catholic Church (The Church up town), the Orthodox Cathedral and the Roman-Catholic Church (St. Anthony). The number of parishioners was smaller at the last of them, as the service was done in Latin here.

The young women as well as the choir women in the lectern were usually wearing beautiful folk costumes, with linen, long shirts and flowery waistcoats masterfully sewn in a great variety of colours. The older ones had large, black skirts, white short shirts made of velvet, handkerchiefs and the handkerchief adorned with basil and marjoram branches. Men had sobre clothes, only the shirts' collars and the money belts, sometimes decorated with beads, were colourful, revealing elements of their belonging to a certain folk area. The boots, the tight trousers, the black waistcoats and jackets made them look quite solemn, festive.

The Romanian Greek-Catholic believers, which were most numerous at the time, were proud of their priests Petringel Sangeorzan and Tătaru, who served the Greek-Catholic church till World War Two, and moreover by their church building, which they had bought from the Minorite monks in the 19th century with big financial efforts.

The Greek-Catholic church is the oldest architectural monument of the town, built in the 13th century (1270-1280) with two-stepped buttresses, statues, exterior frescoes with many elements of Renaissance mural and sculptural art.

The building represented more than a church; it was a temple of the Romanians, the first they got in the old Saxon fortress of Bistrița. Here most of the native parishioners had been baptized and married. For generations, they had kept their seats in oak pews which were to be inherited by their own merits or for money, had received the seats near the iconostasis, which were to be inherited by their descendents. This was tacitly accepted for the other seats, too. They used to know the seats of Oloiu, Cilica, Jujica, Onita, Zeta, Goroiu, Mutadealu and others bearing special nicknames, commonly accepted who had honourable families deserving consideration.

Coming to church implied some ostentatious parade, but the religious service put any pride aside, generating much affection. This followed the well-known ritual, in full devotion, with its ever-lasting role of spiritual cleanness.

After the service, women and children used to go home to prepare the long waited-for lunch, following the Sunday fasting. After they had left, men used to go, in noisy groups, to party at Europa, Buraga or Pipa pubs with a glass of beer or rum drink.

Casa de Cultură

Revăzând vechi ilustrate din urbea noastră, una din ele mi-a atras atenția în mod deosebit. Ea reprezenta Casa de cultură (Gewerbeverein). Ceea ce o deosebea de celelalte cu aceeași temă era supratiparul cu următorul conținut:

„Bistrița-21 aprilie 1907, Jubileul de 25 de ani de activitate a reuniunii meseriașilor Geverbeverein".

Iată că se împlinesc 119 ani de când organizații ale meseriașilor, asociații culturale, instituții, ca și cetățenii de rând ai orașului, s-au implicat într-o vastă, dificilă și nobilă operă de emancipare culturală și spirituală.

Activitatea, aici, după începuturile timide, a primit un caracter profesional și entuziast. La acțiunile culturale participau, în calitate de animatori, toți intelectualii urbei și nu numai.

Cu vremea, cei ce își petreceau o mare parte din timpul liber aici, au reușit să-i conștientizeze pe concitadini că în activitatea și spectacolele realizate în cadrul Casei de Cultură s-a presărat și o parte din sufletul lor, a celor ce credeau că ceea ce fac nu este numai o datorie, ci și o onoare. Cred că acest spirit a fost prezent în mentalitatea tuturor generațiilor care au fost implicate în cultură până în ziua de azi. Așa se explică faptul că în scurt timp a apărut chiar și o orchestră simfonică bistrițeană, care a susținut în 1912 și spectacolul cu opereta "Liliacul" de Johann Strauss, unde alături de cântăreți autohtoni au fost invitați și doi soliști ai Operei din Viena. De la începuturi și până astăzi au existat formații de teatru în limbile română, maghiară și germană, echipe de dansuri românești și germane, coruri, fanfare, teatru de păpuşi şi orchestre de muzică populară şi uşoară, toate în măsură să susţină concerte şi spectacole de sine stătătoare.

Filarmonica din Bistriţa, 1898
Die Bistritzer Philharmonie 1898
Bistriţa Philarmonic Orchestra, 1898

Formaţiile îşi etalau adeseori virtuozitatea şi alături de artiştii profesionişti din ţară şi din străinătate, ele oferind spectacole de neuitat pe scena Casei de cultură ce astăzi poartă numele poetului George Coşbuc.

Nu-mi sunt cunoscute decât parţial, din presa vremii, afişele şi invitaţiile, ce întâmplător mi-au parvenit, ale spectacolelor dinainte de război. Cu îngăduinţa dumneavoastră, m-aş opri la două din acestea, pentru a reveni apoi la vremuri mai cunoscute şi apropiate nouă.

Iată o primă invitaţie, cu următorul conţinut: „TEATRU, CONCERT şi PETRECERE CU JOC cu ocaziunea Adunării generale a „ASOCIAŢIEI PENTRU LITERATURA ROMÂNA şi CULTURA POPORULUI ROMÂN" BISTRIŢA în 21 şi 22 septembrie 1907.

La reprezentaţia teatrală de sâmbătă, 21 septembrie, va juca trupa domnului artist dramatic Zaharia Bârsan.Concertul de duminică va fi susţinut de domnişoarele Virginia Gall, Valeria Papp, domnul Nicolae Brăteanu, Constantin Pavel şi CORUL REUNIUNII ROMÂNE DE CÂNTĂRI DIN BISTRIŢA sub conducerea domnului C.F. ROHRBECK".

Din cel de-al doilea program de sală spicuiesc următoarele : „AZI, MIERCURI, 12 octombrie 1938,în sala Geverbeverein din Bistriţa, "DE LEMN TĂNASE".

-ansamblul de 120 persoane, sub direcţia de scenă a lui C. Tănase , spectacol în 2 acte şi 52 de tablouri, Puiu Maximilian, Stroe, Vasilache şi Cristodulo, conducerea muzicală aparţinând domnilor Gherase Dendrino şi V. Vasilache".

Baletul era compus din 80 balerine şi 24 boy's. Dintre interpreţi aş aminti pe Nutzi Roman, Vivette Popescu, domnii C. Tanase , Nae Roman, G. Trestian, R. Zaharescu şi mulţi, mulţi alţii.Revenind la vremuri cunoscute mie, recunosc că nu aş fi avut motive să iubesc activitatea de la Casa de cultură după primul meu contact cu aceasta. Era pe vremea când, elevi fiind, la sugestia tânărului de atunci Alexandru Misiuga, am acceptat să facem figuraţie în spectacolul Teatrului Naţional din Cluj cu piesa "Nota zero la purtare".

Numeroasele picioare şi pumni luaţi pe scenă de la actorii Zighi Munthe şi Aurel Giurumia ne-au năucit şi speram să nu mai repetăm nesăbuinţa. Explicaţiile ulterioare, că toate acestea au fost necesare pentru veridicitatea spectacolului, ne-au convins însă că săvârşisem un lucru bun pentru spectatori, şi că succesul ni se datora şi nouă. Ah, sfântă naivitate! ... Ca urmare, o mare parte a tinereţii

Casa de Cultură pe vremea când copertina dinspre promenadă lipsea, 1910-1930
Kulturhaus ohne Überbau gegen die Promenade 1910-1930
The House of Culture when the Promenade cover was missing, 1910-1913

am petrecut-o prin sălile de repetiție ale acesteia, cunoscându-i oamenii și faptele.

Nu știu câți dintre bistrițenii seniori își mai amintesc de spectacolele de teatru cu Dr. Traian Tretiu, Dr. Felician Anca, Szöreny Marghit, Suciu I., Brașoveanu G., Romuluța Adace, Silvia Zăgrean, de realizările acestora din piesele : "Ultima oră", "Pasacaglia", "Act venețian" sau "Mașina de scris", de spectacolele teatrului maghiar în interpretarea lui Horvath Pal și Piroska, Farkas Attila, Szereny și alții.

Talentații mânuitori de păpuși Nita Salvan, Misiuga, Olteanu, Toma, Olinca, au adus la Bistrița premiul I pe țară cu "Lada cu zestre", ca și echipa de dansuri germane, cu renumitul dans al cireșelor.

Câtă eleganță și talent la dansatorii precum Corneliu Botos, Binder, Visuian, Encean, Medi Morar, Gellner Maria, Müller, Weinrauch și alții ! Vă mai amintiți de renumitele concerte de fanfară din Pavilionul de pe promenadă? Cine oare ar reuși astăzi să refacă o fanfară ca aceea cu peste 50 de instrumentiști, cum a fost cea din 1957 sub conducerea profesorului Dotz?

Blasmusik der Siebenbürger Sachsen ~ The Siebenbürger German Brass Band

Parcă revăd spectacolul de varietăți "Am îndrăgit o melodie" sau "Estrada fulgilor" și orchestra condusă de Elvira Botoș și Corneliu Botoș, dintre membrii căreia îmi amintesc de Doru David, Eugen Petringel, Bubi Bolog, Ciobuca Carol, Alexandru Jula și mulți alții.

Îmi amintesc de emoțiile de dinaintea spectacolelor ale regretaților fotografi Victor Frich și Petre Roman, neîntrecuți prin efectele luminoase în spectacolele formațiilor artistice, de Francisc Paetsch, responsabil cu recuzita, sau de Binder Bacsi, celebrul vânzător de bilete, vestit prin modul în care-l anunțase pe directorul Casei de cultură despre sosirea actorilor clujeni ce întârziau la spectacolul cu piesa „ Bădăranii" de Carlo Goldoni, care, la apariția actorilor clujeni, cu un țipăt de bucurie nedisimulată, se făcu receptat cu promptitudine de spectatori, actori și toți cei din Casa de cultură astfel: „Domnul Directoru, sosit bădăranii !", spre hazul tuturor .

Pe vremea când terasa dinspre parc a Casei de cultură, neacoperită, era un loc de taifas și relaxare a băutorilor de bere, în sălile cu oglinzi din spatele scenei se organizau și neuitate baluri. De multe ori acestea erau mascate și, ca atare, ținuta era obligatorie. Costumați cu toții, mulți împrumutând costume din recuzita Casei de cultură, dansau până dimineața printre prinți și prințese, pirați și țigăncușe , negrese și cowboy. La aceasta se adăuga și ingeniozitatea vestimentației unora, cu privire la care curiozitatea era riscantă. Astfel îmi amintesc de promptitudinea cu care unii curioși închideau la loc ușa sobei de tablă ce valsa prin mulțime, nevenindu-le să creadă că lemnele puteau fi atât de bucălate. La aceste baluri avea acces toată lumea; veneau cu toții și se simțeau minunat. Era o societate fără V.I.P.-uri și ifose, când era vorba de distracție.

Magnetofoanele erau puține, televiziunea lipsea cu desăvârșire, casele de vacanță încă nu erau construite, veniturile erau modeste.

Eram însă tineri, entuziaști, și exista o coeziune sufletească a tuturor concitadinilor, care era marele câștig, al acelor vremuri. O, tempora ...

Primul spectacol al Ansamblului "Cununa de pe Someş", 1969

Fanfara germană în anul 1958

Sărbătorind succesele ansamblului "Cununa" la întoarcerea din primul turneu, 1969

"Act venețian" în regia Dr. Tretiu

Întâlnirea după 10 ani de activitate a membrilor formațiunilor artistice, 1966

Teatrul german din Bistrița, 1957

Formația de dansuri din anul 1957

Corul sindicatului învățământ, 1973

Formații artistice ale Casei de Cultură Bistrița
Die künstlerischen Formationen des Bistritzer Kulturhauses
Art Groups of the House of Culture, Bistrița

Formația de muzică uşoară în spectacol, 1962

Întruniri dansante în saloanele Casei de Cultură, 1967

Grupul vocal al Cooperației meşteşugăreşti

Corul german dirijat de D-na Trinnes, în noiembrie 1955

Dansul cireşelor

Das Kulturhaus

Beim Durchsehen alter Ansichtskarten unserer Stadt hat eine davon besonders meine Aufmerksamkeit gefangen genommen. Sie zeigt das Kulturhaus (Gewerbeverein). Was sie von anderen mit dem selben Thema unterscheidet, ist die folgende Überschrift:

„25-jährige Bestandsjubiläumsfeier des Gewerbevereins 21. April 1907"

Es sind also 119 Jahre vergangen seit die Organisation der Handwerker, aber auch die anderen Städter als kulturelle Institution in ein umfassendes, schwieriges und würdevolles Werk der kulturellen und geistigen Unabhängigkeit einbezogen wurden.

Die Aktivitäten erhielten nach schüchternen Anfängen einen enthusiastischen und professionellen Charakter. An den kulturellen Darbietungen nahmen nicht nur die Intellektuellen der Stadt angeregt teil.

Mit der Zeit gelang es denjenigen, die einen großen Teil ihrer Freizeit hier verbrachten, auch ihren Mitbürgern ins Bewußtsein zu bringen, dass in die im Rahmen des Kulturhauses durchgeführten Aktivitäten und Aufführungen auch eigenen Ideen eingebracht wurden und dass das, was sie machten keine Pflicht war, sondern eine Ehre. Ich denke, dass dieser Geist in der Mentalität aller Generationen gegenwärtig war, die bis heute mit der Kultur verbunden sind. So erklärt sich auch die Tatsache, dass nach kurzer Zeit sogar ein Bistritzer Symphonisches Orchester auftauchte, das 1912 die Operette „Die Fledermaus" von Johann Strauß begleitete, wo neben den einheimischen Sängern auch zwei Solisten der Wiener Oper eingeladen wurden. Vom Beginn an bis heute gab es Theatergruppen in rumänischer, ungarischer und deutscher Sprache, Tanztruppen für rumänische und deutsche Tänze, Chöre, Musikkapellen, Puppentheater und Orchester für Volksmusik und populäre Musik, alle imstande, eigene Konzerte und Aufführungen zu gestalten.

Die verschiedenen Formationen zeigten oft ihre Virtuosität auch neben Professionisten des In- und Auslandes. Sie boten unvergeßliche Aufführungen auf der Bühne des Kulturhauses, das heute den Namen des Dichters George Cosbuc trägt.

Ich kann mich nur teilweise an die Presse dieser Zeiten erinnern, an die Plakate und Einladungen für Aufführungen vor dem Krieg, die mir zufällig in die Hände fielen. Mit Ihrer Erlaubnis werde ich zwei davon erwähnen, danach werde ich mich wieder uns selber nähern und bekannteren Zeiten zuwenden:

Die erste Einladung hat folgenden Inhalt: “Theater, Konzert und Unterhaltung mit Tanz aus Anlaß der Generalversammlung der „Gesellschaft für Rumänische Literatur und Volkskultur", Bistritz am 21. und 22. September 1907”.

Bei der Theateraufführung am Samstag, 21. September, wird die Truppe des dramatischen Künstlers Zaharia Barsan spielen. Das Konzert vom Sonntag wird von den Damen Virginia Gall, Valeria Papp, den Herren Nicolae Brateanu, Constantin Pavel und dem Chor der Rumänischen Sängervereinigung Bistritz unter der Leitung des Herrn C.F.Rohrbeck getragen."

Aus dem zweiten Programm picke ich folgendes heraus: „Heute Mittwoch, 12. Oktober 1938 im Saal des Bistritzer Gewerbevereins, “DE LEMN TĂNASE".

Das Ensemble von 120 Personen unter dem Regisseur C. Tanase, ein Spektakel in 2 Akten und 52 Bildern, mit Puiu Maximilian, Stroe, Vasilache und Cristodulo, unter der musikalischen Leitung der Herren Gherase Dendrino und V. Vasilache".

Dem Ballett gehörten 80 Ballerinen und 25 boys an. Von den Interpreten möchte ich Nutzi Roman erwähnen, Vivette Popescu, die Herren C. Tanase, Nae Roman, G. Trestian, R. Zaharescu und viele, viele andere. Um auf die mir bekannten Zeiten zurück zu kommen muß ich zugeben, dass ich nach meinem ersten Kontakt mit dem Kulturhaus eigentlich keinen Grund hatte, dessen Aktivitäten zu mögen. Ich war noch in der Schule, als ich auf Anregung des damals jugendlichen Alexandru Misiuga hin eine Statistenrolle im Stück des Klausenburger Nationaltheaters "Im Betragen Note 0" annahm.

Die zahlreichen Fußtritte und Ohrfeigen, die wir auf der Bühne von den Schauspielern Zighi Munthe und Aurel Giurumia einstecken mußten bestürzten uns und wir hofften, diesen Leichtsinn nicht wiederholen zu müssen. Die nachfolgende Erklärung, dass dies alles für die wirklichkeitsgetreue Darstellung des Stückes notwendig war überzeugte uns jedoch, einer guten Sache gedient zu haben und dass der Erfolg auch uns zu verdanken war. Ach du heilige Naivität!..... In der Folge habe ich einen großen Teil meiner Jugend in den Proberäumen des Kulturhauses verbracht, ich kannte die Leute und wußte, was sie machten.

Ich weiß nicht, wie viele der Bistritzer Senioren sich noch an die Theateraufführungen mit Dr. Traian Tretiu, Dr. Felician Anca, Szöreny Marghit, Suciu I., Brasoveanu G., Romuluta Adace, Silvia Zagrean erinnern und der aufgeführten Stücke „Die letzte Stunde", „Pasacaglia", „Der venezianische Akt" oder „Die Schreibmaschine"; oder der Aufführungen des ungarischen Theaters in der Interpretation von Horvath Pal und Piroska, Farkas Attila, Szerny und Anderen.

Die talentierten Puppenführer Nita Salvan, Misiuga, Olteanu, Toma und Olinca haben den I. Landespreis nach Bistritz gebracht, mit dem Stück „Die Mitgift", ebenso wie die deutsche Tanzgruppe mit dem berühmten „Tanz der Kirschen".

Wieviel Eleganz und Talent bei Tänzern wie Corneliua Botos, Binder, Visuian, Encean, Medi Morar, Gellner Maria, Müller, Weinrauch und Anderen! Erinnern Sie sich noch der beliebten Blasmusikkonzerte im Pavillion auf der Promenade? Wem wohl würde es heute gelingen, so eine Musikkapelle mit über 50 Instrumentalisten aufzustellen, wie jene von 1957 unter der Stabführung des Professors Rotz?

Mir ist als würde ich das Varietétheater „Ich hab´mich in ein Lied verliebt" noch einmal sehen, oder „Auftritt der Flaumfedern", und das Orchester, geleitet von Elvira Botos und Corneliu Botus. Von den Mitwirkenden erinnere ich mich an Dora David, Eugen Betrinke, Bubi Belog, Ciobuca Carol, Alexandru Jula und an viele andere.

Ich erinnere mich auch der Aufregung der verstorbenen Fotografen Victor Fritsch und Petre Roman vor den Aufführungen, die unübertroffen die Lichteffekte auszunützen verstanden, an Francisc Paetsch, der für die Requisiten verantwortlich war, oder an Binder-Bacsi, weitum bekannter Kartenverkäufer, berühmt durch die Art, wie er dem Direktor des Kulturhauses die Ankunft der verspäteten Klausenburger Künstler zur Aufführung des Stückes „Der Grobian" von Carlo Goldoni meldete: mit einem Freudenschrei stürzte er auf die Bühne und rief vor dem versammelten Publikum und zum Gaudium aller: „Herr Direktor, die Grobiane sind angekommen!"

Als die Terrasse des Kulturhauses auf der Seite gegen den Park hin noch nicht überdacht war, war dort ein Ort der Unterhaltung und der Entspannung bei einem Glas Bier. In den Spiegelsälen hinter der Bühne wurden unvergeßliche Bälle organisiert. Oft waren es Maskenbälle, deshalb war Kostümierung verpflichtend und viele liehen ihre Kostüme aus dem Fundus des Kulturhauses. Man tanzte bis in den frühen Morgen zwischen Prinzen und Prinzessinnen, Piraten und Zigeunerinnen, Farbigen und Cowboys. Dazu kam noch manche einfallsreiche Verkleidung, auf die es riskant war, einen Blick zu werfen. So erinnere ich mich an die Schlagfertigkeit einiger Neugierigen, die einem durch die Menge walzenden Blechofen die Heiztüre verschlossen weil sie nicht glauben konnten, daß Feuerholz so gekräuselt sein konnte. Alle hatten Zutritt zu diesen Bällen, es war eine Gesellschaft ohne VIPs und Dünkel. Alle kamen und fühlten sich großartig.

Es gab kaum Tonbänder, Fernsehen fehlte sowieso, Ferienhäuser waren noch nicht gebaut und die Einkommen waren bescheiden.

Wir jedoch waren jung, enthusiastisch, und es gab eine Verbundenheit aller Mitbürger, was in diesen Zeiten ein großer Gewinn war. O tempora .....

The house of Culture

On seeing again old picture-postcards, one of them has particularly impressed me. It represented the House of Culture (Gewerbeverein). What made it different from others was the inscription on it which goes as follows:

"Bistrița, 21st April 1907 the Jubilee of 25 years of activity of the tradesmen assembly Gewerbeverein."

It is 119 years since the tradesmen's organizations, cultural associations, institutions and the townspeople got involved in a vast, difficult and noble work of cultural and spiritual emancipation.

The activity here, after its hesitating start, has got an enthusiastic professional character. All the intellectuals of the town were taking part, as entertainers, in the cultural activities.

In time those who used to spend part of their free time here managed to make the others aware of the fact that part of their soul, the soul of those who thought that their work was not only a duty, but also an honour, was to be found in the activity done and in the shows presented here. I think this idea has been present in the outlook of all the generations who have been involved in cultural action so far. That is how a symphonic orchestra soon appeared, which had a performance with Johann Strauss' operetta "The Bat" in 1912, were two singers from the Opera in Vienna had been invited to perform together with the native singers. There have been theatre-groups playing in Romanian, Hungarian and German, Romanian and German dancing groups, choirs, brass-bands, puppet-shows, pop and folk music bands, all of them able to give fantastic concerts and performances.

The bands used to display their virtuosity beside the professionals from all over the country or from abroad. They offered unforgettable shows on the stage of the House of Culture which today bears the name of the poet George Cosbuc.

I am only partially acquainted with the notice about and invitations to performances before the war. The information I have comes from the newspapers of the time. Please allow me to introduce you to two of them, after which I come back to moments closer and better known to us.

Here is the first one: "Theatre, concert and dancing party on the occasion of the General Assembly of the Romanian people, Bistrița on the 21st and 22nd September 1907.

The company of Mr. Zaharia Barsan, actor, is going to perform at the theatre performance on Saturday, 21st September. The Sunday concert is going to be held by Miss Virginia Gall, Miss Valeria Papp, Mr. Nicolae Brateanu, Constantin Pavel and the Romania Reunion Choir of Bistrița Songs, led by Mr. C.F. Rohrbeck".

From the second programme I may choose:

"Today, Wednesday, 12th October 1938, in Geverbeverein Hall of Bistrița: "Still and Stiff"

-the group of 120 people directed by C. Tanase, a play in two acts and 52 scenes, Puiu Maximilian, Stroe, Vasiliache Cristodulo, music led by Mr. Gherase Dendrino and Mr. V. Vasilache".

The ballet company had 80 ballet girls and 24 boys. Among the leading singers were Nutzi Roman, Vivette Popescu, Mr. C. Tanase, Nae Roman, G. Trestian, R. Zaharescu and many others.

Now, coming back to the times of my youth, I admit I might have had reasons not to love the activity at the House of Culture after the first time I got into contact with it. I was a pupil and, being urged by then young Alexandru Misiuga, I accepted to act as a figurant in the show of the National Theatre in Cluj in the play "Grade zero for conduct".

We, the pupils, had all been punched and kicked on stage by actors Zighi Munthe and Aurel Giurumia and we were hoping never to do that silly thing again. The further explanations regarding this incident, that all this had been necessary for the show, finally convinced us that we had done something good for the audience and that we were also part of the success of the play. Oh, holy naiveté! Consequently, I spent part of my youth in the rehearsal hall, knowing the people and their deeds. I can hardly tell how many of the Bistrița senior citizens remember the theatre shows in which played Dr. Traian Tretiu, Dr. Felician Anca, Szrőteny Marghit, Suciu I., Brasoveanu G, Romuluța Adace, Silvia Zagrean and their achievements in such plays as: "The last hour", "Pasacaglia", "Venetian Act" or "The Typewriter", or the shows of the Hungarian Theatre performed by Horvath Pal and Piroska, Farkas Attila, Szereny and others.

The gifted puppeteers Nita Salvan, Misiuga, Olteanu, Toma, Olinca brought to Bistrița the first prize in the country with "The Bottom Drawer", same as the German dances group with their famous "cherries dance".

Such elegance and talent had dancers like Corneliu Botos, Binder, Visuian, Encean, Medi Morar, Gellner Maria, Műller, Weinrauch and others! Can you still remember the well-known brass band concerts in the Promenade Pavillion? Who on earth could manage, today, to re-assemble a brass band like that of 1957 which used to have over 50 instruments conducted by prof. Dotz?

I still see in my mind the variety show "I have liked a song" or "Snowflakes music hall" and the orchestra conducted by Elvira Botos and Corneliu Botos. Among its members I kindly remember Doru David, Eugen Petringel, Bubi Bolog, Ciobuca Carol, Alexandru Jula as well as many others.

I remember the nervousness before shows of the long-passed away photographers Victor Frich and Petre Roman, matchless due to the light effects of their shows directed by Francisc Paetsch, the props master or by Binder Bacsi, the famous ticket seller, well-known for the way in which he had told the manager of the House of Culture about the Cluj actors' arrival. They had been late for the performance of the play "The Churls" by Carlo Goldoni and he cried out ecstatically, being heard by the actors, the audience and all those present: "Sir, the Churls have come!" to everybody's fun.

Balls were also organized in the mirrored halls backstage long ago, when the House of Culture open terrace to the park used to be a chatting and relaxing place for beer-drinkers. Wearing dress-ball costumes, many of them borrowing from the House of Culture properties, they used to dance until dawn among princes and princesses, pirates and gypsies, colour people and cowboys. In addition to this there was the ingenuity of some people's clothes, extremely curious ones. I remember the haste of some watchers shutting the dancing stove door, unable to believe the woods could be that large. Everybody could come to these balls; they were all coming and they used to have a wonderful time. They were ordinary people, not VIPs, when it came to enjoying themselves.

There were few tape-recorders and no Tvs, no holiday houses built and low incomes.

But we were young and enthusiastic and there was a communion of souls of all the citizens, which meant the most important reward of those times. O, tempora...

Petrecerile cu joc, balurile

Ca evenimente mondene, balurile sau, mai precis, „petrecerile cu joc ", cum se numeau ele la începutul secolului, erau ocazii ce nu puteau fi ignorate, mai ales de către familiile ce aveau fete de măritat, sau de cele ce doreau să iasă cu fetele la bal, deoarece le sosise vremea prezentării în societate. Cum evenimentele de acest gen nu erau prea numeroase, sunt lesne de înțeles nerăbdarea cu care erau așteptate și, de ce nu, speranțele ce se doreau împlinite.

Așa se făcea că data desfășurării acestora se cunoștea cu multă vreme înainte, pentru a fi timp suficient de pregătire. Croitoresele și coafezele erau asaltate, iar magazinele de stofe și spițeriile, deveneau neîncăpătoare. Era o agitație generală, în care erau angrenați cu toții. Majoritatea gospodarilor erau preocupați de amenajarea trăsurilor, de împodobirea lor ca și a cailor cu tot felul de zorzoane; cănaci, petele și zurgălăi, încât sosirea lor la bal să fie cât mai mult remarcată. Femeile, de la bunici la nepoțele, cutreierau magazinele în speranța că vor găsi "acel ceva" ce să o facă pe tânăra dansatoare mai distinsă printre suratele de la bal.

Numai cei înstăriți erau mai puțin preocupați de aceste aspecte, deoarece ei își aduceau familia la bal cu birjele, iar îmbrăcămintea multora dintre odraslele lor se confecționa la casele de modă din alte părți. Nu este mai puțin adevărat, că mare parte dintre participanți veneau pe jos, în grupuri, pe familii. Așa se putea face o etalare mai pe îndelete a toaletelor, ce se doreau remarcate.

Singura preocupare comună a tuturor participanților la petrecere era pregătirea preparatelor culinare ce urmau să fie servite invitaților spre miezul nopții, când muzica făcea pauza cea mare și începea ospățul. Atunci începea și vânarea tinerilor, care, poftiți la mese, erau obligați la taifas și supuși unor teste tacite de către cei care invitaseră. Cu cât feciorii erau mai numeroși și masa mai bogată, cu atât orgoliile gazdei erau mai satisfăcute. Iată de ce nu mira pe nimeni că mesele erau mai mult decât îmbelșugate.

De obicei, ele se rânduiau pe marginile sălii de dans, lângă laițele de unde părinții își urmăreau cu admirație și emoții odraslele, observau, unde se bârfea pe îndelete, dar se și alegeau viitorii invitați. De cele mai multe ori, în timpul pauzei, se aduceau și mese suplimentare, pe care se revărsau bucatele, aduse în coșuri mari, acoperite cu ștergare înflorate.

Petrecerile se organizau de regulă în Sala mare de la Gewerbeverein, la Bombardir, sau la Cercul cultural.

Aceste baluri erau precedate de spectacole artistice, de cele mai multe ori cei din formațiile artistice rămânând după aceea în costumele populare cu care s-au prezentat în spectacol.

Iată care era conținutul programului la manifestarea din 21-22 septembrie 1907 bunăoară:

TEATRU, CONCERT
ȘI
PETRECERE CU JOC
CU OCAZIUNEA
ADUNĂRII GENERALE A „ASOCIAȚIUNEI PENTRU LITERATURA ROMÂNĂ ȘI CULTURA POPORULUI ROMÂN."
BISTRIȚĂ în 21 și 22 Septembre 1907 n.

„ Invitare la Representația teatrală, concert și petrecerea cu joc, ce se va da în Bistrița, în sala cea mare de la „Gewerbeverein" cu ocaziunea adunării generale din 21 și 22 Septembre n.1907 a „ Asociațiunei pentru literatura română și cultura poporului român"
Representația teatrală va fi Sâmbătă în 21 Septembre n.- Va juca trupa dlui artist dramatic Zaharie Bârsan. Începutul seara la orele 7 ".

Concertul va fi Duminecă în 22 Septembre. Vor concerta; D-şoarele Virginia Gall,Valeria Papp, d-nii Niculae Brăteanu, Constantin Pavel şi corul,, Reuniunei române de cântări din Bistriţă" sub conducerea dlui C.F. Rohrbeck. Începutul la orele 7 1 . După concert urmează petrecerea cu joc. Preţul de intrare; De persoană Locul I- 3 cor. locul II-2 cor.locul de stat 1 cor. Galerie 80 fileri Venitul curat e destinat pentru scop filantropic şi culturale" Iată cum arăta, la acea manifestare invitaţia şi carnetul cu ordinea de dans.

După asemenea baluri, săptămâni întregi bunicile, mamele dar şi suratele dansatoare comentau întâmplările văzute, auzite sau presupuse. Ce mai, balurile erau un prilej de a „slobozi" gura târgului pentru multă vreme !

Formaţia artistică condusă de învăţătorul Lungu, 1923
Künstlertruppe geleitet von Lehrer Lungu 1923
The arstistic group led by the teacher Lungu, 1923

Căluşarul Frişan, 1914
Calusarul Frisan 1914
Frişan performing "Căluşul" folk dance, 1914

Surorile Butuc - druşte, 1921
Die Schwestern Butuc als Brautjungfern 1921
Butuc sisters - girls accompanying the bride, 1921

Pereche de tineri logodnici, 1937
Jung Verlobte 1937
Young fiances, 1937

Călușarii încheiau întotdeauna spectacolele, 1924
Die Calusarii beschlossen immer die Aufführungen 1924
The "Călușarii" dancers were always the last in a performance, 1924

Domnișoare în ținută de bal, 1907
Junge Damen in Ballkleidung 1907
Ball-dressed young ladies, 1907

Tineretul școlar participa și el la reprezentațiile artistice
Auch die Schuljugend nahm an künstlerischen Aufführungen teil
Young students always took part in artistic shows

Fanfara Regimentului 63 Infanterie Bistrița, 1905
Die Blasmusik des 63-er Infanterie-Regimentes Bistritz 1905
The brass-band of the Infantery Regiment, Bistrița 1905

Elevele Gimnaziului de fete înainte de spectacol, 1931
Schülerinnen des Mädchengymnasiums vor einer Aufführung 1931
The girl-students of the Women Gymnasium before the performance, 1931

Membri Şcolii de dans la 1-III- 1925
Mitglieder der Tanzschule am 1.3.1925
The members of the Dance-school on March 1st 1925

Profesorul de dans
Tanzlehrer
The dance teacher
A. Vulpean, 1924

Fotograful Victor Fritsch
Fotograf ~ The photographer

Cocarda Societății pentru fondurile de teatru român Bistrița 7 - 8 noiembrie 1902

Tinere venite la bal, 1907
Junge Ballteilnehmerinnen 1907
Young ladies at the ball, 1907

Bunica supraveghea nepoatele la bal, 1907
Die Großmutter beobachtete die Enkelinnen am Ball 1907
Grandmother used to watch her granddaughters at the ball, 1907

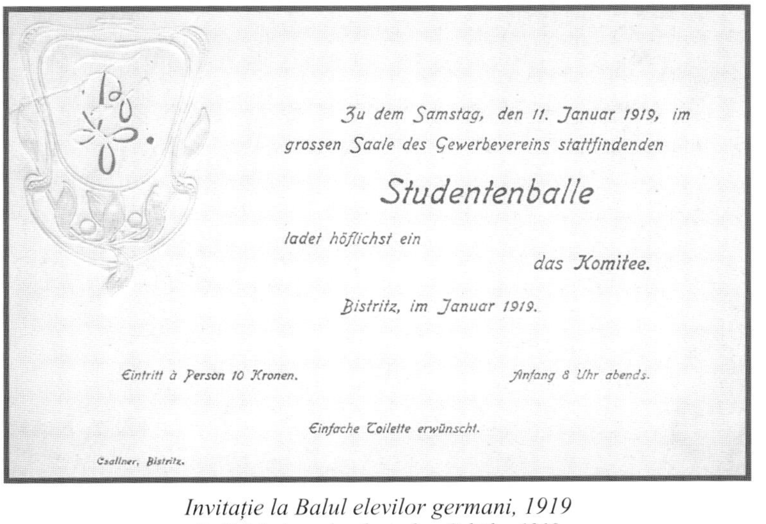

Zu dem Samstag, den 11. Januar 1919, im grossen Saale des Gewerbevereins stattfindenden

Studentenballe

ladet höflichst ein

das Komitee.

Bistritz, im Januar 1919.

Eintritt à Person 10 Kronen. Anfang 8 Uhr abends.

Einfache Toilette erwünscht.

Csallner, Bistritz.

Invitație la Balul elevilor germani, 1919
Balleinladung der deutschen Schüler 1919
Invitation to the German students' Ball, 1919

Tanzunterhaltungen, Bälle

Gesellschaftliche Ereignisse, Bälle oder genauer „Unterhaltungen mit Tanz", wie sie am Beginn des Jahrhunderts genannt wurden, waren nicht zu ignorierende Gelegenheiten, vor allem für Familien, die ihre Töchter in die Gesellschaft einführen wollten oder solche im heiratsfähigen Alter hatten. Da sich die Möglichkeit dazu nicht oft ergab ist es leicht zu verstehen, daß diese Tanzunterhaltungen mit Ungeduld und auch mit viel Hoffnung erwartet wurden.

Deshalb war das Datum schon lange vorher bekannt, so dass man genügend Zeit für Vorbereitungen hatte. Schneiderinnen und Friseurinnen waren überlaufen, die Geschäfte für Stoffe und Spitzen berstend voll. Es herrschte allgemeine Aufregung, die alle ergriffen hatte. Die meisten Haushalte waren mit dem Herrichten der Kutschen und deren Schmuck sowie dem der Pferde mit verziertem Zaumzeug, bunten Schabracken und Schellen beschäftigt, damit sie bei der Vorfahrt zum Ball besonders auffallen konnten. Die Frauen, von der Großmutter bis zur Enkelin, stürmten die Geschäfte in der Hoffnung, „das" besondere Accessoire zu finden, welches die junge Tänzerin unter den Mitschwestern auf dem Ball herausheben sollte.

Nur die Wohlhabenderen hatten diese Sorgen nicht, sie brachten ihre Familie mit der Kutsche zum Ball, die Bekleidung der meisten Familienangehörigen wurde in Modehäusern der größeren Städte geschneidert. Natürlich kamen die meisten Teilnehmer zu Fuß, in familiären Gruppen, wo auch die Festkleidung besser bewundert werden konnte.

Die einzige allen teilnehmenden Gesellschaftsklassen eigene Beschäftigung war die Vorbereitung der kulinarischen Köstlichkeiten, die um Mitternacht den dazu Eingeladenen vorgesetzt wurden, wenn die Musik ihre große Pause machte und der große Festschmaus begann. Dann begann auch die Jagd auf die jungen Herren, die an die Tische gebeten, in die Unterhaltung eingebunden und dabei heimlich einem Test der Gastgeber unterzogen wurden. Der Stolz der Gastgeber war um so größer, je zahlreicher die Herren zum reich gedeckten Tisch kamen. So wundert es niemanden, daß die Tische sich unter der Last der Köstlichkeiten nur so bogen.

Gewöhnlich stellte man sich an den Wänden der Tanzsäle auf, neben den Bänken, auf denen die Eltern aufgeregt ihre Kinder bewunderten und beobachteten. Es wurde getratscht und man wählte die zum Essen Einzuladenden aus. Oft brachte man in der Pause noch zusätzlich Tische, auf denen die in großen Körben, zugedeckt mit bestickten Tüchern gelieferten Speisen aufgebaut wurden.

Die Unterhaltungen fanden gewöhnlich im Großen Saal des Gewerbevereins, beim Bombardir oder im Kulturkreis statt.

Am Beginn dieser Bälle standen künstlerische Aufführungen, deren Darsteller danach in den Trachten und Kostümen der Aufführung an der Unterhaltung teilnahmen.

Beispielsweise hier der Inhalt des Programmes zur Veranstaltung vom 21.-22. September 1907:
„Einladung zu Theateraufführung, Konzert und Tanz im großen Saal des Gewerbevereins in Bistritz anläßlich der Generalversammlung der „Gesellschaft für rumänische Literatur und Volkskultur" vom 21. und 22. September 1907.
Die Theateraufführung findet am Samstag, 21. September d.J. statt. Es wird die Truppe des dramatischen Künstlers Zaharia Barsan auftreten. Beginn ist am Abend um 7 Uhr."
„Das Konzert wird am Sonntag, 22. September, stattfinden. Auftreten werden: die Damen Virginia Gall, Valeria Papp, die Herren Niculae Brateanu, Constantin Pavel und der rumänische Chor Bistritz unter der Leitung von Herrn C.F.Rohrbeck. Beginn ist 7 Uhr. Nach dem Konzert folgt der Tanzabend. Eintrittspreis pro Person: I. Platz 3 Kronen, II. Platz 2 Kronen. Stehplatz 1 Krone, Galerie 80 Filler. Die

überschüssigen Einnahmen werden für kulturelle und karitative Zwecke verwendet." Zu diesen Veranstaltungen gab es auch ein Büchlein für die Eintragung der Tanzordung.

Nach solchen Bällen kommentierten die Großmütter, Mütter, aber auch die jungen Teilnehmerinnen wochenlang das Geschehen, Gehörtes, Gesehenes oder Hintergründiges. Die Bälle gaben lange Zeit danach noch Veranlassung für hemmungsloses Marktgeschwätz.

Dancing parties, balls

As to fashionable events, the balls or, better said, the "dancing parties", as they used to be called at the beginning of the 20th century, were occasions not to be ignored, especially by the families having marriageable daughters or by those who wanted to introduce their daughters to society. Such events were not very numerous, so they used to be eagerly and hopefully waited for.

The date they were taking place on had been known long before, to allow for preparations to be done properly. The dressmakers and the stylists were assailed and fabrics and chemist's shops were full of people. There was a general excitement which everybody took part in. Most householders were taking care of arranging their carriages, decorating them and their houses with all kinds of cheap trinkets: tassels, ribbons and bells so that their arrival at the ball might be noticed by all those present. The women, from old grandmothers to young granddaughters, were going from shop to shop hoping to find that "something" which could make the young dancer more special among her dancing-mates at the ball.

Only the wealthy were less concerned about these problems, as they used to take their families to the ball by the hackney carriage and their clothes were made in fashion houses abroad. It's also true that most of the participants were walking to the balls in groups or families. This way, they could show off their dress and be admired.

The only common concern of all those coming to the party was cooking the food which was to be served to the guests by midnight, when the music stopped for the interval and the feast began. At that moment, young men were asked to come to dine, forced to chat and subjected to tests by those who had invited them. The more numerous the young men and the richer the meal, the prouder the hosts were. That is the reason why nobody was surprised at the abundance of the feast.

Tables were put in good order around the hall ball, near the benches where parents were admiringly and excitedly watching their offspring and gossiping at ease, while choosing the guests to be. Many times, during the interval, more tables were brought on which was displayed the rich food that had been brought in large baskets covered with flowery towels.

Parties were usually thrown in the large Hall from Gewebeverein, at "Bombardir" or at the Culture Club. The balls were preceded by artistic performances; many times people acting in the performance kept their folk costumes on.

This is the contents of the program at the manifestation organized on 21st 22nd September 1907: "Invitation to theatre performance, concert and dancing party which are to be held in Bistrița, in the large hall from "Gewerbeverein" on the occasion of the general assembly on 21st 22nd September 1907 of the Association for the Romanian literature and the Romanian people culture.

The theatre show is on Saturday, 21st September. The Company of the dramatic actor Zaharie Barsan is performing; beginning at 7 p.m.

The concert is on Sunday, 22nd September. Miss Virgnia Gall, Miss Valeria Papp, Mr. Niculae Brateanu, Mr. Constantin Pavel and the choir of the Romanian Reunion of songs from Bistrița will perform on stage, conducted by Mr. C.F. Rohrbeck, beginning at 7 pm. After the concert, follows the dancing party. Admission price: Seat I 3 crowns, Seat II 2 crowns, State Seat 1 crown; Gallery: 80 fillers. The takings are destined to philanthropic and cultural purposes".

Here is an invitation and a ball card with the order of the dances.

After such balls, grandmothers, mothers and dancers were commenting on what they had seen, heard or thought for weeks. There is no doubt that balls were an opportunity for long time gossip.

Târgurile bistrițene

Marțea era ziua de târg săptămânal în Bistrița, prilej cu care orășenii se întâlneau în Piața Mare sau în Piețișor, nu neapărat cu scopuri mercuriale, cât mai ales pentru a privi, a se întâlni, a sta la taifas, pentru a împleti, din cele văzute, auzite și bănuite, fire de poveste ce aveau să le deșire, până săptămâna următoare, pentru cei ce ar fi dorit să le asculte, până ce altele, și altele le vor lua locul.

Puțini erau cei ce nu-și petreceau cel puțin o parte din diminețile zilelor de marți printre precupeți.

Cu excepția gospodinelor și a unor calfe, care erau implicați direct în piață, ca și puținii cumpărători și potențiali vânzători, ceilalți, marea majoritate, aveau un rol mai mult decorativ, fiind interesați de atmosferă și, în mai mică măsură, de marfa ce abunda peste tot. Cum prezența multora era drămuită de timp, vânzoleala și agitația era mare. Dacă adăugăm la toate acestea și eforturile, deloc neglijabile, ale celor ce-și făceau reclamă mărfii, putem realiza forfota și gălăgia, străină în general bistrițeanului, acceptată însă, pentru câteva ore săptămânal aici.

Strada Spitalului în zi de târg, 1907
Hospital' Street on a market day, 1907

Cu totul alta era situația la târgurile de țară, ce țineau de la trei până la șase zile. De patru ori pe an, piețele deveneau neîncăpătoare, năvălind bârgăuanii, șieuțenii, someșenii, cei de pe câmpie, și nu numai ei, deoarece târgurile Bistriței erau renumite în toată țara. Abundența de produse nu rivaliza decât cu mulțimea târgoveților și cu buna dispoziție ce se instala în aceste zile de adevărată sărbătoare.

Târgurile anuale începeau în luna martie, când în zilele de opt, nouă și zece era Târgul Mărțișorului, continuau cu Târgul Cucului, între 14 și 16 mai, cu Bulgiul, între 19-25 august și se încheiau, între 15-17 noiembrie cu Târgul Catrinei.

Acestea erau perioadele de peste an în care orașul devenea o scenă pe care se revărsau veselia și buna dispoziție, datinile și obiceiurile strămoșești. Jocul și cântecul nu conteneau pe toată perioada târgurilor.

Nopțile, printre sutele de căruțe din Piața Mare (astăzi Decebal), se ridicau ruguri, la lumina cărora se încingeau învârtitele și bărbuncurile îndrăcite, în ritmurile zurgălaelor celor de pe Valea Șieului. Abia când acestea se potoleau, se puteau distinge, în pasul molcom sau alert și jocurile celor de pe valea Someșului sau ale celor de pe alte văi, ale bârgăuanilor, sau ale celor de pe câmpie. Abia acum, în armonia „someșenelor", „ de-a lungului" și „învârtitelor", mai apucai să-i auzi și să-i bagi în seamă și pe muzicanții din tarafurile asudate ale lui Goghii, Carcsy sau Bubi.

Târgoveții împânzeau ziua orașul. Printre tinerii numeroși puteai distinge, încă în număr mare, bătrâni cu pletele lungi, retezate la baza urechii, cu clopurile groase de piele, cu boruri largi cu zale, care îşi aprindeau pipa cu amnarul şi iasca.

Fetele, în minunate costume populare, înlănţuite de braţe, se plimbau fredonând cântece populare, specifice satelor lor şi rareori se amestecau cu cele din alte părţi, ceea ce nu se întâmpla, însă, în prăvăliile şi spiţeriile oraşului. Aici, la toate farmaciile: ,,La peşti", ,,Minciuna", ,, Bancu " şi altele, era mare vânzoleală, produsele cele mai solicitate fiind ,, laptele de fată mare" şi ,, unsoarea de muscă văduvă ", pe care le foloseau fetele pentru a-şi albi obrazul, îmbujorat apoi cu hârtie creponată roşie, peste care se adăuga pomada amintită, ce aducea strălucire feţelor, care păreau de porţelan sub pălăriile şi năfrămile viu colorate.

Familie venită la bulgi ~ Familie auf Marktbesuch
A family who came to the Fair

În târg se găseau de toate: de la fructe, legume şi zarzavaturi, bucate şi animale, până la obiecte ale meşteşugarilor autohtoni, de la mobilă şi unelte agricole, la maşini şi agregate sau obiecte artizanale.La îndemâna tuturor erau păsările cântătoare din lut şi mingile colorate, care, prinse cu un elastic, deveneau obiecte de joacă pentru toată lumea. La acestea se adăugau nelipsitele turte dulci cu oglinjoare şi măiestrit împănate ale doamnei Ursu, genţile şi şepcile de iască ale secuilor, pălăriile de paie, greblele sau oalele şi blidele de lut ale bârgăuanilor.

Nelipsite erau lopăţelele din brad, vopsite, cu care feciorii îşi ,,mângâiau" simpatiile, peste poalele şi pânzăturile ce acopereau proeminenţele dorsale. Doamne, câtă zarvă mai făceau cele ,,bătute" pentru a atrage atenţia suratelor că sunt băgate în seamă !

Cu câteva zile înaintea târgurilor, se instalau în Piaţa Mare: Circul Franzini, ringhişpilul, bărcile, menajeriile, zidul morţii, stroşneiderii sau vestiţii iluzionişti, care prezentau numere ce ne lăsau stupefiaţi.

Pastrama, friptanele, micii şi cârnăciorii de la grătarele şi tarabele fără număr, în amestec cu mustul, vinul şi berea, ce se revărsau din belşug şi ele, trebuie să recunoaşteţi, că-i adăugau Bulgiului o aromă în plus.

Ce mai!? Târgurile erau pentru tineri, şi atunci, o împlinire a unor vise ce dăinuiau de luni de zile. Ne dezlipeam întotdeauna cu regret şi frânţi de oboseală de ele, ducând pentru cei rămaşi acasă ,,puiul târgului", iar pentru noi, speranţa reîntâlnirii şi revederii, la târgul următor.

Şieuţeni la târg
Kleinschogener auf dem Markt
Şieuţ people at the market

Să fie ăsta "Puiul târgului" ?
Ist das etwa das „Markthühnchen"?
Could this be the "Market baby"?

Până în 1920 Târgurile se țineau în Piața Centrală
Bis 1920 wurden die Märkte auf dem Hauptplatz abgehalten
Before 1920 markets were held in Central Square

Litografie "Târg în Piața Centrală"
Lithografie "Markt auf dem Hauptplatz"
"Market held in Central Square" - lithography

Domnule, care-i drumul spre gară ?
Mein Herr, wo geht's hier zum Bahnhof?
Sir, could you tell me the way to the station?

O fotografie, s-o arăt prietenelor de pe valea Mureșului
Foto für die Freunde im Mures-Tal
A photography to show to my friends on the Mureş Valley

Bistritzer Märkte

Am Dienstag war Wochenmarkt in Bistritz. Bei dieser Gelegenheit trafen sich die Bistritzer am Großen oder am Kleinen Markt nicht nur zum Einkaufen, sondern vor allem um zu sehen und gesehen zu werden, um sich zu treffen und sich über Neuigkeiten zu unterhalten, aus denen die Fäden für Geschichten gesponnen wurden um bis zur nächsten Woche noch weiter ausgeschmückt zu werden, bis neue ihren Platz einnahmen.

Nur Wenige verbrachten nicht wenigstens einen Teil des Dienstagmorgens zwischen den Händlern.

Mit Ausnahme der Hausfrauen und einiger Gesellen, die direkt mit dem Markt beschäftigt waren, weniger die Käufer und möglichen Verkäufer hatte die Mehrheit der Marktbesucher eher eine dekorative Rolle inne. Sie waren nur an der herrschenden Atmosphäre interessiert und weniger an der überall reichlich vorhandenen Ware. Da die Zeit vieler Anwesenden kostbar war, ging es beim Feilschen hoch her. Wenn wir dazu noch die nicht zu unterschätzenden Anstrengungen derer dazu fügen, die ihre Waren anpriesen, können wir uns den Lärm und das Gedränge vorstellen, das dem normalen Bürger von Bistritz eigentlich fremd war, hier jedoch für einige Stunden in der Woche akzeptiert wurde.

Ganz anders war die Situation auf den Dorfmärkten, die drei bis sechs Tage lang dauerten. Viermal im Jahr wurden die Plätze zum Bersten voll, gestürmt nicht nur von den Leuten aus Burgau/Bargau, Klein-Schogen/Sieut, denen vom Somesch oder aus der Ebene. Die Bistritzer Märkte waren im ganzen Land berühmt. Die Vielfalt der Produkte konnte sich nur mit der Vielzahl der Marktbesucher und der sich an diesen wahren Festtagen einstellenden guten Laune messen.

Die jährlichen Märkte begannen im März, wenn am 8. 9. und 10. der Märzchenmarkt stattfand. Weiter ging es mit dem Kuckucksmarkt zwischen 14. und 16. Mai, mit dem Gemüsemarkt zwischen 19. und 25. August und endete zwischen dem 15. und 17. November mit dem Katharinenmarkt.

Über das Jahr waren das die Perioden überkommene Sitten und Bräuche, in denen die Stadt zur Bühne wurde, auf der sich Fröhlichkeit und gute Laune ausbreiteten. Gesang und Tanz gab es während der ganzen Dauer des Marktes.

In den Nächten wurden zwischen den Wagen auf dem Großen Markt (heute Decebal) Lagerfeuer errichtet, in deren Schein die beliebten „Invartite" und „Barbuncuri" im Rhythmus der Schellen des Schogentales getanzt wurden. Kaum waren diese verklungen, konnte man die ruhigeren Tänze derer aus dem Someschtal oder aus anderen Tälern hören, der Burgauer oder derer aus der Ebene. Nun erst waren in der Harmonie der Klänge die verschwitzten Musikanten der Zigeunertruppe des Goghii, Carcsy oder Bubi zu erkennen.

Tagsüber durchstreiften die Marktbesucher die Stadt. Zwischen den zahlreichen Jugendlichen konnte man viele Alte mit langen, bis übers Ohr reichenden Haaren sehen, die dicke runde und breitkrempige Lederhüte mit Kettengliedern trugen und ihre Pfeife mit Feuerstahl und Zunder entzündeten.

Die Mädchen in ihren wundervollen Volkstrachten spazierten eingehängt daher und trällerten die in ihren Dörfern gebräuchlichen Lieder. Manchmal gesellten sie sich auch zu den Mädchen aus anderen Ortschaften, niemals jedoch in den Geschäften und Spitzenläden der Stadt. In den Apotheken waren die am Meisten gefragten Produkte die „Milch für die große Tochter" und die „Salbe der Witwenfliege", welche die Mädchen zum Aufhellen der Gesichtshaut benutzten. Anschließend kam anstelle von Rouge rotes Kreppapier und darüber die erwähnte Salbe, welche die Haut glänzen ließ, so dass die Gesichter unter den Hüten und Kopftüchern wie aus Porzellan hervor leuchteten.

Auf dem Markt konnte man alles finden: von Obst, Gemüse und Grünzeug, Getreide und Vieh bis zu Arbeiten der ansässigen Meister, von Möbeln und landwirtschaftlichem Werkzeug bis zu Maschinen und Aggregaten oder künstlerischen Objekten. Für alle erschwinglich waren Singvögel aus Ton und farbige Bälle, die an einem Gummifaden befestigt waren und mit denen alle sich gerne unterhielten. Dazu kamen die meisterhaft von Frau Ursu dekorierten süßen Lebkuchen mit Spiegelchen, Taschen und Tabaksbeutel der Ungarn, Strohhüte, Rechen, Töpfe und Tonschüsseln der Burgauer.

Nicht fehlen durften auch die gefärbten Schäufelchen aus Tannenholz, mit denen die jungen Männer ihre Auserwählten „streichelten", über den Rocksaum und die Bänder, welche die hervorragenderen Teile des Rückens bedeckten. Wieviel Aufruhr verursachten die „Geschlagenen", um die Aufmerksamkeit der Mitschwestern darauf zu lenken, dass man sie bemerkt hatte.

Einige Tage vor Marktbeginn richteten sich der Zirkus Franzini, das Ringelspiel, Schaukelboote, Tierschau, die Todeswand, die Strohschneider oder berühmte Illusionisten ein, deren Vorstellungen uns verblüfften.

Den Duft zu alledem lieferten Selchfleisch, Gegrilltes, Mici und Würstchen von den unzähligen Bratrosten und Ständen, vermischt mit dem Dunst von Most, Wein und Bier, die in Strömen flossen.

Die Märkte waren für die Jugend von damals die Erfüllung aller Träume, deren Erinnerung noch Monate nachher anhielt. Wir kehrten immer mit Bedauern und zum Umfallen müde nach Hause zurück. Den Daheimgebliebenen brachten wir das „Markthühnchen" mit, für uns blieb die Hoffnung auf ein Wiedersehen beim nächsten Markt.

Bistrița Fairs

On Tuesdays it was the weekly fair in Bistrița, when the towns people met in the Large Square or in the Small Square (Piețisor), not necessarily on mercurial grounds, but especially to meet, look around, chat, to later retell what they had seen, heard or guessed, until the next week, when other stories were to come out.

There were very few people who wouldn't spend their Thursday mornings there.

Except for housekeepers and a few journeymen who were directly involved in the market activity, as well as some buyers and potential sellers, all the others had a more decorative part to play, as they were more interested in the atmosphere and less in the abundant goods around. Many of them couldn't afford staying long there, so the fuss was extreme. If we add to all this the efforts, not to be overlooked, of those who advertised their goods, we can realize the noise and fuss, weird to Bistrița people, but accepted here for some hours a week.

The situation was totally different in country fairs, which used to last between three and six days. Four times a year fairs were cramped with Bargau people, Sieut and Somes people as well as those in the field part of the district and many others, because Bistrița fairs were famous all over the country. There were crowds of people, abundance of goods and high spirits during holiday times.

Yearly fairs started in March, on 8th, 9th, and 10th March There was March amulet's Fair, then there was Cuckoo's Fair between May 14th and 16th, the Fair between 15th and 17th November.

These were the times when the town was like a stage on which you could admire high spirits, old customs and traditions. Dancing and singing continued all through the fair.

At night, among hundreds of carts in the Big Square (Decebal Square today) you could see fires which lit the dancers accompanied by bells of the Sieut people. When they had finished, there followed the slow or rapid rhythm of the Somes Valley dancers or others from the Bargau valley or from the fields.

Only now could the harmony of the "Somes dances","Along" and "Spinning around" be heard and you could also notice the fiddlers in the Goghii, Carcsy or Bubi folk music bands.

Town folk were everywhere in town during daytime. Among numerous young people you could see many long-haired old people wearing thick leather cloche hats with large chained brim lighting their pipes with flint steel and tinder.

The girls, wearing wonderful folk costumes were walking arm in arm, humming folk songs specific for their villages and they would rarely interfere with girls belonging to other parts of the country, which didn't happen in town's drugstores. Here at the shops named "Fishing", "The Lie", "Bancu" and others, the most in-vogue products were "Maiden's milk", and "widowed-fly ointment", which young girls used to whiten their cheeks, then they used red corrugated paper to add some red on their cheeks and over that they laid the ointment which made their faces brighter and china-like under the coloured hats and handkerchiefs.

One could find everything at the fair: fruit and vegetables, food and animals, local handicrafts, furniture, agriculture tools, machines, units and handmade goods, singing birds made of clay, coloured balls hanging by an elastic band to become playing toys for everyone. Then there were the ginger bread with mirrors and other decorations made by Mrs. Ursu, The Szecklers' tinder bags and caps, the Bargau people's straw hats, rakes and clay pots.

There were painted fir-shovels with which young men used to "touch" their sweethearts' back over the cloth covering it. Oh, God, the girls used to make such a fuss about this in order to draw their mates' attention to the fact that boys were flirting with them.

Several days before the Fair, one could see in the Large Square the Franzini circus settling down the merry-go-round, the toy-boats, the menagerie, the death wall, the acrobats or well-known illusionists performing stunning shows.

Smoke dried salt meat, highly-seasoned sausages, hot dogs and steaks from numberless counters, as well as wine, beer and grapes juice were giving the Fair a special fragrance.

Even then the fairs meant the fulfillment of some dreams for the young, which would last for months. We were always parting with them full of regret and exhausted carrying to those who had been left home, the “fair fruit” and to ourselves the hope of seeing one another again at the next Fair.

Sfânta seară de Crăciun

Fără să țin a-l parafraza neapărat pe François Villon, mă întreb și eu astăzi unde sunt zăpezile de altădată, deoarece nu-mi aduc aminte, copil fiind, ca iarna și mai ales Crăciunul, să nu fi fost cu zăpadă multă, iar gerul să nu facă să crape pietrele de frig.

Când ninsoarea contenea și cerul se însenina priveam cu uimire cum de la hornoaiele caselor ce-și așteptau colindătorii se ridicau șovăielnicele șuvițe de fum spre puzderia de stele, mai luminoase și mai numeroase parcă, atunci ca nicicând. Așa că, bine încotoșmăniți , într-o veselie de nedescris, noi, copiii, plecam devreme la colindat, după îndelungile pregătiri începute odată cu postul Crăciunului.

Winter im Stadtpark

În seara de ajun se colindă pentru că acesta era și este obiceiul din moși-strămoși, prin care se vestește nașterea Domnului. Era un prilej de manifestare a bucuriei, dar și de cucernicie și mare evlavie.

Rare erau familiile necolindate, ca cele ce aparțineau unor secte, ori familiile neprimitoare (zgârcite), rare pe vremea aceea. Se colindau de obicei prietenii și colegii de vârstă apropiată, dar și gazdele, vecinii, rudele și arareori casele străinilor.

Colindele erau numeroase; din ele voi reda mai jos câteva. Cele mai cunoscute însă erau cele ce se cântă și astăzi ca: „O, ce veste minunată" „Trei păstori", .. Sloboză-ne gazdă-n casă" și „Ziorel de ziua". Dar se obișnuia să se meargă și cu "Steaua", copiii până la 12-13 ani, cu Viflaimul (colindat de tinerii între 14 și 18 ani), cu "Turca", mai ales feciorașii de țigani între 14-18 ani, dar și români de diferite vârste, între 18-30 de ani.

De obicei se colinda în cete, iar șeful grupului avea rolul de organizator, ales fiind un băiat sau flăcău mai dezghețat, mai isteț, mai îndrăzneț și un bun cunoscător al colindelor, care intra în casă și întreba gazdele dacă primesc colindătorii.

În cazul în care existau și căsătoriți în ceată, se obișnuia să se colinde mai întâi pe la casele părintești ale acestora, ca apoi să continue pe rând pe la casele rudelor și abia apoi și pe la alte case.

Hrubenii, ca si Podenii, nu au colindat niciodată pe la familiile de altă naționalitate, deoarece în cartierul lor erau puține familii de unguri, țigani sau sași.

Aceștia aveau alte obiceiuri, iar sașii sau ungurii bistrițeni nici nu-i primeau pe români cu colindul, în ajun, tocmai din această cauză.

Nu colindau ciungii și ologii, pentru că în aceste cazuri, marea sărbătoare a Crăciunului ar fi căpătat un aspect de cerșetorie, ceea ce era străin tradiției și credinței. De asemenea cei căsătoriți sau divorțați nu colindau decât în vecini și la neamuri. Se întâmpla ca ei să colinde și pe la casele cunoscuților însă aceste situații erau rare. Cetele de colindători întrebau gazdele dacă au voie să colinde astfel: Primiți steaua? Primiți turca? Primiți Irodul (Viflaimul)?

Feciorii colindau afară, la ușă sau la fereastră, de cele mai multe ori. În cazul în care erau poftiți în casă, se colinda și aici, în tindă.

Turca se juca numai în casă, acolo unde se găsea un spațiu mai larg. Irozii își desfășurau întreaga reprezentație tot în casă sau tindă, în spațiul dintre masă și ușă, unde gazdele făceau din timp un loc suficient de mare.

Cu Steaua ~ Mit dem Stern ~ Going to sing "The Star"

Colindătorii erau recompensați astfel: copiii primeau bani, mere, nuci sau covrigei; se mai coceau de către gazde uneori și turtițe pentru aceștia, dar erau numeroase și turtăriile din oraș de la care se cumpărau din vreme turtițe colorate, având diferite forme: de inimă, sabie, steluțe ,fructe etc. Dacă se colinda la casa unde un fecior din ceată își avea iubita ,el îi aducea acesteia în dar, după ce a colindat, o turtiță mare, de obicei în formă de inimă, în mijlocul căreia se găsea o oglinjoară.

Fetele obișnuiau să-i servească pe colindători cu plăcinte, turte sau chiar prăjiturele coapte de ele.

Banii primiți de colindători erau adunați la un loc, într-o pungă, de către șeful cetei (vătaful), iar la terminarea colindatului erau numărați de față cu întreaga ceată și împărțiți frățește.

După ce a colindat într-o casă, ceata de colindători mulțumea gazdelor, urându-le apoi Sărbători fericite și La Mulți Ani!

În timpul deplasării între două case, dacă distanța era mai mare, ceata colinda una din colindele cunoscute sau striga urări de „La mulți ani cu fericire pentru gazde și colindători !", ceea ce făcea ecou colindelor peste oraș, deoarece românii trăiau în afara cartierelor amintite și în Gribgil, Între Miriști, pe Burichi sau în Valea Boilor și Dealul Jelnii.

Șefii cetelor de colindători nu purtau nici un semn distinctiv, dar păstrau banii și darurile pe tot timpul colindatului. În timpul colindatului, nu se obișnuia ca ceata de colindători să rămână mai mult timp la o casă. După ce aceștia colindau își luau „plata" plecând mai departe.

Fetele rămâneau la casele lor, așteptând alți colindători, doar fetițele între 8 și 14 ani colindau împreună cu băieți de aceeași vârstă, dar nu mai târziu de ora 22.

Se credea că fetele și femeile aduc „nenoroc" și sărăcie la casa omului, dacă intrau în casă străină în seara de ajun sau în prima zi a Anului Nou, de aceea ele rămâneau la casele lor. Dacă se întâmpla să vină țigănci sau femei din satele vecine, acestea nu erau lăsate să intre în casă.

Feciorii colindători, ce erau îmbiați cu băutură, închinau gazdei zicând:

"Să fii gazdă sănătoasă,
Să plătești colinda noastră,
Cu-n cârnaț și cu-n călbaș,
Cu o litră de jinars,
La anu și la mulți ani ! ...,"

iar gazda le răspundea:

"Mulțumim pentru colindă,
La mulți ani cu sănătate
Nașterea Domnului cu bine și fericire!..."

Darurile nu erau obligatorii, nu se colindau numai înstăriții, ci și cei săraci. Colindatul reprezenta vestirea nașterii Domnului, iar el nu se făcea pentru a agonisi. În atari condiții nu existau nemulțumiri în ceea ce privea darurile primite sau valoarea lor.

Aş aminti mai jos câteva din colindele bistrițene de acum mai bine de jumătate de veac în variantele lor locale.

Nu existau colinde specifice pentru cete, fiecare ceată colinda ceea ce ştia şi a învățat până atunci. Nu existau colinzi preferate la nici o casă.

"Hai cu toții să suim în veşnicul Viflaim
Că acolo mesele-s întinse
Şi făcliile aprinse
Dar la masă cine şade?
Şade o fiică tinerică

Cu pruncul lângă ea.
Pruncu-i mic şi desfăşat
De îngeri înconjurat
Îngerii în coruri cântă

Bucură-te Maică Sfântă
Că sfântă eşti
Şi sfântă ai fost
Că ai dat țâță lui Cristos
La mântuitoru' nost."

*

"Coborât-o, coborât
Domnul sfânt pe acest pământ
Lui Irod i-o fost urât
Iuda iubitor de bani
A strigat la a lui țigani
De mi-ți da trizăci de arginți
Eu vi-l dau să-l răstigniți
Pe Cristos aşa l-au prins
Sus la Golgota l-au dus,
Pe o cruce de brad l-au pus
Când cuiele i le bătea
Sângele părău curgea
Luna s-a 'necat în sânge
Îngerii începură-a plânge."

*

"Trei crai de la răsărit
Cu steaua au călătorit
Steaua înainte mergea
Îngerii cu toți vestea
Că astăzi s-a născut Mesia."

*

TREI CRAI DE LA RĂSĂRIT

"Trei crai de la răsărit
Cu steaua-u călătorit,
Când în cale purcedea
Steaua-nainte mergea.
Şi-au mers după cum o ştim
Până la Ierusalim.
Iar aici dac-au ajuns
Steaua lor li s-a ascuns
Şi au făcut o întrebare
De-o naştere de-un crai mare,
-Unde ştiți că s-a născut
Un crai tânăr de curând?
Iară Irod Împărat
Foarte rău s-a supărat,
Mulți coconi el a tăiat."

Se recita:

"Acest Praznic luminat
Noi cu drag l-am aşteptat
S-auzim îngeri cântând
Magi cu stea călătorind

SOSIT-A PRAZNICUL IARĂ

"Sosit-a praznicul iară

De care ne bucurăm
Căci Isus din cer coboară

Să se nască-n Viflaim.

Din Maria Maica Sfântă

Şi mama lui Dumnezeu
N-are loc să se odihnească

Să nască pe fiul său.

Ei umblau din casă în casă
Dar nimeni nu-i primea
Ei umblau din poartă în poartă

Până din oraş ieşeau.

La păstori cum ei sosiră

După ce se odihniră

Cerul frumos strălucea
De o stea ce răsărea.

Să se bucure oricine
De naşterea lui Isus
Că ne-a scos din focul veşnic
După cum proorocii au spus.

Să se roage lumea-ntreagă

Împăratului ceresc
Să trimită pacea sfântă

La tot neamul omenesc.

Noi dorim ca-n ăst lăcaş

Unde acuma colindăm
Şi la anul care vine
Sănătoşi să vă aflăm."

Râul Bistriţa şi podul lui Keintzel
Der Fluss Bistritz und die Keintzel-Brücke
The Bistriţa river and Keintzel's bridge

Weihnachtsabend

Ohne unbedingt bei Francois Villon Anleihe nehmen zu wollen, aber ich frage mich heute, wo die Schneemassen von früher geblieben sind. Ich kann mich nicht erinnern, als Kind einen Winter und vor allem Weihnachten ohne viel Schnee erlebt zu haben und ohne Frost, der die Steine vor Kälte zerspringen ließ.

Wenn der Schneefall aufhörte und der Himmel sich aufhellte beobachteten wir staunend, wie sich die unsteten Rauchfahnen aus den Schornsteinen der Häuser gegen den Himmel voller Sterne erhoben, die heller und zahlreicher schienen als sonst. Nach langen Vorbereitungen, die mit der Fastenzeit vor Weihnachten begannen, gingen wir Kinder gut eingepackt früh und mit unbeschreiblicher Freude zum Singen der Weihnachtslieder (colindat).

Am Weihnachtsabend war das ein von den Vorfahren übernommener Brauch, durch den man die Geburt des Herrn verkündete. Es war eine Gelegenheit zum Ausdruck der Freude, aber auch der Frömmigkeit und großen Andacht.

Es gab kaum Familien, zu denen die Weihnachtssänger nicht kamen, außer sie gehörten einer Sekte an oder waren unfreundliche (geizige) Leute, was in diesen Zeiten jedoch selten vorkam. Gewöhnlich gingen die Sänger zu Freunden und Kollegen im gleichen Alter, aber auch zu den Nachbarn, Verwandten und seltener zu den Häusern Fremder.

Es gab zahlreiche Weihnachtslieder, von denen ich weiter unten einige wiedergeben werde. Die bekanntesten waren diejenigen, die auch heute noch gesungen werden: "Oh welch wunderbare Nachricht", "Die drei Hirten", "Erlaube uns, Hausvater, einzutreten" und "Ziorel am Tag". Es gab auch den Brauch, "mit dem Stern" zu gehen (Kinder bis 12, 13 Jahre), mit "Bethlehem", das von den Jugendlichen zwischen 14 und 18 Jahren dargestellt wurde oder mit der "Truck" (einer Art Habergeiß), die vor allem von den jugendlichen Zigeunern zwischen 14 und 18 Jahren gespielt wurde, aber auch von Rumänen in verschiedenen Altersstufen zwischen 18 und 30 Jahren.

Zum Weihnachtssingen ging man in Gruppen. Als Anführer wurde ein eher offener, aufgeweckter und mutiger Junge oder Bursche gewählt, der die Weihnachtslieder gut können mußte, der organisieren konnte und als erster ins Haus eintrat um die Hausleute zu fragen, ob sie die Weihnachtssänger empfangen wollten.

Wenn es in der Gruppe Verheiratete gab, so wurde zuerst bei deren Elternhäusern gesungen, dann bei den Verwandten und erst danach bei den Übrigen.

Die Leute aus der Hrube so wie jene über der Brücke gingen niemals zu Familien anderer Nationalität, weil in ihren Siedlungen nur wenige Ungarn, Zigeuner oder Sachsen wohnten.

Diese hatten andere Bräuche, die Bistritzer Sachsen oder Ungarn empfingen deshalb keine Rumänen zum Weihnachtssingen am Heiligen Abend.

Verstümmelte und Lahme waren beim Weihnachtssingen auch nicht zugegen, weil der große Weihnachtsfeiertag dadurch einen Aspekt der Bettelei erhalten hätte, was die Tradition und der Glaube nicht zuließen. Auch Verheiratete und Geschiedene sangen nur bei Verwandten und Nachbarn, obwohl es selten auch vorkam, dass sie zu den Häusern Bekannter gingen.

Die Sängergruppen fragten bei den Hausleuten mit folgenden Worten um Erlaubnis zum Singen: „Primiti steaua?" laßt ihr den Stern ein? Laßt ihr die Turca, Herodes, Bethlehem herein?

Die Burschen sangen draußen meistens vor dem Fenster oder vor der Tür. Wenn sie ins Haus gebeten wurden, wurde auch drinnen im Hausflur gesungen.

Die Turca wurde nur im Haus gespielt, dort, wo am meisten Platz war. Auch die Irozii stellten

ihre Herodes-Geschichte im Haus dar, zwischen Tisch und Zimmertüre, wo die Hausleute rechtzeitig genug Platz für sie gemacht hatten.
Die Weihnachtssänger wurden so beschenkt: Die Kinder erhielten Geld, Äpfel, Nüsse oder Brezeln. Manchmal wurden von den Hausleuten auch Lebkuchen für sie gebacken, aber es gab auch zahlreiche Lebzelter in der Stadt, wo man beizeiten gefärbte Lebkuchen in verschiedenen Formen als Herz, Säbel, Sternchen, Früchte etc. kaufen konnte. Wenn man beim Haus der Angebeteten eines Burschen aus der Sängergruppe eintrat, brachte dieser ihr nach dem Weihnachtssingen einen großen Lebkuchen, meist in Herzform und mit einem Spiegelchen in der Mitte.

Die Mädchen bedienten die Sänger mit oft von ihnen selber gebackenen Kuchen und Lebkuchen.

Das den Sängern gespendete Geld wurde vom Anführer in einem Beutel aufbewahrt, nach Beendigung des Rundganges vor der ganzen Gruppe ausgezählt und brüderlich geteilt.

Nach dem Singen in einem Haus bedankte sich die Gruppe bei den Hausleuten und wünschte: „Sarbatori fericite si La Multi Ani!“ - Frohe Feiertage und alles Gute!

Wenn die Entfernung zwischen zwei Häusern größer war, sangen die Weihnachtssänger auch unterwegs eines der bekannten Lieder oder riefen Glückwünsche wie: „Auf ein gutes Neues Jahr mit viel Glück für die Hausleute und die Weihnachtssänger“ in die Nacht hinaus. Das ergab einen Widerhall über der Stadt, so dass ihn auch die außerhalb der erwähnten Siedlungen in Gribgil, Intre Miristi, am Burgberg oder im Ochsental und in Senndorf/Jelna lebenden Rumänen hören konnten.

Die Anführer der Sängergruppen unterschieden sich durch nichts von den übrigen Teilnehmern, sie bewahrten aber das Geld und die Geschenke während des Umganges auf. Die Weihnachtssänger blieben nicht lange bei einem Haus, nach dem Singen und dem Empfang der Belohnung ging es gleich weiter zum nächsten Haus.

Die Mädchen blieben zu Hause und warteten auf andere Sänger, nur die jüngeren Mädchen zwischen 8 und 14 Jahren gingen mit den Buben im gleichen Alter zum Singen, aber nur bis höchstens 22 Uhr. Man glaubte, dass Mädchen und Frauen „Unglück“ und Armut brächten, wenn sie am Heiligen Abend oder am ersten Tag des neuen Jahres in ein fremdes Haus eintraten. Deshalb blieben sie zu Hause. Wenn es geschah, dass Zigeunerinnen oder Frauen aus den Nachbardörfern kamen, so ließ man diese nicht ins Haus.

Die Burschen erhielten auch Getränke. Sie hoben das Glas auf die Hausleute und sprachen:

“Gesundheit für die Hausleute,
damit sie unser Singen bezahlen können
mit einer Wurst und mit Preßwurst,
mit einem Liter Schnaps
Aufs Jahr und alles Gute!...”

Worauf der Hausvater antwortete:

“Wir danken fürs Weihnachtssingen
Alles Gute und viel Gesundheit
Geburt des Herrn mit Glück und Freude!...”

Geschenke zu geben war nicht verpflichtend. Zum Weihnachtssingen gingen jedoch nicht nur die wohlhabenden, sondern auch arme Leute. Das Singen sollte die Nachricht von der Geburt des Herrn verbreiten, nicht um irgend einen Nutzen davon zu haben. Deshalb gab es auch keine Unzufriedenheit betreffend den Wert der erhaltenen Geschenke.

Weiter unten möchte ich einige der Bistritzer Weihnachtslieder von vor mehr als einem halben Jahrhundert in ihrer lokalen Variante erwähnen.

Es gab für die Sängergruppen keine spezifischen Lieder. Jede Gruppe sang die Lieder, die sie konnte oder bis dahin gelernt hatte. Es gab auch bei den Häusern keine bevorzugten Lieder.

Kommt alle mit hinauf
in das ewige Bethlehem,
denn dort sind die Tische bereitet
und die Fackeln angezündet.

Wer aber sitzt beim Tisch?

Dort sitzt ein junges Mädchen
mit dem Neugeborenen neben sich,
das Neugeborene ist klein und unbekleidet
von Engeln umgeben.

Die Engel singen im Chor
Freue dich Heilige Mutter
weil du heilig bist und heilig warst
als du Christus die Brust gegeben hast,
unserem Erlöser.

*

Herabgestiegen ist er
der Heilige Herr auf diese Welt
dem Herodes gefiel das nicht.
Judas liebte das Geld
und rief seinen Zigeunern zu:
gebt mir dreißig Silberlinge
dann gebe ich ihn euch zum Kreuzigen.
So nahmen sie Christus gefangen
und brachten ihn nach Golgota hinauf,.
legten ihn auf ein Kreuz aus Tannenholz.
Als man ihm die Nägel einschlug,
floß das Blut wie ein Bach.
Der Mond ertrank im Blut
Und die Engel begannen zu weinen.
*

Drei Könige aus dem Osten
sind mit dem Stern gereist.
Der Stern ging ihnen voraus,
alle Engel gaben Kunde
dass heute der Messias geboren wurde.

*

DREI KÖNIGE AUS DEM OSTEN
Drei Könige aus dem Osten
Sind mit dem Stern gereist.
Als sie sich auf den Weg machten
Ging ihnen der Stern voraus.
Und sie gingen wie wir wissen
Bis nach Jerusalem.
Aber als sie ankamen
Versteckte sich ihr Stern
Und sie fingen an zu fragen
Nach der Geburt eines großen Königs.
„Woher wißt ihr dass vor Kurzem
Ein junger König geboren ist?“
Und der König Herodes
Ärgerte sich darüber sehr,
Viele Kinder hat er getötet.“
Refrain:
„Diesen hellen Feiertag
Haben wir mit Freude erwartet,
Um die Engel singen zu hören
Und die mit dem Stern reisenden Magier.
*
WIEDER IST DAS FEST GEKOMMEN
„Wieder ist das Fest gekommen
Über das wir uns so freuen,
Denn Jesus steigt vom Himmel
Um in Bethlehem geboren zu werden.

Von Maria, der heiligen Mutter
und der Mutter des Herrn.
Sie hat keinen Platz zum Ausruhen
um ihren Sohn zu gebären.

Sie wanderten von Haus zu Haus
aber niemand ließ sie ein.
Sie wanderten von Tor zu Tor
Bis aus der Stadt hinaus.
Als sie bei den Hirten ankamen
nachdem sie sich ausgeruht hatten
begann der Himmel strahlend zu leuchten
Durch einen aufgehenden Stern.

Jedermann soll sich erfreuen
an der Geburt von Jesus
weil er uns aus dem ewigen Feuer zog
wie die Propheten gesagt haben.

Die ganze Welt soll ihn anbeten
ihn, den himmlischen König
dass er den heiligen Frieden sende
Allen Völkern dieser Welt.

Wir wünschen dass in diesem Haus
in dem wir unsere Lieder singen
auch im Jahr das kommen wird
euch gesund wir wiederfinden.

The Holy Christmas Night

I do not dare paraphrase François Villon, but I still wonder why winters are no longer as they used to be, because I can hardly remember, since my childhood, winters and especially Christmas, lacking frost freezing and snow.

When it stopped snowing and the sky cleared up, I was gazing the smoke from the chimneys of the houses expecting their waits to the stars, brighter and more numerous than ever. So, wrapped up in warm clothes and extremely happy, we, children, used to go carol-singing from house to house after having made preparations for Christmas, which had begun since Advent.

On Christmas' Eve people would go singing carols from house to house because it was the tradition announcing the birth of Christ. It was an opportunity for bliss, devotion and piety.

There was hardly a family left not visited by waits, only those belonging to other religious confessions or the mean ones, but these were very scarce at that time.

People used to go out and sing carols to friends, colleagues, hosts, neighbours, family and seldom even strangers' houses.

They used to sing lots of carols, among which the best-known were those which are still sung today: "O, ce veste minunata" (Oh, such wonderful news), "Three shepherds", "Host let us in" and "Ziurel de ziua" (Dawn). Children up to 12-13 years old used to sing "The Star", those between 14 and 18 the "Viflaim" (Bethlehem house), "The goat" was sung by gipsy young people aged between 14 and 18, but also by Romanians aged between 18 and 30.

They used to go carol singing in groups and the leader of the group was the organizer, as he was the most outgoing, the brightest, and the one who knew the carols best. He was entering people's houses asking them if they were willing to welcome them.

If there were any married couples in the groups, they used to sing carols to their parents' houses first, then to their family homes and after that to other houses.

Those living in underground houses and those living in attics never sang carols to families of other nationality, as there were few families of Hungarians, Gypsies or Saxons in their neighbourhood.

They had other customs and the Saxons and the Hungarians didn't even welcome carol-singing Romanians on Christmas Eve just for this reason.

The crippled, weren't going to sing carols from house to house because that way the holy Christmas holiday would have meant beggars' feast, which was weird to the spirit of faith and tradition. The married and the divorced were singing carols just to their family and neighbours. Sometimes they happened to sing carols to their acquaintances' homes, but this was rather rare. The waits groups would ask the host if they welcomed them this way: "Would you like us to sing "The Star" or "The Herodes"?". Young married men used to sing outside, in front of the door or the window. When they were asked to come in, they would sing carols on the porch.

"The Goat" was performed only inside the house, where it was enough room. The Herodes performed their show inside or on the porch, between the table and the door.

The carol-singers were rewarded as follows: the children received pretzels, money, apples and nuts; housekeepers used to bake ginger bread for them, but there were also special shops in town where one could buy differently coloured-shaped ginger bread: heart, sword, fruit etc. If they sang carols to a house where lived a young man in the groups' sweetheart, she would offer him a big ginger bread, usually heart-shaped, with a mirror in the middle.

Girls used to give the carol-singers pie, ginger bread, cookies or cake which had been baked by their own hands.

The money was put together in a bag by the group leader and after that it was shared among the members of the group.

Having sung carols in a house, the group would thank the host wishing them Merry Christmas and a Happy New Year!

Between houses, if the distance was long, they used to sing well known carols or shout "A Happy New Year to carol-singers and hosts!", which echoed the carols in town, as the Romanians were also living in the neighbourhoods of Gribgil, Between the Fields, on the Burichi, in the Oxen Valley and up on Jelna Hill.

The carol-singers groups' leaders were keeping the money and the presents all the way. The groups didn't stay in a house for long. They sang carols, took their pay and moved on.

The girls were staying at their place waiting for the other carol-singers, only the girls between 8 and 14 would go together with the boys of the same age, but they wouldn't go later than 10 pm.

Girls and women were thought to bring "bad luck" and poverty to the family if they entered a house on the eve of or on New Year's Day, that is why they stayed at home. If Gipsy women or women from other villages happened to come, they were not allowed into the house.

The young men were offered drinks and they raised their glasses saying:

"Host, be healthy,
And pay our singing carols
With a sausage and blood pudding,
With a liter of brandy,
Happy New Year to you! ..."

And the host would answer:

"Thank you for having sung carols,
A Happy New Year to you, too,
May the birth of Christ bring you happiness and health!"

Presents were not compulsory: Not only the wealthy, but also the poor were sung carols to. Singing carols represented the announcing of Christ's birth, and it was not done for gathering money. Nobody was dissatisfied with what he or she was given.

I'd like to quote some old carols, as they were sung locally. There were no specific carols for the groups, every group would sing the best-known carols or what they had learnt so far. There were no favourite carols.

Let all go to the eternal Bethlehem (Viflaim)
For there the tables are laid,
The torches are lit.
But who is sitting at the table?
A young lady

Her baby by her side.
The baby is little and unwrapped,
Surrounded by angels,
Angels singing together.
Be happy, Sacred Mother
For you are a Saint
And you have been a Saint
For breast-feeding Christ
Our Saviour".

"Holy Lord has descended,
Has descended on this land
Herod hated him,
Money-lover Judas
Shouted at his gypsies
If you give me thirty silver coins
I give Him to you, to crucify.

*

This is how they caught Christ,
And took Him up to Golgotha hill,
And laid him on a fir-wood cross
And nailed him there.
His blood was pouring,
The moon drowned in his blood,
The angels started crying."

*
"Three eastern kings were
Guided by the star;
All the angels announced
Mesiah was born today."

*
"Three eastern kings were
Guided by the star.
They were following
The Star to Jerusalem,
As we already know.
When they got here
Their Star hid
And they asked about
A newly-born King.
- Where is the
newly-born king?
But Herod got mad
And killed many babies."
They recited:
"This holy Feast
We have been waiting long
To hear the angel sing
And kings guided by the star."

*
"So, the feast time has come.
We are happy that
Jesus comes down from Heavens
To be born in Bethlehem.
But his Holy Mother
Has no place to rest
And give birth to her son.
They were trying from house to house
But nobody welcomed them.
They were trying from house to house
Until they got out of the town.
When they arrived at the shepherds,
They had some rest.
The clear sky was shining
Owing to a rising star.
For everybody to be happy
At Jesus' birth,
Because he took us out from torment
As the prophets had said.
Let everyone pray
To the Heavenly King
To send the holy peace
To all human kind.
We wish to find you
Healthy next year too,
When we come again
To sing carols to you."

Obiceiurile de Crăciun la saşii din Ghinda

Când câmpiile erau goale, pomii desfrunziţi şi ceaţa de noiembrie se întindea peste pământ, atunci venea sfântul timp de Advent (Postul Crăciunului), cu toate datinile pline de mister, şi începea pentru copiii noştri cel mai frumos timp al anului. Acum totul se pregătea cu răbdare pentru Sfânta noapte de Crăciun de către adulţi şi mai ales de către femei, care ajutau cu hărnicie la aceste pregătiri.

Încă din prima duminică din Advent, de la orele opt seara, se trăgeau clopotele în fiecare zi până la Sf. Silvestru. Când clopotele băteau, copiii veneau în faţa uşilor caselor în care se făceau şezători, cu lumânări şi lămpaşe în mâini, cântând câte o serenadă, un cântec de advent, iar când Crăciunul se apropia, şi câte o colindă. Felinarele erau purtate de către patru dintre cei mai vârstnici băieţi.

În dimineaţa de Crăciun se înlocuiau cântecele şi se intonau „Haideţi împreună" şi „Kristlieder".

Copiii formau patru grupe. Băieţii aduceau o sorcovă şi cel mai vârstnic o ţinea pe sanie însoţit de următorul ca vârstă, ce stătea lângă sanie, în vreme ce toţi ceilalţi, cu batiste roşii la pălării, se înhămau la săniile ce străbăteau toate hârtoapele din împrejurimile satului, evitând drumurile, ceea ce crea o veselie de nedescris pentru toţi deopotrivă.

Seara, frânţi de oboseală, dar voioşi nevoie mare, erau aşteptaţi la cină.

Fetele se duceau separat pe câmp cu foarfece şi coşuleţe să culeagă vâsc, jucându-se pe acolo până seara, când primeau şi ele cina. Ele duceau în una din serile de dinaintea Crăciunului vâscul la băieţi. În seara următoare, ei aduceau vâscul pe o prăjină. Cel mai vârstnic oferea buchetul celei mai vârstnice fetiţe şi aşa mai departe, încât fiecare fetiţă primea un buchețel. De fiecare dată, cu acest prilej, se oferea o cină de către părinţii fetelor aducătorilor de vâsc.

Mamele copiilor începeau cu multe săptămâni înainte de Crăciun să confecţioneze flori din mătase, hârtie creponată şi staniol, încât până la Crăciun ele să poată împodobi felinarele.

Preocupaţi de toate acestea, aproape că nu îţi dădeai seama ce repede trecea timpul până la sosirea nopţii de Crăciun.

Vine Moşul ~ Der Weihnachtsmann kommt ~ Santa Claus is coming

Când se trăgeau clopotele în amurg, grupuri de oameni, pe familii, se duceau la cimitir cu lumânări şi pomi de crăciun împodobiţi. Era deosebit de emoţionant când printre pietrele funerare străluceau atâţia brazi, luminaţi de sutele de lumânări ţinute de cei ce se reculegeau în memoria înaintaşilor în acest ajun de noapte sfântă.

Se întorceau apoi, în aceeaşi linişte, spre acasă, ca nu după multă vreme să înceapă pocnetele de bice şi dangătul clopotelor bisericii, ce anunţau că moşii de Crăciun au început să cutreiere satul.

Flăcăii îşi puneau cojoacele pe dos îşi luau clopoţei şi bice, pe lângă imensul sac încărcat cu nuci, mere, turte sau chiar alte daruri, ce urmau a fi împărţite copiilor şi porneau spre sala cea mai mare din sat, unde aşteptau cu toţii. Desigur că existau copii ce tremurau de frică emoţionaţi, dar fiecare dintre ei primea daruri. Cei mai mari erau pedepsiţi pentru năzbâtiile făcute în decursul anului. Mamele cu copii mai mici ,având în batiste flori, se duceau la cele patru mese unde se amenajau buchețele, multe dintre ele confecţionate din flori artificiale la care se adăugau acum şi ramuri de buxus, tisă şi vâsc .Buchetele rotunde conţineau mulţi trandafiri. În tot acest timp, copiii alergau printre mese, aruncau pocnitori şi povesteau despre Moş Crăciun. Pe o bancă, lângă sobă, stăteau bunicile, bucurându-se de voioşia celor din jur, supraveghindu-şi nepoţeii.

Într-o altă încăpere, stăteau bărbaţii la un pahar de vin, confecţionând lumânări pentru felinarele de Crăciun. Fiecare gospodar aducea ceară sau bani ce urmau să fie daţi în dar bisericii. Pe o sobă, într-o oală mare cu apă fierbinte, se făceau câte douăsprezece lumânări pentru lampioanele împodobite ce se vor duce seara la biserică de către fiecare copil. Doar preotul şi învăţătorul primeau câte un felinar confecţionat de săteni.

La orele nouă feciorii se urcau în turnul bisericii să tragă clopotele o jumătate de oră, apoi veneau la uşile camerei unde se făceau lumânările, cântând cântece de Crăciun . Patru dintre cei mai vârstnici feciori intrau apoi în cameră aducând mulţumiri bărbaţilor pentru confecţionarea lumânărilor.

Între timp, în sala mare se ,, aprindea pomul de Crăciun". De multe ori, când acesta era pe scenă, se amenaja lângă el şi ieslea Mântuitorului.

Acum, când erau reuniţi cu toţii, se colinda, ca apoi preotul să ţină o scurtă alocuţiune. Fiecare copil primea câte un cadou. Era emoţionant să-i vezi cum aceştia se înghesuiau ca nu cumva să fie uitaţi. Sărbătorirea Crăciunului în sală oferea prilejul participării tuturor sătenilor, fără să îndure frigul din biserică. După câteva cântece închinate Crăciunului mergeau cu toţii la culcare, deoarece dimineaţa trebuiau să se scoale devreme.

Pregătiţi de Crăciuni ~ Für Weihnachten vorbereitet ~ Prepared for Christmas

La patru dimineaţa băteau clopotele de utrenie şi era foarte frumos ca la casele acoperite de nămeţi să strălucească ferestrele feeric luminate. Acum se cântau trei cântece, cu duioşie: ,, Din înălţimea cerului vine către noi", "Apari lumină" şi " În ziua de Crăciun". Se îndreptau apoi cu toţii spre biserică.

După predica pe care o ţinea întotdeauna învăţătorul, se adunau copiii cu lămpaşe, cântând în cor ,, Veniţi împreună". Femeile veneau şi ele curioase mai ales să vadă cine are cel mai frumos felinar. În spatele felinarelor ,copiii aveau şi câte o lumânare ce o ţineau strâns în pumnii lor albaştri de frig.

Cu cântecul ,, Stille Nacht " se încheia utrenia . Toate felinarele se lăsau pe altar şi rămâneau acolo până la serbarea celor ,, Trei Sfinţi Părinţi".

Copiii se întorceau la casele lor, în vreme ce vârstnicii împodobeau altarul cu noi ştergare, broderii, feţe de masă. Preotul găsea aici întotdeauna şi importante sume de bani, puse de mâini necunoscute, ca dar pentru biserică.

Doamna Grete Litschel, cea care a descris aceste obiceiuri de Crăciun din satul Ghinda, din urmă cu peste 70 de ani, afirma că deşi se consideră că sărbătoarea de Crăciun este una de familie, nu ar mai vrea să o petreacă altfel decât cu întreaga comunitate, deoarece numai aşa toţi formau o mare familie şi se simţeau astfel legaţi unii de alţii.

,,Dacă vrei să sărbătoreşti cu adevărat un Crăciun, trebuie neapărat să mergi la sat", spunea Doamna Grete.

Interior săsesc - bucătăria *Sächsischer Innenraum Küche*
Inside a saxon house-the Kitchen

Kati cu o parte din zestre ~ Kati mit einem Teil ihrer Mitgift
Kati and part of her dowry

Hani bacsi şi nena ~ Hani-Batschi und Nena ~ Hani bacsi and nena

A venit şi şogorul Barth din Aldorf
Schwager Barth aus Aldorf ist auch da
Sarth, the Hungarian from Aldorf has also arrived

Înainte de plecarea la biserică
Vor dem Kirchgang
Before going to the church

Weihnachtsbräuche bei den Sachsen von Ghinda/Windau

Wenn die Felder leer waren, die Bäume ohne Laub und der Novembernebel sich über der Erde ausbreitete, kam die heilige Adventszeit (Weihnachtsfasten) mit all ihren geheimnisvollen Pflichten. Für unsere Kinder war das die schönste Zeit des Jahres. Mit viel Geduld wurde von den Erwachsenen, aber vor allem von den fleißigen Frauen alles für den Heiligen Abend vorbereitet.

Schon ab dem ersten Adventsonntag um acht Uhr abends wurden täglich bis Sylvester die Glocken geläutet. Dann kamen die Kinder mit Kerzen und Laternen vor die Türen der Häuser, in denen die Wolle gesponnen wurde, und sangen Advent- oder Weihnachtslieder. Vier der älteren Knaben trugen große Laternen.

Am Weihnachtsmorgen wurden die Lieder durch „Kommt alle zusammen“ und „Christlieder“ ergänzt.

Die Kinder bildeten vier Gruppen. Die Knaben brachten die „sorcova“, einen mit künstlichen Blumen verzierten Stab, der vom Ältesten in Begleitung des ihm im Alter am nächsten Stehenden auf dem Schlitten gehalten wurde. Alle anderen, mit roten Tüchlein auf dem Hut, spannten sich vor den Schlitten und zogen ihn durch das ganze Dorf, ohne die Straße zu benutzen. Es ging durch sämtliche Gräben und Vertiefungen auf und ab, was bei allen Beteiligten viel Heiterkeit hervorrief.

Abends wurden sie zum Abendessen erwartet, todmüde, aber unbeschreiblich froh.

Die Mädchen gingen separat mit Scheren und Körbchen aufs Feld, um Misteln zu sammeln. Sie waren bis zum Abendessen draußen. An einem Abend vor Weihnachten trugen sie die Misteln zu den Burschen, welche sie am folgenden Abend auf einen Stab gebunden wieder brachten. Der älteste der Burschen gab sein Bukett dem ältesten Mädchen und so weiter, so dass jedes Mädchen ein Sträußchen erhielt. Bei dieser Gelegenheit wurde der Überbringer der Misteln von den Eltern des Mädchens zum Abendessen eingeladen.

Die Mütter der Kinder begannen mehr als eine Woche vor Weihnachten mit der Anfertigung von Blumen aus Seide, Kreppapier und Stanniol, damit man bis Weihnachten die großen Laternen damit schmücken konnte.

Mit all diesen Dingen beschäftigt bemerkte man kaum, wie schnell die Zeit bis zum Heiligen Abend verging.

Wenn in der Dämmerung die Glocken zu läuten begannen, gingen die Familien mit Kerzen und geschmückten Christbäumen zum Friedhof. Es war sehr ergreifend, wenn zwischen den Grabsteinen so viele Tannen im Licht von hunderten Kerzen in den Händen derer erstrahlten, die sich am Beginn der Heiligen Nacht ihrer Vorfahren erinnerten.

Danach ging man ruhig nach Hause, aber schon nach kurzer Zeit hörte man Peitschenknallen, und wieder läuteten die Glocken. Diesmal wurde angekündigt, dass die Weihnachtsmänner begonnen hatten, durch das Dorf zu wandern.

Die Burschen hängten sich den Schafspelz um, nahmen Glöckchen und Peitsche und natürlich den riesigen Sack, der mit Nüssen, Äpfeln, Lebkuchen oder auch anderen Geschenken gefüllt war und an die Kinder verteilt werden sollte. Sie gingen zum großen Dorfsaal, wo sie schon von allen erwartet wurden. Freilich gab es auch Kinder, die vor Angst und Aufregung zitterten. Die größeren wurden für die im Laufe des Jahres verübten Streiche bestraft, aber es bekam jedes ein Geschenk Die Mütter mit kleineren Kindern hatten die von ihnen angefertigten künstlichen Blumen in den Taschentüchern, die sie zu den vier Tischen brachten, wo daraus mit Buchsbaumzweigen, Taxus und Misteln Sträuße gebunden wurden. Es gab auch runde Buketts mit vielen Rosen. Während dieser Zeit liefen die Kinder zwischen den Tischen herum, warfen Kracher und erzählten vom Mos Craciun (Weihnachtsmann). Auf einer Bank neben dem Ofen saßen die Großeltern, paßten auf die Enkelkinder auf und freuten sich über den herrschenden Frohsinn.

In einem anderen Raum - bei einem Glas Wein - machten die Männer Kerzen für die Weihnachtslaternen. Jeder Hausvater brachte Wachs oder einen Geldbetrag, welcher der Kirche gespendet wurde. Auf einem Ofen, in einem großen Topf mit heißem Wasser machte man immer zwölf Kerzen für die geschmückten Laternen, die von jedem Kind am Abend in die Kirche getragen werden sollten. Nur der Pfarrer und der Lehrer erhielten jeder eine von den Dorfleuten gefertigte Laterne.

Um neun Uhr abends stiegen die Burschen auf den Kirchturm und läuteten die Glocken eine halbe Stunde lang. Danach gingen sie zur Tür des Raumes, wo die Kerzen gemacht wurden, und sangen Weihnachtslieder. Dann traten vier der ältesten Burschen ein und dankten den Männern für die Fertigung der Kerzen.

Währenddessen wurde im großen Saal der Weihnachtsbaum „angezündet", oft stellte man auch die Krippe des Erlösers daneben.

Jetzt waren alle wieder beisammen, man sang Weihnachtslieder und danach hielt der Pfarrer eine kurze feierliche Ansprache. Jedes Kind erhielt ein Geschenk und es war rührend zu sehen, wie sie sich drängten, um ja nicht übersehen zu werden. An der Weihnachtsfeier konnten alle Dorfleute teilnehmen, ohne die Kälte in der Kirche erdulden zu müssen. Nach einigen weiteren Weihnachtsliedern gingen alle schlafen, denn am nächsten Morgen mußte man wieder früh aufstehen.

Um vier Uhr morgens läuteten die Glocken zur Frühmette und aus den Fenstern der unter dicken Schneehauben versunkenen Häuser strahlte feenhaftes Licht in die Nacht hinaus. Jetzt sang man drei wehmütige Lieder: „Von hoch vom Himmel kommt er zu uns", „Bewach´das Licht" und „Am Weihnachtstag". Danach gingen alle zur Kirche.

Nach der Predigt, die immer vom Lehrer gehalten wurde, versammelten sich die Kinder mit den Laternen und sangen im Chor „Kommt alle miteinander". Auch die Frauen kamen, aber vor allem aus Neugierde, und um zu sehen, wer die schönste Laterne hätte. Hinter den Laternen hatte jedes Kind noch eine Kerze, die es fest in der vor Kälte blauen Faust hielt.

Mit dem Lied „Stille Nacht" wurde die Frühmette beendet. Alle Laternen blieben bis zum Tag der Heiligen Drei Könige am 6. Jänner beim Altar stehen.

Die Kinder gingen nach Hause zurück, die Älteren schmückten den Altar mit frischen Tüchern, Stickereien, Tischtüchern. Hier fand der Pfarrer auch immer größere Geldbeträge, die von Unbekannten als Geschenk für die Kirche hinterlegt worden waren.

Frau Grete Litschel aus dem Dorf Ghinda, die diese Weihnachtsbräuche von vor 70 Jahren beschrieben hat, sagte mir, dass obwohl Weihnachten ein Fest der Familie ist, möchte sie es nur mehr mit der ganzen Gemeinde feiern, weil sich diese dadurch zu einer großen Familie formt und sich einer dem anderen so noch mehr verbunden fühlt.

„Wenn du wirklich Weihnachten feiern willst, mußt du unbedingt aufs Dorf gehen", sagte Frau Grete.

Christmas traditions of the Saxons of Ghinda

When the fields were empty, the leafless trees and the November fog lying on the ground, the holy times of Advent (Christmas Fast) were coming by, with all their mysterious traditions. For our children, the best time of the year was approaching. Now, everything was carefully prepared for the Holy Christmas night by grown ups, especially women, who were readily making preparations.

Ever since the first Advent Sunday, at 8 a.m., bells used to ring every day until Saint Sylvester Day. When bells were tolling, children were coming to the houses where people had gathered to work and have fun together. They were carrying candles and torches in their hands, singing a serenade, an Advent song or even a carol when Christmas was drawing near. Torches were carried by four of the oldest boys.

On Christmas morning, songs were replaced by "Come together" and "Kristlieder".

The children were divided into four groups. Boys were carrying sticks adorned with artificial flowers which the oldest of them kept on the sleigh, together with the second oldest, who was standing near the sleigh, while all the others, wearing red handkerchiefs hanging from their hats, started pulling the sleighs around the village, avoiding main roads; this made all of them very cheerful and happy.

In the evening, exhausted, they were waited for at dinner.

The girls used to go to the fields, scissors and baskets at hand, to cut mistletoe and play around until dark, when they also got dinner. They used to take the mistletoe to the boys one of the evenings before Christmas. The next evening the boys were taking the mistletoe up on a pole and the oldest of them would offer it to the oldest of the girls and so on, until every girl had some mistletoe. Every time this happened, the girls' parents offered dinner to the mistletoe-bringing boys.

Children's mothers used to start making silk, corrugated paper and silver paper flowers weeks before Christmas so that they could decorate the torches for Christmas.

This way you could barely realize how fast time elapsed until Christmas night.

While bells were tolling at sunset, groups of families were going to the cemetery with candles and decorated Christmas trees. It was highly exciting when among the gravestones; candles were flickering in the adorned Christmas trees, held by those who were paying their respects to the memory of their forerunners on that Holy Night eve.

Then they used to go quietly back home. Not long afterwards could one hear the whips striking and the Church bells announcing Christmas elfs were wandering around the village.

Young men turned their skin coats upside down, took bells and whips and the sack full of nuts, apples, ginger bread and other presents which were to be given to the children and headed to the big hall in the village where everybody had been waiting for them. There were children shivering with fear, but all of them receiving presents. The older children were being punished for the bad things they had done during the year. Mothers with young children, having flowers in their handkerchiefs, used to go to the four tables to arrange the bunches of flowers, many of which were artificial, adding evergreens, branches, mistletoe and yew. The round-shaped bunches of flowers had many roses inside. Meanwhile children were running among the tables throwing crackers around and telling stories about Santa Claus. On a bench by the stove grandmothers were sitting, feeling glad for all the happiness around and watching their grandchildren.

In another room there were the men, lingering over a glass of wine and making candles for the Christmas torches. Every householder used to bring wax or alms to the church. On the stove, in a large pot with boiling water they were making twelve candles for the adorned lanterns to be taken to the church by every child in the evening. Only the priest and the teacher were given each a lantern which had been made by the villagers.

At nine o'clock, young men were climbing the church steeple to toll the bells for half an hour then they came to the door of the room where candles were being made singing Christmas songs. Four of the oldest of them would enter the room, thanking the men for having made the candles.

In the meantime, the Christmas tree was lighted in the big hall. When it was set on the stage, they also set the Saviour's manger nearby.

Now, when everybody was present they used to sing carols and afterwards the priest used to make a short speech. Each child was given a present. It was moving to see them crowding together, for fear they might be forgotten by Santa. The celebration of Christmas in the hall offered the opportunity to participate to all the village people, without them having to stand in the cold air of the church. After singing some Christmas carols they would go to bed as next morning they had to wake up early.

At four o'clock in the morning bells were calling for the early service and it was such a beautiful sight with the light at the windows of the snow-covered houses. They used to sing three songs now: “From up Heavens He comes to us”, “Show up, you Light” and “Oh Christmas Day”. Then they all went to church.

After the service, always held by the teacher, the children carrying lanterns were coming, singing “Come together”. Women were also coming, curiously, to see who was having the most beautiful lantern. Behind the lanterns children had one candle each, which they kept tight in their frozen hands.

The early service ended with the song “Stille Nacht”. All the lanterns were left on the altar until the celebration of the “Three Holy Fathers”.

Children were going back home while the grown-ups were decorating the sanctuary with new towels, embroidered towels and table cloths. The priest would always find here large sums of money which had been put here by anonymous people, for the church.

Mrs. Grete Litshel, the one who had described these traditions from the village of Ghinda almost 70 years before said that although Christmas was considered a family holiday, she wouldn't like to spend it otherwise but together with the whole community, because this way they formed a large family and were feeling close to one another.

“If you really want to celebrate Christmas, you need to go to the country”, Mrs. Grete said.

Schieferberg

Când era vreme frumoasă, bistriţenii dovedeau dragoste de natură, petrecând multe clipe în mijlocul ei, ca admiratori şi perseverenţi drumeţi şi excursionişti.

Dacă cei înstăriţi mergeau de regulă, la sfârşit de săptămână, în Munţii Rodnei în Călimani, sau la cabanele din Colibiţa, Tihuţa şi Fântânele, ori participau la memorabile partide cinegetice, orăşeanul de rând invada pădurile uşor accesibile şi puţin costisitoare din preajmă.

Totul era să hotărăşti unde te duci; în Schieferberg, Schullerwald, pe Burich sau în pădurea Ghinzii, aşa cum le numeau cu toţii, până la zelul toponimic al unora de acum 30 de ani, când au devenit Codrişor, Dumbrava, Dealul Târgului, denumiri sub care sunt ele mai cunoscute astăzi.

Pădurile din preajma oraşului erau nu numai locuri de drumeţie şi petrecere în zilele de sărbătoare, ci şi agreabile zone de plimbare, de promenadă cotidiană. În urma amenajărilor de la începutul secolului al XX-lea, Schiefebergul avea potecile bine întreţinute, uşor accesibile, cu numeroase locuri de odihnă, unde mesele, ca şi băncile de mesteacăn, ofereau nu numai locuri de popas ci şi admirabile panorame ale oraşului.

Aici se ajungea peste podul lui Keintzel, urcuşul fiind domol, până la cele trei poieniţe de pe culme. În chioşcul special amenajat aici, fanfarele prezentau concerte duminicale, urmărite de pe terasa restaurantului "La Rusu", cu mare interes. Bine aprovizionat şi cu servicii ireproşabile, localul era un loc în care te puteai ospăta şi veseli pe cinste. Nu erau puţini cei ce-şi petreceau duminicile însorite aici!

Cei mai mulţi, însă, veneau în pădure de dimineaţă, într-o ţinută lejeră, pentru a petrece la iarbă verde cu întreaga familie. Aşa se face că erau cu zecile grupurile răspândite prin luminişuri, poieni,prin pădurea de brazi sau chiar în livezile din Lempesch sau Bobeica.

Buna dispoziţie nu se lăsa mult aşteptată. Nu mira pe nimeni că acordeoanele, chitarele şi chiar

Pe plaiurile munţilor Călimani
Auf den Calimani-Bergen - Gebirge
Up in the Călimani mountains

instrumentele de suflat, atât de numeroase pe atunci, se auzeau peste tot.

Repertoriul variat, de la vals şi lendler la romanţe şi cântece de pahar, crea o atmosferă plăcută, la care contribuiam şi noi, drumeţii, îngânând melodiile cunoscute, pe măsura înzestrării muzicale a fiecăruia. Acolo unde îi întâlneam pe cei talentaţi în ale muzicii, ca Buntzi Reschner, Nori Zalmann, Alexandru Jula ,Elvira Botoş, ca şi mulţi, mulţi alţii, numărul admiratorilor creştea rapid, încropindu-se recitaluri ad-hoc.

Nici iarna bistriţenii nu lăsau pădurea singură, săniuşul, ski-ul, patinajul şi drumeţia atrăgând un număr mare atât de practicanţi, cât şi de asistenţi. Ambele categorii alcătuiau o lume pestriţă, de la cei ce stăteau cu greu în picioare din pricina vârstei, fie prea fragedă, fie prea înaintată, până la cei în plină vigoare.

Din mulţime se detaşau sportivi consacraţi, cum au fost Ştefania Botcar, participantă la Jocurile Olimpice de la Cortina D'Ampezzo, Radu Negulescu, campion european la tenis de masă, schiorul Sorin Paşcu- decanul de mai târziu al Facultăţii de Educaţie Fizică şi Sport din Cluj, Christa Maksay sau Reschner Klaus, foşti campioni naţionali la atletism, respectiv înot, care impresionau şi în practicarea sporturilor de iarnă.Oare câţi ne mai amintim astăzi de trambulina din Pădurea de brazi şi de spectaculoasele sărituri ale lui Sorin Paşcu?

Biserica Evanghelică văzută de pe Schieferberg
Evang.Kirche Bistritz vom Schieferberg aus

Amenajarea Schieferbergului, ca zonă de agrement, a fost făcută de edilii oraşului. Păstrarea acesteia era ,însă, o chestiune a tuturor, de la asociaţii, instituţii, întreprinderi şi şcoli, până la ultimul orăşean deoarece ştiau cu toţii că pădurea trebuie păstrată nealterată, ca loc de linişte, odihnă şi relaxare. Ea îşi avea locul în sufletul şi inima orăşenilor ce o doreau frumoasă şi curată şi pentru urmaşii lor, respectiv, pentru dumneavoastră.

Pădure
Wald
Forest

Podul lui Keintzel
Keintzel-Brücke
Keintzel bridge

Schieferberg

Wenn schönes Wetter war bewiesen die Bistritzer ihre Liebe zur Natur. Sie verbrachten viel Zeit draußen, als Bewunderer, ausdauernde Wanderer und Ausflügler.

Die Wohlhabenderen gingen am Wochenende in die Rodnaer Berge oder zum Calimani Gebirge, in die Ferienhäuser von Colibita, Tihuta und Fantanele, oder sie beteiligten sich an Jagdausflügen. Die normalen Städter überschwemmten die in der Umgebung leicht erreichbaren Wälder als kostengünstigere Möglichkeit.

Trotzdem hatte man die Qual der Wahl, welches Ziel man wählen sollte: den Schieferberg, Schullerwald, Burgberg oder den Wald von Ghinda/Windau oder, wie diese nach einer vor etwa 30 Jahren stattgefundenen Ortsnamenänderung heute eher bekannt sind: Codrisor, Dumbrava, Dealul Targului.

Die Wälder in der Umgebung der Stadt waren nicht nur Wanderziele oder Orte zum Feiern, man konnte auch täglich angenehme Spaziergänge unternehmen und promenieren. Nach den Verbesserungen zum Anfang des XX. Jh. hatte der Schieferberg gut ausgebaute und leicht begehbare Fußwege mit vielen Rastplätzen, wo es Tische und Bänke aus Birkenholz gab. Man konnte dort ausrasten und das Panorama der Stadt geniessen.

Hierher gelangte man über die Keintzel-Brücke, es gab einen sanften Anstieg bis zu den drei Ebenen auf der Höhe. In einer besonders hergerichteten Laube gab es Sonntagskonzerte der Musikkapellen, die man mit großem Interesse von der Terrasse des Restaurants „Bei Rusu“ aus verfolgte. Das gut eingerichtete Lokal mit gut sortierter Speisekarte und hervorragendem Service war sehr beliebt, man konnte günstig speisen und nicht Wenige verbrachten die sonnigen Sonntage hier heroben.

Die meisten Leute gingen jedoch schon am Morgen in bequemer Kleidung in den Wald, um sich mit der ganzen Familie dort zu unterhalten und in Gruppen sich auf einer Lichtung, den Wiesen, im Tannenwald oder in den Obstgärten des Lempesch oder des Bobeica nieder zu lassen.

Die gute Laune ließ nicht lange auf sich warten. Keiner wunderte sich, wenn man überall die verschiedensten Musikinstrumente hören konnte: Akkordeone, Gitarren oder eines der damals zahlreichen verschiedenen Blasinstrumente.

Das Repertoire war sehr variantenreich, von Walzer und Ländler zu Romanzen und Trinkliedern. Auch wir Wanderer versuchten uns je nach musikalischem Talent in dieser Kunst. Wenn man auf mehr begabte Musikanten traf, wie Buntzi Reschner, Nori Zalmann, Alexandru Jula, Elvira Botos oder einen der vielen anderen, so wuchs die Zahl der Zuschauer und Bewunderer rasch und die Refrains wurden von allen mitgesungen.

Auch im Winter blieb der Wald nicht sich selber überlassen. Viele kamen zum Wandern, aber auch mit ihren Schlitten, Skiern oder Eislaufschuhen. Das ergab ein buntes Bild und man konnte zusehen, wie manche auf Grund ihres Alters entweder sehr jung oder schon in fortgeschrittenen Jahren versuchten, auf den Beinen zu bleiben.

Natürlich hoben sich von diesen Amateuren die geübten Sportler ab: Stefania Botcar, Teilnehmerin an den Olympischen Spielen in Cortina d´Ampezzo, Radu Negulescu, Europäischer Champion im Tischtennis, der Schirennläufer Sorin Pascu, später Dekan an der Fakultät für Physische Erziehung und Sport in Klausenburg, Christa Maksay oder Reschner Klaus, die vormaligen Nationalchampions der Athletik bzw. im Schwimmen. Sie alle beeindruckten auch beim Wintersport. Wer wohl erinnert sich noch heute an die Sprungschanze im Tannenwald und der spektakulären

Sprünge des Sorin Pascu?

Die Einrichtung des Schieferberges als Erholungszone erfolgte durch die Stadtgemeinde. Die Bewahrung war jedoch eine Aufgabe aller, von den Vereinen, Institutionen, Firmen und Schulen bis zum letzten Städter. Alle wußten dass der Wald unverändert bleiben mußte, als Ort der Stille, der Ruhe und Entspannung. Er hatte seinen Platz in den Herzen der Städter, die ihn schön und sauber für ihre Nachkommen bewahren wollten, also auch für Sie, geehrter Leser.

Schieferberg

When the weather was fine, Bistrita townspeople proved love for nature by spending a long time out as nature admirers, hikers and holiday makers.

The wealthy were going, on weekends, in the Rodna or Calimani mountains, at the chalets in Colibita, Tihuta or Fantanele, or they went hunting while common people were heading for the nearby cheap and easily reachable forests. The important thing was to decide where to go; to Schieferberg, Schullerwald, Burich or in the Ghinda forest, as everybody used to call them until about thirty years ago, when zealous people changed their names into Codrisor, Dumbrava, Dealul Targului, which are known up to nowadays.

The surrounding forests were not only holiday places for hiking and parties, but also daily routes for strolls. As a consequence of the arrangements at the beginning of the 20th century, Schiferberg had well-looked after paths, easily accessible, with resting places where the birch-wood tables and benches offered admirable town sceneries. You could get here over Keitzel bridge, climbing slowly to the three top clearings. Inside the Kiosk here one could hear the Sunday concerts of the brass-bands, over watched from the terrace of "La Rusu" restaurant. Well - supplied and with highly rated service, the place was fit for parties and many people were coming here on sunny Sundays.

But most of them were coming to the forest in the morning, wearing ordinary clothes, for a picnic with the family. There were tens of groups scattered in the clearings or fir-tree forest or even in the orchards of Lempesch or Bobeica.

High spirits were always there. The acordeons, the guitars and even the violins could be heard everywhere around.

The varied repertoire, from waltz and lendler to romances and drinking songs, created a cosy atmosphere which we, wanderers, enhanced by humming the songs as best as we could.

There, where we met the gifted musicians like Buntzi Reschner, Nori Zalman, Alexandru Jula, Elvira Botos and many, many others the audience was rapidly increasing in number.

Not even in winter did Bistrita people leave the forest empty, as sleighing, skiing and skating as well as hiking attracted a great number of people, both sportsmen and on lookers. Both categories made up a motley crowd, starting with those who could barely stand, very old or too young, to grown-ups.

Well-known sportsmen could be seen there, such as Stefania Botcar, who had taken part in the Cortina D'Ampezzo Olympcs, Radu Negulescu, table tennis European champion, the skier Sorin Pascu, the would-be Dean of the Sports and Physical Education Faculty in Cluj, Christa Maksay or Reschuer Klaus former athletics and swimming national champions, who were also good at winter sports. How many of us do still remember the take off in the fir-trees forest and Sorin Pascu's extraordinary jumps?

The arranging of Schiferberg as entertainment area has been done by the authorities of the town. Preserving it is a matter of common duty, starting with local associations, institutions, as everybody knew the forest had to be preserved unaltered as a spa. It had its particular place in the people's heart and soul and they wanted it to be beautiful and clean for their descendents, that is for you all.

Schullerwald

Orăşenii, aşa cum i-am cunoscut eu în copilărie, erau mari iubitori de natură, îndrăgostiţi de excursii şi drumeţii. Ei nu ratau ocazia să petreacă cât mai mult timp în mijlocul ei, prin pădurile din preajma oraşului, de câte ori aveau ocazia.

Vara, mai ales în zilele de sărbătoare, familiile, cu mic cu mare, echipaţi de drumeţie, se îndreptau, pe cărările amenajate, spre poieniţele din Schieferberg, spre Pădurea de brazi sau Lempesch,pentru a petrece la iarbă verde.

Raniţele, în care se duceau cele necesare unor petreceri îndestulătoare, le avea în spate fiecare, de la mic la mare, numai dimensiunile lor erau diferite, ţinând cont de vârstă, astfel toţi participanţii avea responsabilitatea acţiunii întreprinse.

De altfel, fiecare membru al familiei avea sarcini concrete, atât în pregătirea drumeţiei, cât şi la locul de campare, ele fiind cunoscute de fiecare cu multe zile înainte. Cei mici, mai ales, se pregăteau pentru eveniment cu o meticulozitate de invidiat, ce trăda întotdeauna responsabilitate şi tenacitate, activităţile fiind benefice şi cu reale valenţe educative.

Bărbaţii erau echipaţi într-o ţinută lejeră, cu pantaloni trei sfert sau scurţi, cu o cămaşă pastelată, un pulovăr, ce, de obicei, se prindea la cingătoare, şi cu o pălărie împănată cu flori de colţ şi pene împestriţate, la care se adăugau întotdeauna şi numeroase insigne.

Femeile aveau o ţinută tip sport, cu pălării cu boruri largi, împodobite cu buchეţele de flori de câmp, viu colorate. Cu toţii erau încălţaţi cu bocanci din piele, comozi, şi purtau şi şosete groase sau ciorapi trei sfert. Femeile de multe ori duceau în mâini şi coşurile mari, împletite, pline cu merinde.

Astfel, grupuri, grupuri se pierdeau pe cărările codrilor seculari, cu o vegetaţie deasă, dacă nu luxuriantă cu siguranţă bogată, deoarece în acele vremuri intervenţia indivizilor asupra bunului public era sever pedepsită. Grupurile îşi găseau locurile de popas însorite în poienele de pe culme sau în livezile din preajmă.

O singură dată pe an, cu prilejul maialului, mulţimea celor ce ieşeau la iarbă verde era mai numeroasă în Pădurea Schullerwald (azi Dumbrava). De Zece mai şi mai apoi de Întâi mai, se strângea aici aproape întreaga populaţie a oraşului „la chermeză".

În Schullerwald existau şi edificii amenajate special pentru deservirea excursioniştilor
Im Schullerwald gab es für die Ausflügler auch Lokale mit Erfrischungen
In Schulerwald there were also some buildings especially arranged for holyday makers

Cu aceste prilejuri, se încropeau de dimineaţă grupuri alcătuite din familii, prieteni sau colegi de muncă ce se deplasau aici. Femeile, cu coşuri voluminoase, bărbaţii, cu raniţe, sacoşe şi chiar copii în cârcă, se contopeau într-un alai interminabil. Unii dintre cei înstăriți veneau cu fiacărele, alții, după război, erau aduși de cele două autobuze ale orașului, ce circulau din jumătate în jumătate de oră, ele fiind puse gratuit la dispoziția celor ce veneau la iarbă verde. Cei mai mulți însă veneau pe jos, traversând calea ferată.

Tineri cu biciclete ~ Jugendliche mit Fahrrädern ~ Young people with their bikes

Schullerwaldul se deosebea de Schieferberg, prin aceea că era o pădure de stejari, cu luminișuri numeroase, pe cât de extinsă, pe atât de plană, nesolicitând de la cei ce veneau aici efort la deplasare. De aceea, probabil, și ținuta era de oraș, de multe ori chiar prea fastuoasă. Aici lumea nu venea pentru a admira varietatea peisajului și nici pentru a desluși povestea enigmaticelor cărări ale codrilor întunecați, ci pur și simplu pentru a face o ieșire cu scop declarat de a chefui și a petrece împreună la iarbă verde.

Printre arbuștii scunzi, ce creșteau în luminișurile numeroase, se răspândeau orășenii, deșertân-du-și proviziile în jurul cărora se așezau gospodărește familiile sau grupurile de prieteni. Cei mai mulți se așezau la marginile Poienei centrale de jos, deoarece în mijlocul ei se monta o scenă pe care formațiile artistice din oraș, la care se adăugau uneori și altele, venite din alte părți, susțineau spectacole cât era ziua de lungă.

Tot aici se amenajau cu câteva zile înainte chioșcurile și tarabele cooperației și ale comerțului de stat, unde berea, grătarele și micii se vindeau din abundență.

Cei mai mulți veneau aici anume pentru a servi un astfel de meniu foarte la modă pe atunci și, aș îndrăzni să afirm, chiar accesibil ca preț tuturor.

În perioada dintre cele două războaie, caracterul festiv al drumețiilor era mult diminuat, societățile comerciale erau puțin implicate, în schimb familiile veneau cu mâncarea preparată de acasă, ca și cu nelipsitul butoi cu bere, căruia i se scotea aici cepul. Pentru noi, copiii, aceste sărbători la iarbă verde erau ca o mană cerească pe care o așteptam cu mare nerăbdare.

Atunci când părinții și bunicii se lungeau la taclale sau începeau fredonarea romanțelor, știam că a sosit vremea cutreierării codrilor și a începerii jocurilor, departe de supravegherea lor. Așa se făcea că ceream grabnic îngăduința de a pleca la joacă, acum acceptată cu ușurință, și abia spre seară ne întorceam obosiți de hârjoneala din pădurea nesfârșită. Nu rareori, cutreierând codrii, ajungeam până în preajma satelor Blăjeni, Tărpiu sau Sigmir.

Familie ~ Familien ~ A Family

Grup de tineri ~ Jugendgruppen ~ A group of young people

Schullerwald

Die Städter wie ich sie in meiner Kindheit kannte waren große Naturliebhaber, die gerne Ausflüge machten und auf Wanderschaft gingen. Sie ließen keine Gelegenheit aus, um so viel Zeit wie möglich draußen in den Wäldern der Umgebung der Stadt zu verbringen.

An den sommerlichen Feiertagen brachen die Familien mit Groß und Klein und für eine Wanderung gerüstet auf den Schieferberg auf, auf den gepflegten Wegen zum Tannenwald oder Lempesch, um den Tag im Grünen zu verbringen.

Jeder hatte auf dem Rücken einen Rucksack, in dem das für eine befriedigende Unterhaltung Notwendige untergebracht war. Seine Größe war dem Alter angepasst und so trug jeder einen Teil der Verantwortung für die Unternehmung.

Jedes Familienmitglied hatte genaue Pflichten, für die Vorbereitung der Wanderung wie auch für den Lagerplatz, die allen schon ein paar Tage vorher bekannt waren. Vor allem die Kleinen bereiteten sich mit beneidenswerter Sorgfalt für das Ereignis vor, was immer Verantwortung und Ausdauer verriet, wodurch die Aktivitäten auch erzieherischen Wert erhielten.

Die Männer trugen legere Kleidung mit Dreiviertelhosen oder kurzen Shorts, mit pastellfarbenem Hemd und einem Pullover, der üblicherweise am Gürtel befestigt wurde, außerdem einen Hut mit Edelweiß und bunten Federn, zu denen immer auch zahlreiche Abzeichen kamen.

Auch die Frauen trugen Sportkleidung mit breitrandigen Hüten, die mit bunten Feldblumensträußchen geschmückt waren. Die ganze Familie trug bequeme lederne Wanderschuhe und dicke Socken oder Kniestrümpfe. Oft trugen die Frauen auch große geflochtene Körbe mit Proviant.

Bald verloren sich die Gruppen auf den Wegen der hundertjährigen Wälder mit reicher, dichter Vegetation, denn zu diesen Zeiten wurde jeder fremde Eingriff in öffentliches Eigentum streng bestraft. Die Gruppen fanden ihren Rastplatz auf den sonnigen Wiesen ganz oben oder in den Obstgärten der Umgebung.

Nur einmal im Jahr kamen die Leute in großen Scharen in den Schullerwald (heute Dumbrava). Am ersten Mai und dann noch einmal am zehnten des gleichen Monats traf sich die gesamte Stadtbevölkerung „auf der Kirmes".

Bei dieser Gelegenheit versammelten sich schon am Morgen Gruppen, bestehend aus Familien, Freunden oder Arbeitskollegen, um hierher zu kommen. Die Frauen mit großen Körben, die Männer mit Rucksäcken und Taschen. Dazu die Kinder im Kinderwagen, und ein unendlicher Anmarschzug begann. Manche der Wohlhabenderen kamen mit dem Fiaker, andere wurden nach dem Krieg mit den beiden Autobussen der Stadt gebracht, die jede halbe Stunde fuhren und den Leuten an diesen Tagen kostenlos zur Verfügung gestellt wurden. Die Mehrheit jedoch kam zu Fuß über das Bahngleis.

Der Schullerwald unterschied sich vom Schieferberg durch seinen Eichenwald mit zahlreichen Lichtungen, der durch seine ebene Weite nicht viel Anstrengung erforderte. Wahrscheinlich war die Bekleidung der Besucher deshalb eher städtisch, wenn nicht gar manchmal sogar zu elegant. Hierher kamen die Leute nicht, um die Natur zu bewundern oder die geheimnisvollen Geschichten dunkler Wälder zu entdecken. Man kam ganz einfach ins Grüne, um sich hier gemeinsam zu unterhalten und um zu feiern.

Zwischen den niedrigen Büschen, die auf den zahlreichen Lichtungen wuchsen, verstreuten sich die Leute und verteilten ihren Proviant im Kreis unter den Familienmitgliedern oder Gruppen von Freunden. Die Mehrheit setzte sich an den Rand der unteren zentralen Wiese, denn in deren Mitte war eine Bühne aufgestellt, auf der den ganzen Tag lang Künstler und Artisten aus der Stadt aber auch von auswärts ihre Stücke zum Besten gaben.

Hier wurden auch schon ein paar Tage vorher die Verkaufsstände und Tische der Genossenschaft und der Staatsfirmen aufgestellt, wo man Bier, Gegrilltes und Mici im Überfluß erhielt.

Viele kamen auch einfach nur, um solches Essen zu bekommen, weil das damals groß in Mode war und, ich wage das zu behaupten, der Preis dafür auch für alle erschwinglich war.

In der Zeit zwischen den beiden Weltkriegen hatte der festliche Charakter stark eingebüßt. Es gab weniger geschäftliches Treiben, dafür kamen die Familien mit daheim vorbereitetem Essen und dem natürlich nicht fehlen dürfenden Faß Bier, das hier angeschlagen wurde. Für uns Kinder waren diese Feiertage im Grünen wie eine himmlische Gabe, die wir mit Ungeduld erwarteten.

Sobald sich die Eltern und Großeltern zum Plaudern niedergelassen hatten oder zu singen begannen war für uns die Zeit gekommen, weit weg von ihrer Aufsicht durch den Wald zu streifen oder Spiele zu beginnen. Eilig baten wir um Erlaubnis, zum Spielen gehen zu dürfen, die wir dann ganz leicht erhielten, und erst gegen Abend kamen wir müde von den Geplänkeln aus dem unendlichen Wald zurück. Nicht selten kamen wir beim Durchstreifen des Waldes bis in die Nähe der Dörfer Blajeni/Blasendorf, Tarpiu/Treppen oder Sigmir/Schönbirk.

Schullerwald

The townspeople, as I got to know them in my childhood, were great nature-lovers who especially enjoyed trips and hiking. They would never miss the opportunity of spending time in the middle of nature, the surrounding forests.

In summer and especially on holidays, entire families, well equipped, were heading for the paths specially arrange, for a picnic in the clearings in Schiferberg, or in the fir-trees forest or Lempesch.

Everybody was carrying backpacks with everything necessary for a picnic, each carrying the appropriate backpack for his or her age, so that each participant had his own shared responsability. Every member of the family had specific tasks, acknowledged days before. The little ones were looking forward to these events and were preparing minutely, all the activities being, in fact, educational.

Men were wearing loose trousers, short or long, a coloured shirt, a sweater usually tied around the waist and a hat decorated with edelweiss and feathers as well as a lot of badges.

Women were wearing sports clothes, large-brimmed hats adorned with small bunches of colourful wild flowers. They were all wearing fine leather boots and warm socks or stockings. Women used to carry the big, plaited baskets full of food.

Thus, they would get in groups on the paths of the old woods, with lush vegetation, because at the time men's influence upon public goods and places was seriously punished. The groups would stop up the sunny clearings or in the neighbouring orchards.

Once a year, on the occasion of the parade, people going out for a picnic were most numerous in Schullerwald (Dumbrava). Almost all the population gathered here on the 10th May, later 1st May.

Early in the morning groups made up of families, mates or friends were coming here. Women, carrying big baskets, men, carrying backpacks, bags and even children, were all coming together in an endless suite.

Some of the wealthy were coming by carriage others, especially after the war, were brought by the two local buses which had regular free courses every half hour for those who were coming to the picnic. But most of them were simply walking crossing the railway.

Schulerwald was different from Schiferberg, as it was on oak-trees forest with numerous clearings, wide and flat, which required almost no effort to reach. That might have been the reason why their clothes were civvies, even too extravagant sometimes. People were not coming here to admire the scenery or find the story of the dark wood strange trails, but only to have a nice time in the middle of nature, to enjoy themselves over a picnic.

Among the small bushes which used to grow in sunny clearings, townspeople were spreading, taking out their victuals and sitting around together with their families or friends. Most of them were sitting at the edge of Low Central Clearing, because in its midst a stage used to be built, where the artistic groups of the town, or coming from elsewhere, were performing all day long.

Some days before, kiosks and display counters had been set where beer, steaks and highly-seasoned sausages were sold.

Most of the people were coming just for this fashionable menu and, I dare say, because it was fairly cheap.

Between the wars, the festive character of such hikings was much diminished, the commercial companies were little involved, and the families used to bring their home-made food and their beer barrels which were opened on the occasion. As to us, children, those picnics were long expected.

When parents and grandparents were chatting or singing romances, we knew it was time for our wandering through the forest and playing games away from their keen eyes. So we used to ask for their permission to go and play, which was usually granted, and we used to get back only late in the evening, exhausted after having played pranks in the endless forest. We sometimes got by the village of Blăjeni, Tăpiu, or Sigmir while wandering in the woods.

Ştrandul lui Bonnet

Bistriţa era străbătută până acum câteva decenii de numeroase pâraie, ce-i dădeau oraşului un farmec aparte, idilic. Ele erau însoţite pe maluri de şiraguri de sălcii şi arini, printre care apa şipotea zglobie. Era greu, dacă nu imposibil, să faci abstracţie de Canalul Morii, pe vremea când răchitele plângătoare de pe maluri înrobeau oraşul cu parfumul florilor, ce se statornicea o vreme peste tot. Pâraiele îndeplineau funcţii igienico-sanitare, în lipsa canalizării, dar aveau şi rolul de a asigura apa necesară numeroaselor mori existente în acele vremuri.

Unele dintre ele drenau apa pluvială de pe versanţii sudici ai Burbergului, cum erau Valea Rusului, Valea Căstăilor sau Valea Boilor, altele însă îşi aveau obârşia în Râul Bistriţa, în urma unor amenajări exprese.

Dintre cele ce străbăteau oraşul, Pârâul Morii era cel mai însemnat, având şi debitul cel mai mare. El curgea de la barajul de la Cascadă, de unde se despletea din Râul Bistriţa şi străbătea oraşul pe direcţia est-vest, având cursul de-a lungul actualelor străzi Calea Moldovei, 1 Decembrie, Ispirescu, pe lângă actualul Hotel Bistriţa, prin Piaţa Morii, ca apoi să sfârşească, din sus de Stadionul municipal, în Râul Bistriţa.

Apa acestuia punea în funcţiune Moara dintre răchiţi, Moara sistematică, precum şi cele două turbine ale vechii uzine electrice (azi sub tribuna B a Stadionului Municipal).

În spatele Morii dintre răchiţi (în arealul actual al blocurilor din Cartierul Petre Ispirescu) a fost amenajat la început de secol un ştrand orăşenesc, numit ştrandul lui Bonnet (după numele proprietarului).

Acest loc de scaldă pentru orăşeni era amenajat astfel încât pe un mal avea o suprafaţă podită cu scândură, pe care stăteau la soare numeroşii cetăţeni ce-l frecventau în verile toride.

Ştrandul avea numeroase cabine, unde cei ce veneau aici se puteau schimba şi-n care-şi puteau lăsa hainele în siguranţă, şi bănci confortabile de jur împrejur pentru odihnă.

Un podeţ din lemn, deasupra căruia se împleteau ghirlande de trandafiri sălbatici, asigura accesul pe celălalt mal. Aici, pe iarbă, la umbra sălciilor plângătoare ce formau un pâlc mărişor, se desfăşurau de obicei petreceri la umbră şi răcoare, de către de grupuri venite special pentru a se distra la iarbă verde, în mare măsură feriţi de ochii iscoditori ai curioşilor.

Eşafodajul morii, înalt, din bârne groase, era folosit adeseori ca trambulină de către cei ce făceau salturi acrobatice în apa adâncă şi înspumată de mişcarea zbaturilor morii ce se învârteau necontenit, învolburând apa, spre deliciul celor veniţi la scaldă.

La poarta ştrandului, Domnul Pauliner, cu alura sa impozantă, controla biletele şi veghea ca liniştea celor ce foloseau ştrandul să nu fie deranjată de "cei cu mâini întinse" sau de alţi neaveniţi.

De altfel, din ştrand lipseau pe atunci şi copiii, deoarece ei nu erau dispuşi să plătească taxa de intrare, de vreme ce malurile întregului râu al Bistriţei le erau la îndemână gratis.

Una dintre cele şase mori de pe pârâu
Eine der sechs Mühlen am Bach *One of the six mills on the rivulet*

12 iulie 1929

5 august 1930

Das Bonnet-Bad

Bis vor einigen Jahrzehnten war Bistritz von zahlreichen Wasserläufen durchzogen, die der Stadt einen besonders idyllischen Zauber verliehen. Sie wurden an den Ufern von Weiden- und Erlenbüschen begleitet, zwischen denen das Wasser sich glucksend kräuselte. Es ist schwer wenn nicht gar unmöglich, sich den Mühlkanal von damals vorzustellen, wenn die Trauerweiden an dessen Ufern für eine Zeit lang die Stadt mit dem Duft ihrer Blüten überschwemmten. Diese Wasserläufe hatten auch eine hygienische Funktion, weil die Kanalisation fehlte, vor allem aber lieferten sie das notwendige Wasser für den Betrieb der in dieser Zeit zahlreichen Mühlen.
Einige davon brachten das Regenwasser von den südlichen Abhängen des Burgberges, aus dem Rusu-Tal, dem Castai-Tal oder dem Ochsental, andere hatten ihren Ausgangspunkt am Bistritz-Fluß bei eigens errichteten Ableitungen.

Unter den Wasserläufen welche die Stadt durchflossen war der Mühlbach der bedeutendste, der auch die größte Wassermenge führte. Er floß von der Staumauer am Wasserfall, wo er vom Bistritz-Fluß abzweigte, von Ost nach West quer durch die Stadt, entlang der heutigen Straßen Calea Moldovei, 1. Decembrie, Ispirescu, neben dem heutigen Hotel Bistrita und durch die Piata Morii, um oberhalb des Stadions wieder in den Fluß zu münden.

Sein Wasser betrieb die mechanische Mühle zwischen den Weiden sowie die zwei Turbinen des alten Elektrizitätswerkes (heute unter der Tribüne B des städtischen Stadions).

Hinter der Mühle zwischen den Weiden (in der heutigen Gegend der Wohnblocks des Petre Ispirescu-Viertels) war am Beginn des Jahrhunderts das städtische Freibad, nach seinem Eigentümer Bonnet-Bad genannt.

Dieser Ort zur Erfrischung der Städter hatte an einem Ufer eine Plattform aus Brettern, auf der sich die Besucher in der Sommerhitze sonnen konnten.

Es gab zahlreiche Umkleidekabinen, wo man seine Kleider in Sicherheit wußte, und rundherum bequeme Bänke zum Ausruhen.

Eine kleine Holzbrücke, an der sich Wildrosen emporrankten, führte zum anderen Ufer. Hier im Gras unter den Trauerweiden, die eine größere Gruppe bildeten und erfrischenden Schatten spendeten, konnte man sich in Ruhe und geschützt vor den forschenden Augen Neugieriger unterhalten.

Das Gerüst der Mühle aus hohen, dicken Balken wurde oft für akrobatische Sprünge ins tiefe, von den Schaufeln des Mühlrades aufgewühlte und schäumende Wasser benutzt

Am Eingang zum Freibad kontrollierte Herr Pauliner mit seinem imposanten Auftreten die Eintrittskarten und bewachte die Ruhe des Ortes, damit keiner „von langen Fingern“ oder anderen Unannehmlichkeiten gestört wurde.

Andererseits kamen jedoch keine Kinder ins Strandbad. Sie hatten das gesamte übrige Ufer des Bistritz-Flusses gratis zur Verfügung.

Bonnet's Swimming Place

Bistrița used to be crossed by some rivulets until some decades ago; they were giving the town a special idyllic charm. They were accompanied along the banks, by rows of willows and alders among which the water was flowing merrily. It was hard, if not impossible, not to notice Mill's Canal, when osier willows on the banks were spreading the perfume of their flowers all over the place. The rivulets had hygienic and sanitary functions, for lack of a sewerage system but they were also ensuring the necessary water for the numerous mills of the time.

Some of them were draining the rain water from the southern side of Burbergh, such as "Valea Rusului" (The Russian's Valley), "Valea Castanilor" (Chestnut-trees Valley) or "Valea Boilor" (Oxen Valley), others were flowing from the river of Bistrița, being specially arranged.

Among those flowing through the town, The Mill's Rivulet (Pârâul Morii) was the most important one, having the highest discharge. It was flowing from the Waterfall, when it parted with the river of Bistrița and kept on flowing through the town from east to west along the actual streets of Moldovei, 1 Decembrie and Ispirescu, near Bistrița Hotel, through Piata Morii (Mill Square) and up the Town Stadium into the River of Bistrița.

The water was moving the Mill among the osier trees, the Systematical Mill and the two water turbines of the electric plant (Today Stand B. of the Town Stadium).

Behind the Mill among the osier-trees (the place where are now the blocks of flats in Petre Ispirescu neighbourhood). Bonnet's swimming places had been built at the beginning of the century (having the owners' name).

This place had a wooded area on one bank, where citizen used to sit in sunny summer days. There were many bathing huts where people could change their clothes and leave them safely there and comfortable resting benches around.

A wooden footbridge, covered with wild-roses, ensured the access from one bank to the other. Here, right on the grass, in the shadow of the willows, parties were thrown by groups of people who wanted to have fun over a picnic away from the others' enquiring eyes.

The Mill scaffolding, high, made up of thick beams, was often used as a jumping board for those who were diving into the deep foamy water whirled by the ever-spinning mill arms.

At the swimming place gate, Mr. Pauliner, with his imposing attitude was checking the tickets and was watching over the people there, not to be disturbed by beggars or other intrudes.

Children were never present as they were unwilling to pay the entrance fee because they had the river banks all for themselves for nothing.

La scăldat

După cel de-al doilea război mondial începutul vacanțelor și al sezonului estival, pentru bistrițeni, era asociat întotdeauna, la mijloc de cireșar, cu mireasma florilor de tei. Când suavul parfum al teilor punea stăpânire pe oraș, înrobindu-l cu săptămânile, toată lumea știa că a sosit vremea scăldatului, a odihnei și a căutării locurilor de popas și de recreere în umbra copacilor din zăvoaiele Râului Bistrița.

Cum „Moara dintre răchiți", ca și numeroasele canale care brăzdau odinioară orașul dispăruseră de câțiva ani, din motive de urbanism, locurile de plajă și de baie se înșiruiau de-a lungul râului. Dacă puștii, sau ceilalți cu timpul drămuit, se bălăceau peste tot de-a lungul acestuia, erau mulți cei ce preferau alte locuri, cum erau: La Keintzel, Podul Budacului, Kempel sau Podul Secuilor, unde apa mai adâncă, și resturile din podurile dinamitate în timpul războiului ofereau adevărate trambuline pentru spectaculoase sărituri.

Blick v.d.Keintzel-Brücke ~ Keintzel Bridge view

Szekler Brücke ~ Szecklers' Bridge

Blick auf die Stadt ~ View of the city

În zilele de concediu, în vacanțe, ca și de sărbători, marea majoritate a bistrițenilor prefera, însă, „Cascada", situată la 3 km, în amonte de oraș. Urmând drumul spre Aldorf, pe lângă moară și Grădinile bulgăroaicei, sau de-a dreptul pe lângă Unitatea militară, într-o jumătate de oră se ajungea acolo.

Dis-de-dimineață, convoaie impresionante șerpuiau prin colbul drumurilor. Desigur, îi admiram pe fericiții posesori ai bicicletelor Diamant, Europa, Möve, ce depășeau convoiul. Când apăreau însă motocicletele AWO, MZ, JAWA, SIMSON și TRIUMPH ale concitadinilor Leșan, Mikle, Bulea, Moraru sau Gotea, umplându-ne de praf, ne biciuia de-a dreptul invidia, dar încercam să-i ignorăm pe cât era în puterile noastre, de dragul clipelor imediat următoare.

Odată ajunși la cascadă, oamenii își alegeau locul, întinzându-și păturile, pe care se revărsau de toate din cele necesare unei zile de plajă și de scaldă.

Este de necrezut câte lucruri se puteau aduce aici, de la colaci de cauciuc și căști de baie, la reviste și cărți, cosmeticale, mingi, cățeii de rasă, gherghefuri, andrele, copii de leagăn, cearceafuri, prosoape, acordeoane și chitare, cărți de joc, binocluri, table, șah, radiouri, dar mai ales cele ce aveau peste zi menirea de a înlocui energia pierdută în vâltoarea apei şi a jocului, produsele culinare şi sticlele cu „energizante".

Cascada propriu-zisă era un complex de baraje, canale şi bazine cu stăvilarele adiacente. Era şi un canal de fugă descoperit ce asigura apa pentru turbinele hidrocentralei electrice de aici. În imediata apropiere a digului apa era adâncă, permiţând efectuarea mult comentatelor şi apreciatelor „sturz-uri", de către „oamenii cascadei" printre care: Reschner Klaus, Pacuraru Vasile, Lică Precupeanu, Tita Moţoc, Mircea Dohotaru şi câţi şi mai câţi alţii, care erau aici din aprilie pâna în septembrie aproape în permanenţă. În aval, pe canal, apa repede şi puţin adâncă făcea deliciul celor mai mulţi, încât până la stăvilarul uzinei electrice forfota era de nedescris.

Când debitul râului era mare sau nu funcţionau turbinele, apa trecea şi peste barajul propriu-zis, prăvălindu-se tumultoasă într-o perdea sidefie spre cele două bazine de înot, unul mare, cu o lungime de 50 de m şi o adâncime de 1,60 m, altul de 30 de m lungime şi cu o adâncime de 1 m, oferind astfel fiecăruia posibilitatea de a-şi alege bazinul după statură, vârstă şi capacitatea de a se menţine la suprafaţă.

Doamne, ce hidroterapie se făcea când te apropiai de potopul ce se prăvălea peste tine de la o înălţime de 8 m! În spuma bazinelor se încingeau cele mai acerbe jocuri de polo şi volei, în asistenţa sutelor de spectatori înşiraţi la soare pe încinşii parapeţi de beton ai cascadei. La toate acestea, se pot adăuga şi multe picanterii de culise, pe care prefer să le omit.

Cascada în 1960
Wasserfall 1960 ~ The Waterfall in 1960

Sistemul de stăvilare a fost construit în 1906
Das Dammsystem wurde 1906 erbaut ~ The dam system was built in 1906

Trebuie spus însă, că mulţi veneau aici să admire şi siluetele şi costumele frumoaselor noastre concitadine. Le observam şi pe cele ce făceau plajă împietrite, absente, însinuând oboseala şi soarele stânjenitor pentru a-şi motiva ţinuta nonşalantă, ca şi pe cele ce, în graţioase unduiri, se plimbau în dorinţa de a-şi etala deopotrivă bronzul şi ingeniozitatea vestimentaţiei, destul de sumară şi în acea vreme.

Seara, acelaşi cortegiu, acum domolit, extenuat de frumuseţea si extazul de peste zi, se risipea pe la case, nu înainte de a-şi potoli setea la bodegile şi grădinile de vară ce ne stăteau în cale, cu renumita bere bistriţeană.

Râul la Podul Jelnii
Der Fluß von Senndorf/Jelna aus
The river at Podu Jelnii(Jelna Bridge)

Râul la Puntea Secuilor
Der Fluß an der Szekler Brücke
The river at the Szecklers' footbridge

Beim Baden

Nach dem zweiten Weltkrieg war für die Bistritzer Mitte Juni der Beginn der Ferien und der Sommersaison immer mit dem Duft der Lindenblüten verbunden. Wenn der liebliche Duft für einige Wochen die Herrschaft über die Stadt ergriff wußte alle Welt, dass die Zeit zum Baden gekommen war, zum Ausrasten und zum Suchen von Rastplätzen und Erholungsorten im Schatten der Bäume am Ufer des Bistritz-Flußes.

Da die „Mühle zwischen den Weiden“ so wie die zahlreichen Wasserläufe, die früher die Stadt durchzogen, durch die fortschreitende Verstädterung nach und nach verschwanden, begannen sich die Badeplätze den Fluß entlang aufzureihen. Die Jugendlichen oder jene mit knapper Zeit plantschten überall. Die Mehrheit bevorzugte die Plätze bei Keintzel, bei der Budaker Brücke, Kempel oder der Szekler Brücke, wo das Wasser tiefer war und die Reste der im Krieg zerstörten Brücken gute Plattformen für spektakuläre Sprünge darstellten.

Im Urlaub, in den Ferien wie auch an den Feiertagen zogen die Bistritzer jedoch die „Cascada“ den Wasserfall etwa 3 km oberhalb der Stadt vor. Wenn man der Straße nach Aldorf folgte, vorbei an der Mühle und den Gärten der Bulgarin, oder rechts neben der Regimentskaserne vorbei, konnte man in einer halben Stunde dort sein.

Früh am Morgen schlängelten sich eindrucksvolle Kolonnen durch den Straßenstaub. Natürlich bewunderten wir die glücklichen Besitzer von Fahrrädern Diamant, Europa, Möve, die den Konvoi überholten. Wenn jedoch die Motorräder AWO, MZ, JAWA, SIMSON und TRIUMPF der Mitbürger Lesan, Mikle Bulea, Moraru oder Gotea auftauchten und uns in Staub einhüllten, begann uns der Neid zu plagen. Aber wir versuchten diesen so gut wie möglich zu überwinden, um umsomehr den Tag genießen zu können.

Am Wasserfall angekommen suchten sich die Leute einen Platz, breiteten ihre Decken aus und darauf alles, was für einen Tag am Strand notwendig war.

Es ist unglaublich, wie viele Dinge man mitbringen konnte, von den Gummireifen und Badehauben bis zu Zeitungen, Büchern, Kosmetika, Bällen, Hunden aller Rassen, Stickrahmen, Strickzeug, kleinen Kinder im Kinderwagen, Badetüchern, alles dazu bestimmt, die im Strudel des Wassers und der Spiele verlorengegangene Energie wieder zu gewinnen. Natürlich durften kulinarische Erzeugnisse nicht fehlen und die Flaschen mit „Energiebringern“.

Die eigentliche Kaskade war eine Anlage von Staumauern, Kanälen und Bassins mit eingebauten Wehren. Es wurde auch ein Fluchtkanal entdeckt, der die Wasserzufuhr für die Turbinen des elektrischen Wasserkraftwerkes gewährleistete. Gleich neben dem Damm war das Wasser tief und erlaubte die Durchführung der vieldiskutierten und sehr beliebten „Stürze“ der „Kaskadenleute“ wie Reschner Klaus, Pacuraru Vasile, Lica Precupeanu, Tita Motoc, Mircea Dohotaru und vieler anderenr, die von April bis September beinahe ständig hier waren. Weiter unterhalb im Kanal war das Wasser schnell und weniger tief, was den Meisten sehr gefiel, so dass bis hin zum Wehr beim Elektrizitätswerk ein unbeschreibliches Gedränge herrschte.

Wenn der Fluß viel Wasser führte oder die Turbinen nicht funktionierten trat das Wasser über die eigentliche Staumauer und stürze sich tosend in einem perlmutterfarbenen Vorhang in die beiden Schwimmbecken. Das größere hatte eine Länge von 50 m und eine Tiefe von 1,60 m, das andere war 30 m lang und 1 m tief. So konnte sich jeder Badefreudige ein Bassin auswählen, je nach der Statur, dem Alter oder der Möglichkeit, sich an der Oberfläche halten zu können.

Du lieber Gott, was für eine Wasserkur konnte man unter der Sintflut machen, die sich von einer

Höhe von 8 m über den darunter Befindlichen ergoß. Im Schaum der Bassins gab es die wildesten Wasser- und Volleyballspiele vor Hunderten von Zuschauern, die auf den von der Sonne aufgeheizten Betonmauern des Wasserfalls aufgereiht waren.

Es muß aber auch gesagt werden, dass viele hierher kamen, um unsere wohlgeformten Mitbürgerinnen im Badekostüm zu bewundern. Wir beobachteten auch diejenigen, die ihr Sonnenbad machten, abwesend und Müdigkeit vortäuschend, ohne ihre Umgebung zu beachten, aber auch die, die graziös schwingend dahin spazierten, um ihre Sonnenbräune und ihre einfallsreiche Bekleidung sehen zu lassen, die auch in diesen Zeiten oft spärlich genug war.

Am Abend ging derselbe Aufzug wieder heimwärts, jetzt aber ruhig und von der Schönheit des Tages und dessen aufregenden Begebenheiten erschöpft, nicht ohne jedoch den Durst in den am Weg liegenden Weinstuben und Sommergärten zu löschen, auch mit dem berühmten Bistritzer Bier.

Bathing

After the Second World War, the beginning of holidays and of the season was always associated, by Bistrița people, with the fragrance of midsummer lime-trees. When the sweet lime perfume wrapped up the town for weeks, everybody knew bathing and resting time was by so they started looking for leisure places in the shade of trees near the Bistrița River.

Owing to the fact that "The Mill among the Osier-trees" as well as the canals which used to cross the city, had disappeared for some years on town planning grounds, bathing locations were rowed along the river. Kids and busy people were bathing all along the river, but there were also some people who preferred other places such as: Keinnzel's, Podul Budacului (Budac Bridge), Kemper, The Secklers' Bridge where the deep waters and the remains of the bridges which had been bombed during the war meant jumping boards for spectacular divers.

On leave days and on holidays most Bistrița people enjoyed "The Waterfall", three km upriver away from town. One could get there in half an hour following the road to Aldorf by the Mill and The Bulgarian Gardens or straight by the Military Unit.

Early in the morning impressive processions were winding through the road dust. I used to admire the owners of Diamant, Europa Mőve bikes who were surpassing the hikers. We were deeply jealous of Leșan, Mikle, Bulea, Moraru or Gotea's AWO, MZ, JAWA, SIMSON and TRIUMPH motorbikes, but we were trying hard to ignore them for the sake of moments to come.

Once at the waterfall people were choosing their favourite spots laying the blankets and all that was necessary for a sunny day's bathing and rest.

It's unbelievable how many things they could bring here: rubber circles and bathing helmets magazines and books, makeup sets balls, breed dogs, looms, knitting needles, babies, sheets, food and "energizing" drinks with the view to making up for the day's bathing and playing lost energy.

The waterfall itself was a complex of dams, canals and pools with their adjacent water stops. There was also an uncovered canal for the water leading to the hydroelectric station turbines. Near the dam the water was deep, allowing divers to make stunning jumps, as Reschuer Klaus, Pararu Vasile, Lica Precupeanu, Tita Motoc, Mircea Dohotaru and many others. They were coming here from April to September.

Upriver on the canal the fast-flowing shallow water was suitable for crowds of people, so the river bank up to the hydroelectric station dam was full of swarming people.

When the river flow was high or the turbines were not working, the water was pouring over the dam like a nacre curtain into the two swimming pools: the big one 50 m long and 1.60 m deep and the other one 30m long and 1m deep, offering the possibility of choosing the most suitable pool, depending on everyone's height, age and swimming abilities.

Oh, Lord, what hydrotherapy could they enjoy when getting nearer to the 8 m flowing flood. They used to play polo and volley-ball in the foamy water, over watched by the hundreds of people lying in the sun on the hut concrete bulwark of the waterfall. I might add a lot of backstairs spicy things, but I'd rather not.

However I should say that many of them used to come here just to admire the figures and bathing suits of the beautiful women around. I used to watch those who were lying motionless in the sun, absent-minded, pretending to be tired and disturbed by the hot sun just to account for their indifferent looks, as well as those who were gracefully walking around showing off their sun tan and their swimming costumes which were just as scanty as they are nowadays.

In the evening, the same slow procession, exhausted by the day's beauty and ecstasy, was scattering about their homes not before quenching their thirst with the famous Bistrița beer at the taverns and restaurants on our way home.

Promenada

Începând cu primele zile de primăvară, bistrițenii invadau Parcul Mare, ocupând aleile, băncile și terasa din jurul Pavilionului fanfarei și al Gewerbenverein-ului. Cu toții erau chemați aici de parfumul mălinilor și al iasomiei. Mirosul ce se făcea simțit până în cele mai mărginașe cartiere ale orașului de atunci.

Parcul era un loc de agrement, căutat pentru aerul său proaspăt și înmiresmat, dar și.... un loc de întâlnire și prezentare.

Terasa Casei de Cultură spre Promenadă 1955

Terrasse des Kulturhauses gegen die Promenade 1955

The House of Culture terrace to the Promenade, 1955

Pavilionul fanfarelor și scările ce urcau pe alee, 1952

Musikpavillion und Treppe zur Allee 1952

The brass-band pavilion and the stairs mounting to the Promenade,1952

Concertele fanfarelor şi grădinile de vară din preajmă ofereau prilejul de popasuri prelungite. Se accepta unanim că mirosul frigăruilor şi al micilor ce se preparau aici, nu altera aerul înmiresmat, în schimb îi supunea la cazne pe gurmanzi. Mult mai numeroşi erau cei ce-şi potoleau setea cu câte un ţap sau o halbă cu bere pe terasa Casei de cultură, la Grădina dintre castani, sau la Bombardir.

Parcul în 1912
Bistritz Promenade - Park
The Park in 1912

Pe alei se formau cortegii nesfârşite. "Promenada", cum se numea aleea principală, ce ţinea din "Ţigănime" până la Podul Budacului, era cea mai aglomerată.

Saluturile joviale, prezentările, scurtele taifasuri, generau din loc în loc, câte un mic grup care se dizolva rapid, înghiţit de caruselul în permanentă mişcare, ce şerpuia necontenit pe alei.

În zilele de sărbătoare, proprietarii vilelor din parc cu grădinile spre promenadă, şedeau în chioşcurile dintre florile cultivate cu atâta dragoste şi bun gust, încât stârneau, dacă nu invidia, cu siguranţă, admiraţia. Ca la o expoziţie, se puteau admira ingeniozitatea şi originalitatea aranjamentelor florale ale straturilor şi rondourilor. Lalelele, zambilele, irişii şi magnoliile se aflau peste tot primăvara, ca apoi ele să cedeze locul rozelor şi zorelelor, ce inundau până şi pereţii caselor. În grădini, printre gardurile vii, bine întreţinute, tunse scurt, englezeşte, se contorsionau alei în arabescuri marmorate, care duceau de regulă la fântânile arteziene din mijlocul grădinilor. Printre rondourile sau pe lân-

Terasa fără copertină, 1901 ~ Terrasse ohne Dach 1901 ~ The uncovered terrace, 1901

gă boscheţii decorativi, pitici din ipsos, viu coloraţi, păzeau florile în compania globurilor multicolore de sticlă, ce împodobeau suporţii plantelor agăţătoare.

Deseori, porţile dinspre parc se deschideau, pentru a primi oaspeţi, neamuri sau cunoscuţi. Nu mira pe nimeni că aceste grupuri îşi trădau prezenţa printr-o veselie nedisimulată ore în şir. Cântecele şi buna dispoziţie erau împrumutate şi celor ce treceau pe alei, seara târziu.

Astăzi ... pe locul superbelor grădini cu flori de altădată abundă straturile cu ceapă, roşii şi fasole, sprijinite de araci schingiuiţi, acolo, unde se mai întâlnesc şi aceştia.

Bălăriile şi urzicile, deşi viguroase, nu mai impresionează pe nimeni, iar coteţele de găini şi magaziile dărăpănate aduc a sărăcie şi promiscuitate deranjantă pentru o civilizaţie citadină tradiţională, ce cu puţine decenii în urmă, s-a dovedit remarcabilă .

Trăiesc cu speranţa să fie aproape vremea, când prosperitatea va duce la dispariţia acestor amprente ale sărăciei, deznădejdii, şi ale grijii pentru ziua de mâine.

Aleea principală, 1929
Hauptallee 1929
The main alley, 1929

Casa de Cultură văzută dinspre sud, 1916
Kulturhaus gegen Süden 1916
South view to the House of Culture

Alei şi casa lui Kelp, 1911
Allee und Kelp-Haus 1911
Alleys and Kelp's house, 1911

Pavilionul în iarna anului 1951
Musikpavillion im Jänner 1951
The Pavilion in the winter of 1951

Între neamuri în grădină, 1912
Im Garten mit Verwandten 1912
In the garden with the family, 1912

Die Promenade

Ab den ersten Frühlingstagen überschwemmten die Bistritzer den Großen Park und besetzten die Alleen, die Bänke und die Terrasse rund um den Musikpavillion und den Gewerbeverein. Alle wurden vom Duft der Wildkirschen und des Jasmin hierher gerufen, der sich bis in die weit entferntesten Ecken der damaligen Stadt zog.

Der Park war ein Ort der Erholung, er wurde wegen seiner frischen und aromatischen Luft gerne besucht, war aber auch ein Ort für Treffen und Repräsentation.

Die Konzerte der Musikkapellen und die Sommergärten in der Umgebung gaben Gelegenheiten für längere Rastpausen. Alle waren einer Meinung, daß der Duft von Fleischspießchen und Mici, die hier zubereitet wurden, die vom Blumenduft geschwängerte Luft nicht verdarb. Im Gegenteil, als Feinschmecker unterwarfen sich alle dieser Qual. Noch zahlreicher waren die, welche ihren Durst mit einer Halben Bier oder wenigstens einem kleinen solchen auf der Terrasse des Kulturhauses stillten, im Garten zwischen den Kastanien oder beim Bombardir.

Auf der Allee bildeten sich unendliche Reihen von Spaziergängern. Am Gedrängtesten ging es auf der „Promenade" zu, wie die Hauptallee genannt wurde, die von der „Ziganime" bis zur Budaker Brücke reichte.

Bei jovialen Begrüßungen, gegenseitiger Vorstellung und kurzen Unterhaltungen bildeten sich da und dort kleine Gruppen, die sich rasch wieder auflösten und von dem in permanentem Umlauf befindlichen „Karussell" wieder verschluckt wurden, das sich durch die Allee bewegte.

Die Besitzer der an den Park gebauten Villen mit Gärten gegen die Promenade saßen an den Feiertagen in ihren Gartenlauben zwischen den mit viel Liebe und gutem Geschmack gepflegten Blumen. Sie riefen Bewunderung, wenn nicht sogar Neid hervor, mit Sicherheit aber Begeisterung. Wie bei einer Ausstellung konnte man die Erfindungsgabe und Extravaganz der Blumenarrangements auf den Beeten und Rondeaus bewundern. Tulpen, Hyazinthen, Iris und Magnolien fand man im Frühling überall, bis sie von den Rosen und Morgensternen verdrängt wurden, die bis zu den Hauswänden fluteten. Zwischen den gut gepflegten und kurz englisch geschnittenen Heckensträuchern wanden sich Alleen in geäderten Arabesken, die meist zu einem Springbrunnen in der Mitte des Gartens führten. Zwischen den Rondeaus oder neben dekorativen Büschen wurden die Blumen von kräftig bemalten Gartenzwergen aus Gips bewacht, in Gesellschaft von bunten Glaskugeln, welche die Halterungen der Kletterpflanzen schmückten.

Oft öffneten sie die Gartentore gegen den Park, um Gäste einzulassen, Verwandte oder Bekannte. Niemand wunderte sich, daß diese Gruppen ihre Gegenwart durch unverhüllte Fröhlichkeit verrieten. Ihr Gesang und ihre gute Laune übertrug sich auch noch auf die am späten Abend auf der Allee vorüber Gehenden.

Heute... statt der wundervollen Blumengärten von früher sind im Überfluß Beete mit Zwiebeln, Tomaten und Bohnen, von verstümmelten Bohnenstangen gestützt, zu sehen wo immer man sie auch findet.

Niemand läßt sich mehr von den kräftigen Brennesseln und anderem Unkraut stören, die Hühnerställe und verkommenen Lagerräume tragen unangenehm fühlbar zur Verarmung der traditionellen städtischen Zivilisation bei, die wenige Jahrzehnte zuvor sich noch so kultiviert gezeigt hatte.

Ich lebe in der Hoffnung, dass die Zeit nahe ist, wo der Aufschwung zum Verschwinden dieses Ausdruckes der Verarmung, der Verzweiflung und der Sorge für den nächsten Tag beitragen wird.

The Promenade

Starting from the first spring days, Bistrița people used to go to the Large Park (Parcul Mare) strolling along the alleys and resting on the benches or on the terrace around the brass-band Pavilion and the Gewerbeverein. Everybody was attracted here by the jasmine and lilac fragrance which could be felt up to the suburbs.

The park was both a leisure spot full of fresh and balmy air and the place for dating and introducing oneself.

The brass-band performances and the terraces around offered the opportunity for long halts. Joints roasted on the spot and highly seasoned sausages' smell was even accepted as not altering the balmy air, but it tormented the greedy. There were even more those who quenched their thirst over a glass or pint of beer on the terrace of the House of Culture, at the Garden among the Chestnut Trees or at Bombardir

There were many groups on the alley. The Promenade, as the main alley was called, started from “Gipsies' Land” (Țigănime) and ended at Budac Bridge and it was always very crowded.

Warm greetings, introductions, short chat made small groups of people to gather here and there, then to split up spreading in the moving merry-go-round winding along the alleys.

On holidays, the owners of the park villas having gardens facing the promenade used to sit in their kiosks among their beloved flowers which were raising people's admiration and even their envy. The same as in an exhibition, people could admire the creativity and the originality of flowers arrangement in flower-beds and round lawns. Tulips, hyacinths, irises and magnolias were all around in spring, later leaving instead roses and morning glories, creeping over the houses walls. In the gardens, among the well kept, short cut English-like hedges, were winding marble arabesque alleys leading to the well-springs in the centre of the gardens. Among the round lawns or near the ornamental thistles colourful plaster dwarfs were watching the flowers accompanied by the coloured glass globes which used to adorn the creepers' props.

The gates to the park would often open to welcome guests, relatives or acquaintances. Nobody was surprised to see these merry groups whose presence could be felt for hours on end. Songs and high spirits were spreading over those passing along the alleys late at night.

Today, instead of the former beautiful flower gardens, there are only kitchen gardens with onion, tomatoes and beans rarely leaning against broken props.

Weeds and stinging nettles, although vigorous, do no longer impress anyone and the hen coops and the sheds show scarcity and promiscuity, disturbing the traditional town civilization which used to be highly remarkable decades ago.

I still hope there will be a time of prosperity leading to the disappearance of these marks of poverty, despair and fear for the day to come.

Corso

Fiecare dintre noi am trăit clipe, dacă nu vremuri, când stelele ne erau la îndemână, când florile aveau menirea de a fi, mai mult decât un evantai cromatic parfumat, fiind pur şi simplu un buchet de sentimente, de trăiri afective de mare gingăşie, ce le credeam perene. Era vremea când sufletul nostru curat era plin de sensibilitate şi speranţă juvenilă..

Câţi dintre noi nu am trăit astfel de momente în adolescenţă, când totul ni se părea posibil, când bunătatea şi generozitatea izvorau din dragostea ce inunda, uneori, totul, în jurul nostru, făcându-ne mai îngăduitori şi mai generoşi cu cei din preajmă? Era pe vremea când confundam dorinţa cu speranţa, ce ne păreau în acelaşi făgaş, crezând sincer că răul şi falsitatea, minciuna şi răutatea, sunt străine tuturor.

Din generozitate şi ignoranţă, acceptam lumea aşa cum era, şi mi se pare un sacrilegiu ca azi, să condamn acele vremuri, când nu aveam alte etaloane de apreciere socială, decât pe cele filtrate prin sufletul nostru de tineri inocenţi, neîndoctrinaţi, încă, ce apreciam totul prin propriile noastre trăiri şi sentimente.

Abia se sfârşise războiul, sărăcia era mare, dar bucuria şi speranţa răsăreau pretutindeni.

Să fi fost o manifestare a izbânzii de supravieţuire? Posibil. Cert este că acceptasem cu toţii sărăcia şi o împărţeam frăţeşte. Nimeni nu-şi etala ostentativ bunăstarea, dacă ea ar fi existat cumva.

Era pe vremea când leul avea subdiviziuni, din care puteai să-ţi cumperi o jemlă, ori un litru de lapte. Tot oropsitul îşi putea permite, în cazul că dorea, un loc în grădinile de vară ale oraşului, unde să mănânce un grătar împreună cu familia, fără să se gândească la repercusiunile pecuniare, în zilele următoare, deoarece preţurile erau mai mult decât accesibile. Acest calvar îl trăim abia acum după cincizeci de ani de ,, efervescenţă creatoare şi grijă nedisimulată, a oamenilor de bine", faţă de cei mulţi.

Era obiceiul, pe atunci, ca mare parte dintre orăşeni să-şi petreacă serile plimbându-se pe Corso, aşa cum se numea, porţiunea de trotuar dintre Tribunal şi cofetăria "Trandafirul". Aici, seară de seară, oamenii formau un şir neîntrerupt, sub castanii înfloriţi, de pe vremea, când ei cerneau peste noi, petalele albe ale florilor din lampadarele inflorescenţelor, primăvăratice, până târziu în toamnă, când frunzele ruginite erau risipite de vânturile prevestitoare ale iernii.

Erau mulţi cei ce se încăpăţânau să nu părăsească Corso-ul, acel loc tulburător al verii, unde se întâlneau atâtea priviri drăgăstoase, acel loc al înţelegerii din priviri şi al conspiraţiilor afectuoase tacite.

Lăţimea mare a trotuarului făcea posibil ca două coloane de plimbăreţi să se deplaseze nestânjeniţi. Puteai să-i admiri şi să-i observi pe îndelete pe cei ce se plimbau pe Corso, deoarece ajunşi la capătul acestuia, întregul şir se întorcea spre celălalt capăt. Desigur că, privindu-se în cursul mai multor astfel de raiduri, se purtau în fiecare grupuleţ discuţii legate de cei observaţi, de la îmbrăcăminte, frumuseţe, cunoştinţe, până la figurile noi pe care le reperam cu uşurinţă. Nu rareori băieţii ieşeau din cortegiu, postându-se în spatele fetelor ce îi interesau şi veneau din sens invers, încercând politicos să lege o conversaţie discretă. În cazul acceptării acesteia, în urma flirtului şoptit, grupul se mărea şi veselia devenea perceptibilă.

Ce mai? Corso-ul era un loc de trecere în revistă a bistriţenilor, un loc de întâlniri şi de povestioare cotidiene, era un carusel ce murmura, deoarece exprimările cu voce tare nu erau la modă, iar trivialităţile lipseau cu desăvârşire.

Până şi cofetăria din Piața Mică (Piețişor), luase numele atât de drag nouă de "Corso"
Sogar die Cafeteria am Kleinen Markt (Piețişor) hatte den Namen „Corso", der uns so lieb war
Even the café in Piețişor (The Small Market) took the dear name of "Corso"

Der Korso

Jeder von uns hat schon Augenblicke oder Zeiten erlebt, wenn die Sterne in Reichweite waren und die Blumen ihren Daseinszweck erfüllten, viel mehr noch als ein bunt gefächertes Parfum, weil sie einfach den Strauß Gefühle eines bestimmten Erlebens von großer Zartheit bedeuteten, das wir für immerwährend hielten. Das war die Zeit, als unsere reine Seele noch voller Sensibilität und jugendlicher Hoffnung war.

Wie viele unter uns haben nicht in der Jugend solche Momente erlebt, wenn alles möglich schien, wenn aus der Liebe Güte und Edelmut entsprangen, die manchmal alles in unserer Umgebung überfluteten und uns einsichtsvoller und großmütiger gegenüber der Umgebung machten. Es war die Zeit, als wir Wunsch mit Hoffnung verwechselten, die uns aus der gleichen Quelle zu kommen schienen. Wir glaubten ehrlich, daß das Böse und die Falschheit, Lüge und Schlechtigkeit allen Menschen fremd wären.

Aus Großmütigkeit und Ignoranz nahmen wir die Welt so, wie sie war, und es erscheint mir auch heute noch als Sakrileg, dass wir diese Zeiten verdammen, in denen wir kein anderes Maß der sozialen Einschätzung hatten, als was durch den Filter unserer unschuldigen, jugendlichen Seele gelangte, die durch fehlende eigene Lebenserfahrung und unsere Gefühle noch unbelehrt war.

Der Krieg war kaum zu Ende, die Armut war groß, aber Freude und Hoffnung begannen rundherum zu sprießen.

Sollte es ein Ausdruck für die Überwindung der Armut sein? Möglich. Sicher ist, dass wir alle die Armut akzeptierten und sie brüderlich teilten. Niemand zeigte offen seinen Wohlstand, falls er existiert haben sollte.

Es war in der Zeit, wo der Leu Untereinteilungen hatte, von denen man eine Semmel kaufen konnte oder einen Liter Milch. Alle möglichen Sonderwünsche konnte man sich erlauben falls es einem in den Sinn kam. Einen Platz in den Sommergärten der Stadt, wo man gemeinsam mit der Familie Gegrilltes essen konnte, ohne an die finanziellen Auswirkungen in den folgenden Tagen denken zu müssen, weil die Preise mehr als erschwinglich waren. Diese Folter erlebten wir erst jetzt, fünfzig Jahre nach der „schöpferischen Veränderung und unverhohlenen Sorge durch Gutmenschen“ für die meisten Bevölkerungsschichten.

Damals war es zur Gewohnheit geworden, daß ein großer Teil der Städter ihre Abende mit Spaziergängen auf dem Korso verbrachte, wie man den Teil der Gehsteige zwischen Gerichtsgebäude und dem Café „Zur Rose“ nannte. Hier bildete sich Abend für Abend eine ununterbrochene Menschenschlange, ab der Zeit wo die Kastanien zu blühen begannen und über uns die weißen Staubfäden ihrer Blütenkerzen verstreuten, bis spät in den Herbst hinein, wenn ihr vertrocknetes Laub vom Wind verstreut wurde und sich der Winter ankündigte.

Viele wollten den Korso als betörendsten Ort des Sommers nicht verlassen, wo sich so viele verliebte Blicke trafen, diesen Ort des Verstehens durch Blicke und einer wortlosen liebevollen Verschwörung.

Die Breite des Gehsteiges machte es möglich, dass sich die Spaziergänger ungehindert in zwei Reihen in entgegengesetzter Richtung bewegen konnten. Man konnte ausreichend alle Anwesenden beobachten und bewundern, war man an einem Ende des Korsos angekommen, wandte sich die gesamte Schlange gegen das andere Ende um. Dadurch sah man sich im Laufe mehrerer solcher Touren öfters, jedes Grüppchen unterhielt sich über das Gesehene, von der Bekleidung, Schönheiten, Bekannten bis zu neu auftauchenden Gesichtern, die wir leicht ausfindig machten. Nicht selten verließen Burschen ihre Reihe, um in der Gegenkolonne gehende Mädchen, die sie interessant fanden, höflich zu einer Konversation zu bewegen. Wenn das akzeptiert wurde, vergrößerte sich die Gruppe beim geflüsterten Flirten und die Fröhlichkeit wurde allgemein fühlbar.

Was noch? Der Korso war ein Ort, der in die Stadtgeschichte einging, ein Ort der Begegnung, der Besprechung der Tagesereignisse, er war ein summendes Karussell, denn laute Äußerungen waren nicht erwünscht und Obszönitäten und Zoten fehlten gänzlich.

Corso

Each if not every one of us has had moments when the stars looked closer, when the flowers were more than a fragrant colourful fan, they were just feelings and emotions altogether which we thought would last forever. That was the time when our soul was pure and full of sensitivity and juvenile hope.

We all lived such moments in our youth, when everything seemed possible, when kindness and generosity sprang out of the love all around making us more generous and tolerant. That was the time when we took wish for hope truly thinking that evil and deceit, lie and wickedness were strange to us.

Out of generosity and ignorance we would accept the world as it was and it seems unfair to me now to condemn those times when we had no other standard of social appreciation but those filtered through our free and innocent young souls, used to considering everything through our own feelings and experience.

Once the war over, poverty was high rated, but joy and hope were emerging everywhere.

Could this be a manifestation of survival? We must have accepted poverty and it was now part of us. Nobody was showing off his or her wealth, if any.

There were the times when our currency (leu) had subdivisions which allowed us to buy a loaf of bread or some milk. Everyone could afford to go out, if they wanted to, on a terrace and eat some grill with the family without ever thinking of the next day's financial consequences due to low prices. We go through this ordeal today, after fifty years' "creative tumult and concern of well meant people" to the others.

It was the habit for most of the citizens to spend their evenings walking along Corso, as this was the name of the place between The Court and the "Trandafirul" (Rose) Café. Here, every night, people would keep walking under the blooming chestnut trees starting from the moment when they started pouring over us the white petals from their spring chandeliers until late autumn, when their rusty leaves were blown away by the fore coming winter winds.

There were lots of people who would not leave Corso, that exciting summer place where so many luring eyes met, that place of eye communication and silent love conspiracies.

The large width of the pavement made it possible for two rows of walking people to go by undisturbed. One could admire and observe at ease the people walking along Corso because, once at its end, the row of people would turn back to the other. Undoubtedly, looking at each other during the stroll, people were talking about those they had seen, about their clothes, beauty, knowledge up to the newcomers whom we could easily spot.

Boys were often leaving the groups walking behind the girls they liked and, pretending to come from the opposite direction, they were politely trying to find something to talk about. If accepted, they would start flirting and the group was larger and happier.

All in all Corso was a surveying place, a meeting and chatting one, a humming merry-go-round, because at the time loud talk was not in vogue and triviality was completely out of question.

Rămas bun, toamnă !

În acea toamnă târzie aveam obiceiul ca în fiecare dimineaţă să dau bineţe puţinelor frunze ce mai rămăseseră pe mălinul de la fereastra mea. Obişnuisem ca în ultima vreme să ne împărtăşim singurătatea şi gândurile, stând la taclale ore întregi.

Într-o dimineaţă un vânt hain îmi risipise prietenele. Aşa că, devreme, am plecat în căutarea lor, în speranţa să le găsesc şi să ne luăm măcar rămas bun.

Am cutreierat Parcul Mare, Stadionul, ba chiar şi malurile râului, fără să dau de ele. Vremea rece formase, deja, o pojghiţă de gheaţă, în care iarna se oglindea şi se legăna în bătaia soarelui. Gândul îmi fugise spre acel firicel de apă de altădată, ce se desprindea cândva din Canalul Morii şi avea menirea de a acoperi terenul de fotbal cu un lat de palmă de apă pe care iarna avea grijă să-l transforme într-un patinoar natural, de care se bucurau orăşenii.

Edilii aveau grijă ca cei ce se ocupau de întreţinerea patinoarului să asigure cele mai bune condiţii de patinaj. La sfârşit de toamnă se amenaja pavilionul ce era prevăzut cu spaţii încălzite pentru echipare, în care se aflau dulăpioare individuale, ce puteau fi închiriate sezonier pentru păstrarea echipamentului, contra unei sume modice. Tot aici se putea servi o ceaşcă de ceai fierbinte, sau un pahar cu vin fiert. Existau dealtfel şi tonete cu produse de patiserie şi dulciuri, deoarece mulţi dintre cei ce veneau aici, mai ales dintre copii, petreceau din zori până în noapte. Orarul de funcţionare era de la 8 dimineaţa la 8 seara.

Surprinzător este faptul că, în acele vremuri, veneau la patinoar şi numeroşi vârstnici. Mulţi dintre ei practicau patinajul artistic, încântându-ne pe noi ceilalţi cu piruetele, salturile şi dansurile ce le executau. Când numărul patinatorilor creştea, organizatorii aduceau gradene, cu care îi izolau în mijlocul ringului pe cei consacraţi, pentru a nu fi deranjaţi de începători.

Dintre virtuoşii patinatori bistriţeni aş aminti pe Leni Cosma, pe fraţii Linul, comerciantul Massler, Dr. Bălan, avocatul Tiniş, şi lista ar putea continua cu mulţi alţii.

Sunt convins că şi astăzi, cu eforturi nu prea mari, amenajarea unui astfel de patinoar ar fi posibilă şi benefică pentru toţi. Nu trebuie decât să dorească acest lucru şi personalităţile cu responsabilităţi civice. Beneficiari ar fi atât nostalgicii, cât mai ales tineretul, de care s-a uitat în ultima vreme nepermis de mult.

Iată o fotografie cu patinatori adulţi realizată la 16 februarie 1930, în care distingem şi pe regretatul maistru Vasile Ambruş
Erwachsene Eisläufer am 16.2.1930, darunter der verstorbene Meister Vasile Ambruş
Here is a photo presenting adult skaters on February 16th, 1930. We can also see here the late master Vasile Ambruş

Herbst leb wohl!

In diesen späten Herbsttagen hatte ich die Gewohnheit, jeden Morgen die wenigen verbliebenen Blätter des Kirschbaumes an meinem Fenster zu begrüßen. Ich hatte mich in der letzten Zeit daran gewöhnt, mit ihnen meine Einsamkeit und meine Gedanken zu teilen und stundenlang mit ihnen zu plaudern.

Eines Morgens hatte mir ein arger Windstoß alle meine Freunde zerstreut, so daß ich mich früh aufmachte um sie zu suchen und wenigstens Abschied zu nehmen.

Ich durchstreifte den Großen Park, das Stadion, ja ging sogar bis zum Ufer des Flusses, jedoch ohne sie zu finden. Das kalte Wetter hatte schon eine dünne Eisschicht gebildet, in welcher der Winter sich spiegelte und wiegte im Sonnenglanz. Meine Gedanken eilten zu dem Wasserrinnsal von früher, das irgendwann einmal aus dem alten Mühlkanal abzweigte, um den Fußballplatz mit einer handbreit Wasser zu bedecken. Der Winter sorgte dann dafür, dass er in einen natürlichen Eislaufplatz verwandelt wurde, worüber sich die ganze Stadt freute.

Von den Verantwortlichen der Stadtgemeinde wurde dafür gesorgt, dass von den für die Wartung zuständigen Leuten die besten Bedingungen zum Eislaufen hergestellt wurden. Am Ende des Herbstes wurde ein Pavillion hergerichtet, der einen geheizten Raum zum Umziehen hatte und Einzelschränkchen, die für die Saison gegen einen geringen Betrag gemietet werden konnten. Hier konnte man auch eine Tasse heißen Tee oder einen Becher Glühwein trinken. Außerdem gab es Vitrinen mit Konditoreierzeugnissen und Süßigkeiten, weil viele Kinder hierher kamen und von früh bis abends blieben. Die Öffnungszeiten waren von 8 Uhr früh bis 8 Uhr am Abend.

Überraschend ist die Tatsache, dass damals auch viele ältere Leute zum Eislaufen kamen. Viele darunter betrieben das Eislaufen künstlerisch und unterhielten uns mit Pirouetten, Sprüngen und Tanzschritten. Wenn die Zahl der Leute auf dem Platz anwuchs, brachten die Aufsichtspersonen Absperrungszäune, damit in der Mitte des Kreises die Fortgeschrittenen von den Anfängern nicht gestört wurden.

Von den tüchtigsten Bistritzer Eisläufern möchte ich an Leni Cosma, die Brüder Linul, den Kaufmann Massler, Dr. Balan, Rechtsanwalt Tinis erinnern. Die Liste könnte noch mit vielen anderen fortgeführt werden.

Ich bin überzeugt, dass auch heute mit nicht sehr großem Aufwand die Einrichtung eines solchen Eislaufplatzes möglich wäre, wovon alle profitieren würden. Solche Dinge müssen nur von den Persönlichkeiten in der Stadtverwaltung gewollt werden. Die Nutznießer wären dann nicht nur die Nostalgiker, sondern vor allem die Jugend, auf die man in der letzten Zeit unverzeihlich lange vergessen hat.

Farewell, autumn!

Every morning that late autumn I got used to greeting the few leaves left in the lilac in front of my window. We used to share our loneliness and our thoughts, chatting hours on end.

But one morning a wicked wind had blown my friends away. So, early that morning I set off searching them at least to bid farewell.

I went through the Large Park, the stadium, even by the river banks, but I couldn't find them. The cold weather had already made the river water freeze; winter was already reflecting and swinging in the frozen water. My mind was wandering towards that spring which had once separated from Canalul Morii (Mill's Canal) and was bound to cover the football pitch with shallow water to turn it into a natural skating rink, to the townspeople's delight.

Town officials were taking care of maintaining the best conditions for skating. When autumn was over, they were arranging the pavilion, which had heated changing-rooms, where they had individual wardrobes which could be rented seasonally for little money. Here one could drink a cup of hot tea or a glass of boiled wine. There were displays with pastry and sweets, because many of the people coming here were children, who skated here from morning till night. The timetable was from 8 a.m. to 8 p.m.

No surprise that, in those times, even grown-ups were coming to the skating-rink. Many of them were figure-skaters whom we could admire dancing, jumping and spinning around. If there were too many skaters there, the people in charge were bringing steps to isolate the professional skaters in the middle, apart from the beginners.

Among the great masters I might mention Leni Cosma, Linul brothers, the merchant Massler, Dr. Bălan, counsellor Tiniş and many others.

I strongly believe that even today, without too much effort, such a skating rink could be restored if officials wanted it. The beneficiaries would be not only the melancholic ones, but also the young people whose needs seem to have been forgotten nowadays.

Familii băştinaşe de români

Conform recensământului populaţiei din 1930, Bistriţa avea o populaţie de 14.128 locuitori din care 5666 erau de naţionalitate română, ceea ce reprezenta peste 40 procente din totalul locuitorilor oraşului. Cu toate acestea, puţini au fost cei ce au reuşit, după 1918, să deţină imobile în arealul vechii cetăţi medievale, fie datorită situaţiei materiale precare, fie datorită faptului că saşilor le-a fost indicat să nu-şi înstrăineze bunurile imobiliare altor etnii.

Aşa se face că marea majoritate a românilor trăiau în cartierele mărginaşe Hrube şi Peste Podul Budacului. Erau puţini cei ce-şi dobândiseră proprietăţi în Burich, Între Mirişti sau Gribgil.

Locuitorii se cunoşteau bine între ei, oraşul având o populaţie puţin numeroasă. De cele mai multe ori, însă, pentru individualizare, se foloseau poreclele .... porecle, ce nu erau date în bătaie de joc, sau nu defineau neapărat o trăsătură caracteristică legată de aspectul fizic, psihic sau îndeletnicire ci, pur şi simplu, doreau să pună în evidenţă numărul mare al descedenţilor din aceiaşi familie, ca aspect distinctiv.

Pentru populaţia de origine germană „ Spitzname"-ele erau cunoscute şi tolerate, la fel şi poreclele românilor erau acceptate unanim, fără a avea un caracter peiorativ.

În cele ce urmează, vom nominaliza câteva familii de băştinaşi români cu poreclele purtate decenii de-a rândul;

Din cartierul Hrube amintim:

Fam. Bilegan: purta poreclele: Oloiu, Mucea, Pucu, Tunariu, Mihai guruţă şi Pacurdi;

Fam.Dohotar: Morghenstein,Râma,Moroiu,Pusla,Herşo-Motoc, Bori şi Moroiu;

Fam. Beclenaş: Tiuga banda, Ciocolada, Toader Unsurosu;

Familia Bilegan (Covrig), de pe Valea Jelnei, 1913

Familie Bilegan (Covrig) aus dem Senndorfer-Tal ~ The Bilegan (Covrig) family from the Jelna Valley

Fam. Moldovan: aveau poreclele de Goroiu, Dascălu, Cuiuțu,Călbășelu, Buști, Pipașu și Bâsu;
Fam. Naghiu: Miniuc, Picaos,Cuza, Mețchi și Iepurele;
Fam. Odorhean: Barba, Jugvelu, Căpălău,Albu și Albucu;
Fam. Petringel: Icodim;
Fam. Sângeorzan: Grăsonu,Macarie,Leș,Pipilița și Fansula;
Fam. Urs: Mută dealu,Ghergjhelea,Bindioiu,Jucu, Onița,Chici,Ripu,și Ipate;
Fam.Prislopan: Țigănașu,Bura,Bobu;
Fam. Simion: Bignăroiu;
Fam. Târnovan: Viștaș, Bobaru- Boașă;
Fam. Zăgrean: Curcă, Cuhă;
Fam. Năsăudean: Șpricu, Toicu;
Fam. Iușan: Omuțu;
Fam. Vichi: Morcojelu;
Fam. Bucur: Rapi, Șcârla,Clihanu,Cămpăuc și Clisa;
Fam. Timoc: Flocea;
Fam. Ilie: Plăcinta;

Dintre podeni aș aminti:

Fam. Filimon cu poreclele: Mintiuca și Pleteoanca;
Fam.Someșan: Toșmag;Fam. Pașcu: Unsurosu;
Fam. Ciurar: Ioiu;
Fam. Ieremia: Scobgea;
Fam. Moldovan : Jujica;
Moldovan Ștefan: Scuturicea.

Desigur că în urma schimbării domiciliului sau a încheierii căsătoriilor, familiile s-au mixat, împrumutând numele unuia dintre cei doi părinți sau au apărut familii în cartiere sau zone noi, cum au fost cei din Drumul Năsăudului, Valea Ghinzii sau Valea Jelnii, ca familiile Onișor-Cracu, Palagichi-Boboașa, Iencean-Manghi, Puicuța, Gălățean-Lapte acru, Sigmirean- Täurean, Petruț-Șomcuta, Toma-Pojar și mulți alții.

Am amintit câteva din vechile familii de români bistrițeni ai căror urmași, azi, pot fi mândri de înaintașii lor, deoarece prin munca, priceperea și hărnicia lor, au reușit să-și transforme porecla în renume, să se facă apreciați și cinstiți de concitadinii lor de orice etnie.

In fotografie Fam. Encean Florica și Mihai(a lui Ociucu și a lui Pila, Unturița) din Hrube (vezi pag.83), cu fiicele Maria căs. Marcu, Susana căs. Urs(Onița), Rafila căs. Doroftei(Țoiom),Mihai (Colonelul), Zeda cas. Naghiu (Mețchi) și Ioan (Majurul), fotografie realizată în anul 1892.Pentru a vă putea da seama de sporul natural pe acele vremuri, doresc să vă fac cunoscut că cei șase copii din fotografie au avut 28 de urmași direcți.

Familia D-lui profesor de muzică, 1907
Familie des Musik-Professors 1907
The music teacher's family, 1907

Familia vecinilor noștri, 1917
Die Familie unserer Nachbarn 1917
Our neighbours' family, 1917

Miri de peste pod, 1885
Hochzeiter von über der Brücke 1885
Bride and bridegroom from over the bridge, 1885

La nuntă în 1930 ~ Hochzeitsbild 1930 ~ Wedding,1930

Cu bunica şi nepoţii din Hrube, 1926
Mit Großmutter und Enkeln aus der Hrube 1926
Together with grandmother and grandchildrean from the Hrube

Cu naşii Berbecar în 1914
Mit denTrauzeugen Berbecar 1914
Together with the Berbecar godparents, 1914

Nuntaşi români pe promenadă, 1914
Rumänische Hochzeitsgesellschaft auf der Promenade 1914
Romanian Wedding party on the Promenade, 1914

Familia Encean (Encenucu), 1892 ~ Familie Encean (Encenucu) 1892 ~ The Encean family(Encenucu), 1892

Familia preotului Câmpeanu în 1906
Familie des Pfarrers Câmpeanu 1906
The priest Câmpeanu's family in 1906

Familie numeroasă de hrubeni, 1921
Zahlreiche Familie aus der Hrube 1921
A numerous family from Hrube, 1921

Acasă la neamurile din Gribgil, 1922
Zuhause bei den Verwandten in Gribgil 1922 ~ At home to the relatives in Gribgil

Einheimische rumänische Familien

Nach der Volkszählung von 1930 hatte Bistritz 14.128 Einwohner, von denen 5666 Rumänen waren, das sind über 40 % aller Einwohner der Stadt. Trotzdem gab es Wenige denen es nach 1918 gelungen war, auf dem Gebiet der alten, mittelalterlichen Stadt ein Haus oder Grundstück zu erwerben, meist wegen der prekären materiellen Situation, aber auch weil es den Sachsen nicht angezeigt schien, ihre Immobilien an andere Volksgruppen weiterzugeben.

So geschah es, daß die große Mehrheit der Rumänen in den Randgebieten der Stadt lebte, in der Hrube und über der Budaker Brücke. Nur wenige konnten Eigentum am Burgberg, Intre Miristi oder Gribgil erwerben.

Die Einwohner kannten sich untereinander gut, weil die Bevölkerung nicht so zahlreich war. Meistens benutzte man jedoch Spitznamen, um besser unterscheiden zu können. Diese Spitznamen entstanden nicht beim Spiel und definierten nicht unbedingt einen physischen, psychischen oder berufsbezogenen Charakter. Man wollte einfach nur die große Nachkommenschaft ein und derselben Familie unterscheiden können.

Bei den deutschstämmigen Bewohnern waren Spitznamen ebenfalls bekannt, und so wurden die Spitznamen der Rumänen allgemein akzeptiert, ohne abschätzig gebraucht zu werden.

Natürlich haben sich durch Wohnungswechsel oder Verheiratung die Familien vermischt und bekamen die Namen eines der Elternteile. Oder es kamen Familien in neue Stadtteile wie Drumul Nasaudului, Valea Ghinzii oder Valea Jelnii, so wie die Familien Onisor-Cracu, Palagichi-Boboasa, Iencean-Manghi, Puicuta, Galatean-Lapte acru, Sigmirean-Taurean, Petrut-Somcuta, Toma-Pojar und viele andere.

Ich habe einige der alten rumänischen Bistritzer Familien erwähnt, deren Nachkommen auf ihre Vorfahren stolz sein können, die sich durch Arbeit, Verstand und Fleiß mit ihren Spitznamen bekannt gemacht haben, und die auch von den anderen Volksgruppen geachtet und geehrt wurden.

Auf der Fotografie auf Seite 83 aus dem Jahre 1892 sehen wir Florica und Mihai Encean mit ihren sechs Kindern. Um sich die natürliche Fortpflanzung dieser Zeiten vorstellen zu können sollte erwähnt werden, daß die sechs Kinder auf der Fotografie 28 direkte Nachkommen hatten.

Native Romanian families

According to the census of 1930, Bistriţa had a population of 14,128 inhabitants. 5. 666 of them, that is over 40 percent of the whole town population, were Romanians. However, there were few those who succeeded, after 1918, to own buildings inside the old mediaeval site area, either because of their poor financial condition, or due to the fact that the Saxons of Romania had been suggested not to sell their buildings to other nationalities.

Thus, most of the Romanians lived in outskirts: Hrube, Peste Podul Budacului (Beyond Budacu Bridge). Not many of them owned properties in Burich, Între Mirişti or Gribgil.

The citizens knew one another well, as the population was not very large. But they also used nicknames, which had not been given mockingly nor were they meant to emphasize a physical, psychical, a proper job, but just to emphasize the great number of a family descendants.

For the population of Germanic origin, "Spitznames" were known and tolerated, as well as the Romanians' nicknames were unanimously accepted, without being taken pejoratively.

The families mixed up by intermarrying or by changing their address: consequently they got the name of one of their parents or even new families came to new neighbourhoods such as Drumul Năsăudului, Ghinda, Jelna Valley (the families Onişor-Cracu, Palagichi-Boboaşa, Iencean-Manghi, Puicuţa (chicken), Gălăţean-Lapte acru (Milkshake), Sigmirean-Tăurean, Petruţ-Şomcuta, Toma-Pojar (Fire), and many others.)

I have mentioned some old Romanian families from Bistriţa whose today descendants can be proud of them because, through their work, skill and tenacity, they managed to turn their nicknames into fame, to be appreciated and honoured by their fellow citizens, no matter their nationality.

In this photo you can see the family Encean Florica and Mihai (of Ociucu and Pila, Unturiţa) from Hrube (page 83) and their daughters Maria, married Marcu, Susana married Urs (Oniţa), Rafila married Doroftei (Ţoiom), Mihai (the Colonel), Zeda married Naghiu (Meţchi) and Ioan (the Major). This photo was taken in 1892. In order to realize the natural growth of the population at the time I would like to inform you that the six children in the photo had 28 direct descendants.

Bardul de la Hordou - oaspete

Vizitată cu numeroase ocazii, Bistriţa i-a plăcut poetului George Coşbuc din moment ce într-o scrisoare adresată fratelui său, pe când era la Bucureşti, afirma; „după trecerea celor 12 ani regulamentari de interdicţie a autorităţilor militare de a mă reîntoarce în ţara ungurească, îmi voi face o casă la Braşov sau Bistriţa ca să stau câteva luni pe an acolo".

În „Notiţe biografice, amintiri din viaţa lui George Coşbuc", a senatorului Dr.Leon Scridon, acesta afirma că s-a întâlnit cu poetul Coşbuc de mai multe ori la Bistriţa.

Profesorul de limba română al lui Coşbuc, Gregoriu Pletosu, la care poetul ţinea foarte mult, se mutase şi el în oraşul nostru, ca protopop, încă din anul 1909.

Pe când se afla în oraş la o agapă prietenească cu unii dintre colegii de şcoală, cinstindu-se la Restaurantul Paulini din strada Lemnelor (azi Liviu Rebreanu), George Coşbuc, îl zări pe fereastra localului , trecând grăbit pe dascălul său, şi-i scrise la repezeală, pe un bileţel , următoarele versuri:

"Noi rugăm pe protopopul
Să-şi pună degrabă clopul
Şi să vie către noi,
Să petrecem ca vecinii,
Noi suntem la Paulini,
La vin vechi şi chelneri noi".

Invitaţia era semnată: „George Coşbuc, membru corespondent al Academiei Române" şi George Linul".

A fost una dintre cele din urmă întâlniri dintre poet şi mentorul său , care va trece la cele veşnice în anul 1934, fiind îngropat ca protopop pensionar stavrofor lângă Catedrala ortodoxă din Bistriţa, pe care a slujit-o cu evlavie şi smerenie peste un sfert de secol.

Asupra acestei fotografii majoritatea biografilor marilor noştri literaţi afirmă că ea a fost făcută la Karlsbad, .., numai că asupra ei există câteva incertitudini, una fiind aceea că ea a fost efectuată de marele fotograf bistriţean Alexandru Roşu în anul 1912, iar personajul din centrul fotografiei este avocatul bistriţean Dr. D. Ciuta.

La acestea aş mai adăuga şi faptul că pe lângă denumirea maghiară şi română de Carte poştală pe revers, se specifică şi denumirea de „Băile Sângeozul - român", precum şi menţiunea „reproducerea interzisă", ceea ce nu şi-ar fi permis să facă un artist consacrat, cum a fost marele fotograf bistriţean Alexandru Roşu, în cazul unei neconcordanţe reale.

Din momentul în care el autentifică fotografia prin propria siglă, sunt înclinat să cred mai degrabă că ea a fost efectuată pe plaiurile noastre şi nu în altă parte.

Sângeorz-Băi, 1912 de la stânga la dreapta:
Sângeorz-Băi 1912, von links nach rechts: Sângeorz-Băi 1912, from left to right:
George Coşbuc, D-na Dr. Vaida, Dr. D.Ciuta, Dr. A. Vaida, şi I.L.Caragiale

Der Barde von Hordou ein Gast

Dem Dichter George Cosbuc gefiel Bistritz sehr, nachdem er die Stadt öfters besucht hatte. In einem Brief an seinen in Bukarest lebenden Bruder schrieb er: „...nachdem die 12 Jahre vergangen sind, in denen mir die Militärbehörde die Einreise ins Ungarnland verboten hatte, werde ich mir ein Haus in Kronstadt oder Bistritz bauen, um ein paar Monate im Jahr dort zu verbringen."

In „Biographische Notizen, Erinnerungen aus dem Leben des George Cosbuc" von Senator Dr. Leon Scridon bezeugt dieser, dass er sich öfters mit dem Dichter Cosbuc in Bistritz getroffen hat.

Cosbuc´s Professor für rumänische Sprache, Gregoriu Pletosu, von dem der Dichter große Stücke hielt, übersiedelte als Erzpriester 1909 ebenfalls nach Bistritz.

Als er sich in der Stadt mit einigen ehemaligen Schulkollegen im Restaurant Paulini in der Holzgasse (heute Liviu Rebreanu) traf, sah George Cosbuc aus dem Fenster und erblickte seinen Lehrer, der gerade vorbei ging. Schnell schrieb er eine Nachricht mit folgenden Zeilen:

Wir bitten den Herrn Erzpriester
Schnell sich den Hut aufzusetzen
Und zu uns zu kommen,
Wir sind bei Paulini
Bei altem Wein und neuen Kellnern.

Die Einladung war unterschrieben: „George Cosbuc, schreibendes Mitglieder der Rumänischen Akademie, und George Linul".

Es war eine der letzten Begegnungen zwischen dem Dichter und seinem Mentor, der 1934 verstarb und als pensionierter Erzpriester mit Auszeichnung neben der orthodoxen Kathedrale in Bistritz, der er mit Frömmigkeit und Ergebenheit über ein Viertel Jahrhundert lang gedient hatte, begraben wurde.

Wegen dieser Fotografie ist die Mehrheit unserer literarischen Biographen der Meinung, daß sie in Karlsbad aufgenommen wurde. Jedoch gibt es darüber einige Unsicherheit, weil das Bild 1912 vom Bistritzer Fotografen Alexandru Rosu gemacht wurde, und die Person in der Mitte des Bildes der Bistritzer Rechtsanwalt Dr. D. Ciuta ist.

Einfügen möchte ich die Tatsache, dass neben den ungarischen und rumänischen Anmerkungen auf der Rückseite dieser Postkarte auch die Bezeichnung „Baile Sangeorzul roman" aufscheint, sowie die Erwähnung: „Reproduktion verboten". Das hätte sich bei nicht realer Übereinstimmung kein autorisierter Fotograf wie der große Bistritzer Fotograf Alexandru Rusu erlauben können.

Sobald er bei einer Fotografie die Echtheit durch seinen Stempel bezeugte, bin ich eher geneigt zu glauben, dass sie in unserer Gegend gemacht wurde und nicht wo anders.

The Hordou bard - as a guest

The poet George Coşbuc visited Bistriţa several times and he liked it a lot. In a letter sent to his brother while he was in Bucharest he wrote: "after the 12 years of interdiction forced by the military authorities, I am going to return to the Hungarian country and build my own house either in Braşov or in Bistriţa, to stay there for some months each year".

In his "Biographical notes and memories about George Coşbuc", senator Dr. Leon Scridon asserted that he had met George Coşbuc many times in Bistriţa.

Gregoriu Pletosu, Coşbuc's Romanian teacher, whom the poet deeply cherished, had already moved to our town in 1909 as an archpriest.

Once, while George Coşbuc was in town at a lovely feast with his school mates at Paulini's Restaurant in Lemnelor (Woods) Street (Liviu Rebreanu street now), he saw his former teacher passing by and hastily wrote a note to him:

"We kindly ask the archpriest
To put on his hat
And come to us
To have a feast, as neighbours do
We are at Paulini's
Over old wine and new waiters."

The invitation was signed: "George Coşbuc, corresponding member of the Romanian Academy and George Linul".

This was one of the last encounters between the poet and his mentor, who was to pass away in 1934 and was buried as pensioner archpriest near the Orthodox Cathedral in Bistriţa, which he had piously served for over a quarter of a century.

Our great biographers sustained that it had been taken by the great Bistriţa photographer Alexandru Roşu in 1912 and the character in the middle was the Bistriţa lawyer Dr. D. Ciuta.

Furthermore, beside the Hungarian and Romanian words for Postcard on the back, it is also mentioned the name "Băile Sângeorzul-român" (Romanian Sângeorz Spa) and the notice "copy right" which couldn't have been written there but by a famous artist, as the well known Bistriţa photographer Alexandru Roşu.

I am inclined to believe it has been taken in our district, and not elsewhere since the photographer acknowledged it with his own brand.

Reuniunea învățătorilor români, de confesiune Greco-Catolică, din districtul Năsăud

Românii din Transilvania au fost cuprinşi de un entuziasm de nedescris când au luat la cunoştință că, imediat după unirea cu biserica Romei, Împăratul Leopold I şi-a ținut promisiunea şi a dispus înființarea primelor şcoli cu limba de predare română, pentru cei de confesiune greco-catolică. În fapt, mai târziu, la 1754, se deschide la Blaj prima şcoală centrală cu două clase în limba română.

La noi în județ, înființarea învățământului cu limba de predare română s-a făcut începând cu anii 1763 şi 1764, în cadrul „şcolilor grănicereşti" apărute sub domnia Mariei Teresia, după care au fost înființate în 1778 şcoala normală din Năsăud, şcolile triviale din Monor, Prundul-Bârgăului, Sângeorz, Telciu şi Zagra. După 1838, au luat ființă în toate cele 44 comune grănicereşti şcolile populare naționale cu limba de predare română. Dispozițiile Ministerului de Cult şi Instrucțiune Publică a permis înființarea şi organizarea şi a Asociațiunilor profesionale ale slujitorilor şcolii. La scurtă vreme a început şi în Districtul Năsăud o asiduă activitate de înființare a reuniunii învățătorilor, sub preşedinția Prof. Maxim Pop din Năsăud, ce a pregătit statutele şi a întreprins demersurile necesare , astfel încât din 29 ianuarie 1876, ea devine oficială, recunoscută în drept.

Reuniunea a primit numele de „MARIANA", în memoria învățătorului Ioan Marian, unul dintre cei mai zeloşi dascăli români din district.

În adunarea generală din 2 iunie 1878, ținută la Năsăud, s-au ales membrii comitetului reuniunii conform statutului. Biroul şi comitetul au fost alcătuite din următorii: vicarul Grigore Moisil, în calitate de preşedinte şi Mihaiu Domide, Iacob Pop, Ioan Jarda, Isidor Titieni, Maxim Pop, Cosma Anca, Petru Tofan, Teodor Rotariu şi Iacob Pop Năseudeanu, în calitate de membri.

Adunările generale ale Reuniunii se desfăşurau de obicei anual, sau la cel mult 2 ani, în localități diferite, prilej cu care se prezentau de către unii membri şi „ disertațiuni cetite si pertractate".

Adunarea generală din anul 1899 s-a ținut la Bistrița, în zilele de 5 si 6 noiembrie, aşa cum reiese şi din imaginea alăturată. Cu acest prilej s-au prezentat şi următoarele materiale: „Cultura si moralitatea" de învățătorul Iuliu Chitta din Bistrița, „Cum poate învățătorul câştiga iubirea, încrederea şi respectul comunității sale" de învățătorul Silvestru Mureşan din Rodna-Veche şi „Proiect de plan special pentru şcolile repetiționale economice" susținută de învățătorul Ioan St. Pavelea din Runc, lucrare ce a fost şi premiată, dealtfel, de adunarea generală cu 10 florini.

Aşadar, au trecut peste 100 de ani de la această manifestare, ce a avut loc la Gewebeverein (actuala Casă de cultură „George Coşbuc").

Prin bunăvoința Domnului Profesor George Vasile Rațiu, am aflat cu mare bucurie că la 15 oct. 1990 Asociația Mariana a fost reînființată, cuprinzând, acum, toate categoriile de cadre didactice, aşa cum o consfințeşte de altfel Hotărârea cu nr. 167/PJ/1990, a Judecătoriei Bistrița dată cu care a redobândit personalitatea juridică, după ce în 1940 ea a fost desființată în mod samavolnic de autoritățile maghiare de ocupație.

Regretabil este faptul că actualul preşedinte, George Vasile Rațiu, întâmpină, încă, foarte multe greutăți în redobândirea bunurilor Asociației, mai ales din partea celor cu responsabilități în domeniu, ceea ce este greu de înțeles.

Reuniunea învățătorilor gr. cat. "MARIANA" în semn de aducere aminte de la adunarea generală ținută în 5 și 6 Novembre 1899 în cetatea Bistrița
Verein der griech.-kath. Lehrer "MARIANA" bei der Generalversammlung am 5. und 6. November 1899 in Bistritz
The "MARIANA" Greek-catholic school-teachers' Reunion at the general assembly held on November 5th - 6th, 1899 in Bistrița

Versammlung der rumänischen griech.-kathol. Lehrer aus dem Bezirk Nasaud

Die Rumänen in Siebenbürgen wurden von unbeschreiblichem Enthusiasmus ergriffen als bekannt wurde, daß Kaiser Leopold I sein Versprechen hielt und gleich nach der Vereinigung mit der römischen Kirche die Gründung der ersten Schulen mit Unterricht in rumänischer Sprache für die griech.-kathol. Gläubigen verfügte.

Bei uns im Landkreis wurde das Lehramt für den Unterricht in rumän. Sprache ab den Jahren 1763 und 1764 eingeführt, in den unter der Herrschaft von Maria Theresia gegründeten „Schulen der Grenzbeamten". Später wurden 1778 die Grundschulen von Nasaud, Monor, Prundul-Bargaului, Sangeorz, Telciu und Zagra eingerichtet. Nach 1838 gab es in allen 44 Grenzorten nationale Volksschulen mit Unterricht in rumän. Sprache. Die Verfügung des Ministeriums für Religion und öffentliche Bildung erlaubte auch die Gründung und Organisation der Professorenvereinigung für die Bediensteten der Schulen. Bald begannen auch im Distrikt Nasaud emsige Aktivitäten zur Gründung der Lehrervereinigung unter dem Vorsitz von Prof. Maxim Pop aus Nasaud, der die Statuten vorbereitete und alle dafür notwendigen Schritte unternahm. Diese Vereinigung bekam am 29. Jänner 1876 ihren offiziell anerkannten Status.

Die Vereinigung erhielt den Namen „Mariana" zur Erinnerung an den Lehrer Ioan Marian, einem der eifrigsten rumänischen Lehrer des Distriktes.

Die Generalversammlung vom 2. Juni 1878 in Nasaud wählte die Mitglieder des Vereinskomitees gemäß den Statuten. Es bestand aus dem Vikar Grigore Moisil als Präsident, sowie Mihaiu Domide, Iacob Pop, Ioan Jarda, Isidor Titieni, Maxim Pop, Cosma Anca, Petru Tofan, Teodor Rotariu und Iacob Pop Naseudeanu als Mitglieder.

Die Generalversammlung fand jährlich oder spätestens nach zwei Jahren an verschiedenen Orten statt, weshalb von einigen Mitgliedern auch „zu lesende Abhandlungen" präsentiert wurden.

Die Generalversammlung von 1899 wurde in Bistritz vom 5. bis 6. November abgehalten. Dabei wurden folgende Themen präsentiert: „Kultur und Moral" vom Lehrer Silvestru Muresan aus Rodna-Veche und das „Projekt eines Spezialplanes für wirtschaftliche Repetitions-Schulen" von Lehrer Ioan St. Pavelea aus Runc. Diese Arbeit wurde auch von der Generalversammlung mit 40 Florin prämiiert.

So sind nun über 100 Jahr seit diesem Ereignis vergangen, das im Gewerbeverein, dem heutigen Kulturhaus „George Cosbuc" abgehalten wurde.

Von Herrn Prof. George Vasile Ratiu hörte ich mit großer Freude, dass die Vereinigung Mariana am 15. Oktober 1990 mit sämtlichen Kategorien des Lehrkörpers wieder gegründet worden ist. Das bezeugt unter anderem der Bescheid Nr. 167/PJ/1990 des Landesgerichtes Bistritz. Damit hat die Vereinigung ihre juristische Persönlichkeit wieder erlangt, nachdem sie 1940 von den ungarischen Besatzungsbehörden willkürlich aufgelöst worden war.

Bedauerlich ist die Tatsache, daß der jetzige Präsident George Vasile Ratiu noch immer großen Schwierigkeiten bei der Wiederbeschaffung des Eigentums der Vereinigung begegnet, vor allem von Seiten der auf diesem Gebiet Verantwortlichen, was schwer zu verstehen ist.

Greek Catholic Romanian Teachers Reunion in the district of Năsăud

The Romanians in Transylvania were highly enthusiastic about finding that, right after their unification with the Church of Rome, Emperor Leopold I kept his promise to build up the first schools where Romanian was taught to the Greek Catholics. In fact, in 1754 was opened in Blaj the first Central school with two classes taught in Romanian.

In our district, starting from 1763 and 1764, were founded the first schools where teaching was done in Romanian in the "border schools" which had appeared during Maria Teresa's reign. There in 1778 were settled the Normal school of Năsăud, the minor schools of Monor, Prundu-Bârgăului, Sângeorz, Telciu and Zagra. After 1838, national popular schools appeared in the entire forty border villages, where teaching was done in Romanian.

The provisions of the Ministry of Cult and Public Instruction allowed the founding and organizing of teachers' Professional Associations. Shortly after this, in the district of Năsăud, a sustained activity of founding teachers' reunions started, lead by prof. Maxim Pop from Năsăud, who had prepared the necessary steps and regulations so that, starting from January 29th, 1876, this association has been officially acknowledged.

It got the name "MARIANA" in the memory of the teacher Ivan Marian, one of the most enthusiastic Romanian teachers in the district.

In the general assembly of June 2nd, 1878, held in Năsăud, the members of the reunion committee were elected, as provided in the regulations. The members of the executive and the committee were: vicar Grigore Moisil as chairman, and Mihaiu Domide, Iacob Pop, Ioan Jarda, Jsidor Titieni, Maxim Pop, Cosma Anca, Petru Tofan, Teodor Rotariu and Iacob Pop Năseudeanu as members.

The Association's general assemblies took place every year or at least every other year, in different locations; then some of the members also presented "reading and lecturing essays".

The general assembly of 1899 was in Bistrița, on the 5th and 6th November, as you can see in this photograph some papers were presented on this occasion: "Culture and morality" by Iuliu Chitta from Bistrița, "Ways of gaining the respect, love and trust of the community by a teacher" by Silvestru Mureșan of Rodna-Veche and "A project for a special plan for economical repetitive schools" by Ioan St. Pavelea from Runc; this paper was also awarded 10 coins (florini) by the assembly.

There have been 100 years since this manifestation took place at Gewerberein ("George Coșbuc" House of Culture nowadays).

Owing to Professor George Vasile Rațiu, I have gladly found out that on October 15th 1990, Mariana Association was settled again, now comprising all categories of teachers, as stipulated in the Sentence nr. 167/P5/1990 realized by Bistrița Court of Law, when it acquired legal status after having been broken up by the Hungarian oppressive authorities.

It is a pity that the actual chairman, George Vasile Rațiu, still has trouble in getting back the Association's assets from those morally involved, which is quite difficult to understand.

Reuniunea română de cântări din Bistriţa

Începând cu a doua jumătate a secolului al XIX-lea, populaţia românească din cartierele mărginaşe ale oraşului, în dorinţa de emancipare socială, a desfăşurat o intensă activitate cultural-artistică. Aceasta avea ca scop atât educarea tinerilor în spiritul dragostei pentru limbă şi neam, cât şi dorinţa de etalare a tradiţiilor şi a obiceiurilor româneşti, în măsură să sensibilizeze concitadinii celorlalte etnii.

Frumuseţea datinilor, a dansului, a portului popular, ca şi preocupările artistice şi culturale ale românilor, se doreau a fi un argument că rezerva unor orăşeni, cu privire la stabilirea românilor în oraşul vechi, era neîntemeiată şi că atât preocupările românilor, cât şi tradiţiile şi năzuinţele lor, aveau aceeaşi valoare cu cele ale celorlalţi conlocuitori.

Primele formaţiuni culturale româneşti ce au prezentat spectacole pe scenele oraşului Bistriţa au fost cele înfiinţate pe lângă Biserica greco-catolică. Dintre acestea aş aminti; „Reuniunea femeilor Mariana ", „Corul bisericii"şi „Fanfara română".

Mai târziu, sub îndrumarea unor intelectuali români, printre care şi numeroase cadre didactice, au luat fiinţă „ Asociaţia pentru literatură română şi cultura poporului român" precum şi „ Reuniunea română de cântări din Bistriţă", organizaţii artistice care, decenii de-a rândul, au prezentat spectacole mult apreciate de toţi orăşenii, spre marea satisfacţie a populaţiei româneşti.

Reuniunea "Sfânta Maria" a femeilor de plugari români din Bistriţa, 1922
Verein „Sfanta Maria" der rumänischen Bäuerinnen von Bistritz 1922
Romanian ploughmen wives "Saint Mary" Reunion in Bistriţa, 1922
de jos în sus/from down to up: Ion Cucu, Dumitru Berbecar, Ştefan Vaida, Miţi Vaida, Elena Berbecar, Diniziu Vaida, Ioan Moldovan, Pavel Berbecar, Susana Bebecar, Maria Pop, Maria Urs, Florica Berbecar, Dionoziu Vaida, Rafila Filimon, Roza Vaida, Veronica Petringel, Susana Someşan, Ioan Petringel, Florica Irimie, Maria Bucur, Maria Filip, Anuţa Berbecar, Florica Sângeorzan - Maria Cucu, Maria Lichi, Fira Urs, Florica Naghy, Maria Cucu, Maria Onişor, Maria Sângeorzan, Ana Berbecar, Florica Moldovan Maria Paşcu, Veronica Bilegan, Florica Petringel, Ana Horhondar, Florica Berbecar, Maria Berbecar, Maria Berbecar, Dochia loliciu, - Paraschiva Cristurean, Fira Urs, Florica Solovăstru,Maria Moldovan, Maria Bacheş, Maria Berbecar, Maria Cepănar Florica Dohotar, Anişca Târnovan, Rafila Filimon, Susana Ceuca, Florica Leşan, Paraschiva Mureşan, Florica Urs - Lucreţia Bulz, Maria Butuc, Ion Someşan, Firuca Şandor, Ioan Berbecar, Veronica Sângeorzan Vasile Sângeorzan, Maria Măgheruşan, Maria Toma, Maria Moldovan, Ioan Irimie, Anuca Someşan, Florica Toma, Veronica Moldova.,

Femei din Reuniunea Mariana de pe lângă biserica gr. cat., 1920
Frauen des Vereins „Mariana" 1920
Women from "MARIANA" Reunion around the Greek-Catholic Church, 1920

Reuniunea română de cântări Bistriţa în anul 1914
Rumän.Sängerverein Bistritz 1914
The Bistriţa Romanian Singing Reunion in 1914

Cei mai importanţi contribuabili la strângerea sumei necesare cumpărării bisericii în 1895
Die wichtigsten Beitragszahler zum Kauf der griech.-kathol. Kirche 1895
The most important sponsors for gathering the necessary amount of money to buy the church in 1895

Corul bisericii gr. cat. în 1942
Griech.-kath. Kirchenchor 1942
The Greek-Catholic church choir in 1942

Susţinători financiari ai bisericii, 1919
Finanzielle Unterstützer d.Kirche 1919
Church sponsors, 1919

Rumänischer Sängerverein Bistritz

Mit Beginn der zweiten Hälfte des XIX. Jh. entwickelte die rumänische Bevölkerung aus den Randbezirken der Stadt intensive kulturelle Aktivitäten, vor allem um sich sozial zu emanzipieren. Ziel war die Erziehung der Jugend im Geiste der Liebe zu Sprache und Volk, aber auch der Wunsch, die rumänischen Traditionen und Gebräuche vorzustellen und die Mitbürger der anderen Volksgruppen dafür zu sensibilisieren.

Die Schönheit der Bräuche, des Tanzes und der Volkstracht, aber auch die Beschäftigung der Rumänen mit Kunst und Kultur sollte gegen die unbegruendete reservierte Haltung einiger Städter gegenüber den in der Altstadt lebenden Rumänen argumentieren. Die Arbeit der Rumänen wie auch ihre Traditionen und Trachten hatten und haben den gleichen Wert wie die der anderen Mitbürger.

Die ersten rumänischen kulturellen Gruppen, die Vorstellungen auf den Bühnen der Stadt Bistritz gaben, waren jene der griech.-kathol. Kirche, ich erinnere an den Verein Mariana der Frauen, an den Kirchenchor und an die rumänische Musikkapelle.

Etwas später wurde der „Verein für rumänische Literatur und rumänische Volkskultur“ unter der Führung einiger rumänischer Intellektueller, vor allem des Lehrkörpers, gegründet. Ebenso der rumänische Gesangsverein Bistritz. Das waren künstlerische Organisationen, die jahrzehntelang ihre von allen Städtern geschätzten Aufführungen gaben, zur großen Befriedigung der rumänischen Bevölkerung.

Romanian Singers' Association of Bistrița

Starting from the second half of the 19th century, the Romanian population in the outskirt, with a view to social emancipation, developed an intense cultural and artistic activity.

This had a double purpose: on the one hand, to educate the young people in the spirit of love for their nation and language and on the other hand the desire to show the Romanian traditions and customs so as to be known by the town people belonging to other nationalities.

The beauty of the traditions, the folk dances and costumes as well as their artistic skill were still reasons in favour of the Romanians' setting within the old town walls and of the fact that the Romanians' interests, traditions and wishes for the future were as valuable as those of the other citizens.

The first Romanian cultural groups to perform on stage in Bistrița were the ones founded around the Greek-Catholic church, among which "Mariana Women's Association", "The church choir" and "The Romanian brass band".

Later on, guided by same Romanian intellectuals, such as many teachers, were founded "The Association for Romanian literature and culture of the Romanian people" and "The Romanian singers' Association of Bistrița". They were artistic companies which presented, years on end, highly appreciated performances, to the Romanian population' satisfaction.

Reuniunea meseriaşilor români

Organizată după modelul saşilor bistriţeni, ,,Reuniunea meseriaşilor români" din oraş, s-a alcătuit din breslaşi, ce se aflau într-o continuă competiţie, chiar şi artistică. Dealtfel ca şi saşii, ei păstrau steagurile breslelor în biserică, ba chiar şi locurile ce le ocupau în strană erau stabilite şi pe aceste criterii.

Fiecare breaslă îşi avea formaţiile sale artistice (fanfară, formaţiuni teatrale, grupuri de declamatori, grupuri vocale etc.).

De multe ori însă, meseriaşii români îşi uneau forţele în organizarea unor spectacole comune, aşa cum a fost cazul şi în cel despre care este vorba în rândurile de mai jos.

Iată cum arăta invitaţia originală la unul din spectacolele ce au avut loc în anul 1919 (vezi pag.90).

Preţurile de intrare erau stabilite astfel: Locul I - 6 coroane, Locul II - 5 coroane, Locul III - 4 coroane , Loc de stat şi galeria - 3 coroane. Se menţiona că venitul creat e destinat în favorul reuniunei şi că suprasolvările se primesc cu mulţumită. Comitetul reuniunei mai preciza pe prima pagină a programului că: ,,Biletele de vânzare se pot căpăta la casă de la 10-12, precum şi seara de la 6 oare".

Programul a constat în declamarea poeziilor ,,Meseriaşul" de Mihai Eminescu, de către Ioan Bozga şi a poeziei ,, Înfrăţirea noastră " de Dr. Comşa, în interpretarea domnişoarei Victoria Figan.

S-au interpretat două piese într-un act, prima fiind ,, În sat la Tînguieşti" de Virgil Oniţiu, cu următoarea distribuţie;

Găitan, ţăran econom, ...Pavel Butuc
Lăpuş, ţăran econom, ...Vasile Năsăudean
Ilie Guţan,măiestru măsar, ...Alexandru Măgheruşan
Lelea Mărie, ţărancă,...............Eugenia Hara
Florea, flăcău din sat,...............Ioan Botcariu
Toader Gâlburu,.ţăran bătrîn,...Maximilian Pop
Florica,fată mare,................... Victoria Figan
Iţig,crâşmar în sat,................... Iuliu Grama
Învăţătorul Gavrilă,................. Octavian Lung
Băieţi de şcoală

Cea de a doua piesă a fost ,, Vlăduţul mamei", având următoarea distribuţie:

Vlăduţul mamei, scolar din sat,........Iuliu Grama
Eftimie Sbârciog, bătrân pădurar.....Ioan Frişan
Costică Şoimescu, tânăr boier,........Ioan Archiudean
Sevasta, mama lui Vlăduţ,..............Elena Filip
Smărăndiţa,fica lui Eftimie,............Elena Rus
ţărani şi ţărance

Spectacolul s-a încheiat cu jocurile populare ,,Căluşerul" şi ,,Bătuta", conduse de Alexandru Măgheruşan.

Ca întotdeauna, după astfel de spectacole, urma petrecerea cu joc până dimineaţă. Dans, chef şi ospăţ în toată regula !

Interpreţii piesei "Idil la ţară" şi "Trei doctori", 3 martie 1907
Darsteller des Stückes „Idylle am Land" und „Drei Doktoren" am 3. März 1907
The actors of the plays "Love story in the country" and "Three doctors", march 3rd, 1907

INVITARE.

Reuniunea meseriaşilor din Bistriţa
are onoare a Vă invită la

Producţiunea teatrală
împreunată cu joc,
ce o va aranja
Duminecă, în 16 Februarie st. n. 1919
în sala cea mare dela „Gewerbeverein."

Inceputul precis la 7 oare seara.

Aspecte din piesa de teatru jucată cu această ocazie

Ansichten aus dem bei dieser Gelegenheit aufgeführten Theaterstück

Snaphots from the play performed on this occasion

Iată trei dintre cei mai activi artişti amatori ai Reuniunii meseriaşilor
Hier sieht man drei der aktivsten Amateurkünstler des Handwerkervereins
Here are three of the most active amateur artists of the craftsmen Reunion

Flavius Dumbravă

Pavel Butuc

Alexandru Moldovan

Ansamblul artistic al meseriaşilor maghiari din Bistriţa la spectacolul din decembrie 1919
Künstlerensemble der ungar.Handwerker in Bistritz bei einer Aufführung im Dezember 1919
Bistriţa's Hungarian craftsmen artistic group performing in December, 1919

Verein der rumänischen Handwerker

Diese Organisation nach dem Modell der Bistritzer Sachsen bestand aus Handwerkern, die in ständigem Wettbewerb standen, auch auf künstlerischer Ebene. So wie die Sachsen bewahrten sie ihre Fahnen in der Kirche auf, auch die Kirchenstühle waren nach diesen Kriterien besetzt.

Jede Zunft hatte auch ihre künstlerischen Formationen (Musikkapelle, Theatergruppen, Vortragskünstler und Vokalgruppen etc.).

Oft vereinten die rumänischen Handwerker ihre Kräfte zu einer gemeinsamen Aufführung, so wie zu der Gelegenheit, von der ich weiter unten berichten werde.

Hier eine Original-Einladung zu einer Aufführung im Jahre 1919 (siehe Seite 90):

Die Eintrittspreise wurden so festgesetzt: Platz I 6 Kronen, Platz II 5 Kronen, Platz III 4 Kronen, Stehplatz auf der Galerie 3 Kronen. Es wird erwähnt, dass die erzielten Einnahmen für den Verein verwendet werden und dass man Spenden gerne annimmt. Das Komitee teilt auf der ersten Seite des Programmes mit, dass man Eintrittskarten von 10-12 Uhr im Haus erhält sowie am Abend ab 6 Uhr.

Das Programm bestand aus dem Vortrag des Gedichtes „Der Handwerker" von Mihai Eminescu durch Ioan Bozga, und aus dem Gedicht „Unsere Verbrüderung" von Dr. Comsa, interpretiert von Frl. Victoria Figan.

Es gab auch zwei Einakter, und zwar „Im Dorf von Tinguiesti" von Virgil Onitiu, mit folgenden Darstellern:

Gaitan, Bauer	Pavel Butuc
Lapus, Bauer	Vasile Nasaudean
Ilie Gutan, Tischlermeister	Alexandru Magherusan
Lelea Marie, Bäuerin	Eugenia Hara
Florea, Bursche aus dem Dorf	Ioan Botcariu
Toader Galburu, alter Bauer	Maximilian Pop
Florica, heiratsfähige Tochter	Victoria Figan
Itig, Dorfwirt	Iuliu Grama
Lehrer Gavrila	Octavian Lung
Schuljungen	

Das zweite Stück war „Mutters kleiner Vlad" mit folgenden Darstellern:

Klein-Vlad, Schüler im Dorf	Iuliu Grama
Eftimie Sbarciog, alter Förster	Ioan Frisan
Costica Soimescu, junger Herr	Ioan Archiudean
Sevasta, Mutter des Vlad	Elena Filip
Bauern und Bäuerinnen	Elena Rus

Die Vorstellung wurde mit den Volkstänzen „Caluserul" und „Batuta" beendet, geleitet von Alexandru Magherusan.

Wie immer nach solchen Vorstellung folgten Tanz und Unterhaltung mit Einladungen zum Essen bis zum frühen Morgen, wie es sich gehörte.

The Romanian Craftsmen's Association

Organized after the model of Bistrița Saxons from Romania, The Romanian Craftsmen's Association in the town was made up of guild people, who were in permanent competition, even on artistic grounds. The same as the Saxons from Romania did, they used to keep their guilds banners in the church and even the seats they had inside were established on these very criteria.

Each guild had its own artistic groups (brass band, theatre companies, recites groups, vocal groups etc.)

But The Romanian handicraftsmen often joined their efforts in organizing some performances, as was the case of the one you are going to read about.

Here is the original invitation to one of the shows presented in 1919 (see page 90).

The admission prices were as follows: Seat I 6 crowns, Seat II 5 crowns, Seat III 4 crowns, Seat and Gallery 3 crowns. They also mentioned that the money raised was to be allotted to the Association and that they would be happy to receive any other donations. The Association Committee also mentioned, on the front page of the programme, that: "Tickets are available at the box-office between 10 and 12 o'clock and in the evening starting from 6 p.m.".

The performance consisted of the poems "the Handicraftsman" by Mihai Eminescu recited by Ioan Bozga and "Our brotherhood" by Dr. Comșa recited by Miss Victoria Figan.

Two one act plays were performed; the former was Virgil Onițiu's "In the Tîrguiești Village" having the following cast of characters:

- Găitan, peasant — Pavel Butuc
- Lăpuș, peasant — Vasile Năsăudean
- Ilie Guțan, waiter master — Alexandru Măgherușan
- Lelea Mărie, peasant — Eugenia Hara
- Florea, village lad — Ioan Botcariu
- Toader Gâlburu, old peasant — Maximilian Pop
- Florica, maid — Victoria Figan
- Ițig, bartender in the village — Iuliu Grama
- Teacher Gavrilă — Octavian Lung
- Schoolboys

The latter one was "Vlăduțu darling", with the cast of characters as follows:

- Vlăduțu darling, village schoolboy — Iuliu Grama
- Eftemie Sbârciog, forest guard — Ioan Frișan
- Costică Șoimescu, young nobleman — Ioan Archiudean
- Sevasta, Vlăduț's mother — Elena Filip
- Smărăndița, Eftemie's daughter — Elena Rus

The performance closed after the folk dances "Călușerul" and "Bătuta", conducted by Alexandru Măgherușan.

The dancing party always followed such performances, ending at daybreak. Dancing and entertainment!

Comitetul bisericii Greco-Catolice Române din Bistrița an. 1924

Das rumänische griech.-kathol. Kirchenkomitee von Bistritz im Jahre 1924
The Romanian Greek-Catholic Church Committee of Bistrița in 1924

Cu rol de emancipare națională, culturală și sarcini ecleziastice, Comitetul Bisericii cuprindea pe cei mai onorabili cetățeni și cu o mare autoritate.

De jos în sus: Ioan Sandor, Vasile Berbecar, Mitru Toma, Ioan Moldovan, Ioan Sasu, Ştefan Ocnean, Marcu Pavel, Pavel Urs Goroiu

George Matheiu, Ioan Cucu, dr. Alex. Palagies, Pavel Sângeorzan, Ioan Petringel, Dioniziu Vaida, dr. D.Login, dr. George Linul, Pavel Botcar, Pavel Beşuan, Ilie Muresian

Ioan Somesan, Toader Moldovan, Stefan Vermesan, Ioan Toma, Pavel Bilegan, Mihai Encean, Vasile Sângeorzan, Ioan Târnovan, Vasile Bucur, Ioan Ilie

Pavel Paşcu, Ioan Sângeorzan, Pavel Filimon, Mitru Urs, Dumitru Berbecar, Pavel Berbecar, Gorița Toma, Ilie Moldovan

Fanfara Reuniunii, 1928
Vereinsmusik 1928
The Reunion brass-band, 1928

Defilare cu steagul Reuniunii, 1928
Defilee mit der Vereinsfahne 1928
Parading with the Reunion flag, 1928

Fotografia grupului vocal, 1927
Chorgruppe 1927
The photo of the vocal group, 1927

Das rumänische griech.-kathol.Kirchenkomitee von Bistritz im Jahre 1924

Fuer die Arbeit zur nationalen und kulturellen Emanzipation sowie zu kirchlichen Verpflichtungen vereinigte das Kirchenkomitee die ehrenwertesten Bürger, die großes Ansehen in der Stadt genießen durften.

Von unten nach oben: Ioan Sandor, Vasile Berbecar, Mitru Toma, Ioan Moldovan, Ioan Sasu, Stefan Ocnan, Marcu Pavel, Pavel Urs Goroiu

George Matheiu, Ioan Cucu, Dr. Alex. Palagies, Pavel Sangeorzan, Ioan Petringel, Dioniziu Vaida, Dr. D. Login, Dr. George Linul, Pavel Botcar, Pavel Besuan, Ilie Muresian

Ioan Somesan, Toader Moldovan, Stefan Vermesan, Ioan Toma, Pavel Bilegan, Mihai Encean, Vasile Sangeorzan, Ioan Tarnovan, Vasile Bucur, Ioan Ilie

Pavel Pascu, Ioan Sangeorzan, Pavel Filimon, Mitru Urs, Dumitru Berbecar, Pavel Berbecar, Gorita Toma, Ilie Moldovan.

The Romanian Greek-Catholic Church Committee of Bistrița 1924

Playing the part of national and cultural emancipation as well as ecclesiastical tasks, the Church Committee summoned the most honourable and authoritarian citizens.

Left to right, upwards Ioan Sandor, Vasile Berbecar, Mitru Toma, Ioan Moldovan, Ioan Sasn, Ştefan Ocnean, Marcu Pavel, Pavel Urs Goroiu.

George Matheiu, Ioan Cucu, dr. Alex. Palagies, Pavel Sângeorzan, Ioan Petringel, Dioniziu Vaida, dr. D. Login, dr. George Linul, Pavel Botcar, Pavel Beşnan, Ilie Muresian.

Ioan Someşan, Toader Moldovan, Ştefan Vermesan, Ioan Toma, Pavel Bilegan, Mihai Eucean, Vasile Sângiorzan, Ioan Târnovan, Vasile Bucur, Ioan Ilie.

Pavel Paşcu, Ioan Sângiorzan, Pavel Filimon, Mitru Urs, Dumitru Berbecar, Pavel Berbecar, Gorița Toma, Ilie Moldovan.

Organizațiile tineretului școlar din Bistrița, la început de secol

Organizație a elevilor din gimnaziul maghiar, 1915
Organisation der ungarischen Schüler des Gymnasiums 1915
The Hungarian gymnasium pupils' organization, 1927

Coetus Bistritia, organizație a elevilor germani, 1927
Coetus Bistritia, Organisation der deutschen Schüler 1927
Coetus Bistritia, the German pupils' organization, 1927

Cohorta "Gherasim Domide" a liceului român, 1923
Kohorte „Gherasim Domide" des rumänischen Lyzeums 1923
The "Gherasim Domide" scouts from the Romanian high school, 1923

Tineretul studios german a avut organizații cu caracter cultural emancipativ încă din secolul al XVII-lea. Abia la sfârșitul secolului al XIX-lea tinerii au participat la manifestări culturale cu un caracter permanent, devenite în scurtă vreme tradiționale. Manifestările artistice si sportive, odată cu extinderea orașului au inclus și școlile din periferiile românești și maghiare, primind un caracter concurențial.

Marea majoritate a manifestărilor erau etalate cu prilejul serbărilor școlare și al maialurilor tradiționale, când se respectau cu rigurozitate tradițiile specifice.

Fără îndoială că specificul național era prezent atât în Societatea elevilor germani "Bistriția", cât și în asociația studenților români "Dacia" sau în a celor maghiari.

Abia mai târziu, începând cu 1913, când ia ființă și în județul nostru mișcarea cercetășească cu legiunile, cohortele și centuriile diverselor școli, elementul naționalist se estompează treptat, impunându-se caracterul competitiv.

Organizațiile tineretului studios au avut astfel nu numai un caracter de emancipare națională, ci și de integrare socială și de competiție citadină.

Astfel, între organizațiile Geschichte der Deutschen Phadfinder Bistritz (D.P.F), a Gimnaziului evanghelic Bistrița, Cohorta "Gherasim Domide" a liceului ,,Alexandru Odobescu" și mișcarea cercetășească maghiară ,,Cserkesz Csapat", s-a instalat o atmosferă de colaborare și concurență benefică abia în deceniul al treilea al secolului XX. Această deschidere s-a datorat în primul rând, mișcării cercetășești.

Înființată în Anglia, de către Generalul Sir Baden Powel, în anul 1908, mișcarea ,, Boi Scauts " s-a extins cu repeziciune în toată lumea ,deoarece corespundea dorințelor de instruire și autoeducare a tineretului din acele vremuri. Prin legile sale, cercetășia nu a venit în contradicție nici cu dogmele religioase și nici cu cele morale ale societății, ba mai mult, ea a constituit un imbold în dorința de o

Organizația "Cserkesz Csapat", 1940 ~ Ungar.Verein "Cserkesz Csapat"
The "Cserkesz Csapat" organisation,1940

Străjeri bistrițeni în anul 1937
Die Bistritzer „Strajeri" 1937 ~ Bistrița guards in 1937

Organizația gimnaziului de fete, 1938
Verein des Mädchengymnasiums ~ The girls gymnasium organisation

perfecționare și autodepășire a tânărului, o năzuință, aspirație la autoperfecționare.

Îndemnul de a iubi natura, de a petrece cât mai mult timp în mijlocul ei, și de a o ocroti, dezvoltarea spiritului de inițiativă, a curajului, a dragostei față de semeni, față de adevăr, alături de efortul permanent de a te întrece pe tine însuți, au constituit liantul care a făcut ca mișcarea cercetășească să prospere peste decenii, să câștige din ce în ce mai mulți adepți, astfel încât azi să se manifeste în toate colțurile lumii.

Într-o lume atât de plină de contradicții, ca cea de azi, cercetășia reușește să insufle dragostea, la care să se răspundă cu dragoste.

Iată de ce a fost îmbrățișată și de tineretul studios al Bistriței, cu mult entuziasm.

Mișcarea cercetășească din România ia ființă în 1913, dar ea a fost îmbrățișată la noi în județ ceva mai târziu.

Încă de la începutul secolului, tinerii și mai ales elevii de liceu, „studenții" cum se numeau pe atunci, s-au organizat în asociații, cum au fost „Bistricia", a nemților din gimnaziul luteran, „Dacia", a elevilor liceeni români din Bistrița, sau cele ale maghiarilor din oraș. Ele aveau mai mult un caracter de emancipare națională, prin valorificarea obiceiurilor și tradițiilor strămoșești, devenind de multe ori separatiste, chiar prin condiționarea participării tineretului la activitățile organizate de naționalitatea acestuia.

Odată cu înființarea mișcării cercetășești, principiile umanitare și perfecționiste depășesc caracterul etnic, accentul punându-se pe apărarea valorilor umane universale.

Mișcarea cercetășească românească din Bistrița se organizează la Liceul de băieți „Al. Odobescu" în anul 1923, când aici ia ființă, sub conducerea maestrului de gimnastică Longin Bucur, prima cohortă ce purta numele memorandistului Gherasim Domide și care număra 42 de cercetași, care au depus jurământul, conform Regulamentului cercetășesc. Cohorta a avut un număr impresionant de activități pe plan local, participând și la Jamboreele internaționale de la Sibiu , Mamaia, ca și la cele din Gödölö (Ungaria) și Gdinia din Polonia.

În primele zile ale anului 1930, a fost întemeiată și mișcarea cercetășească la Liceul evanghelic-luteran din Bistrița-Deutschen Pfadfinder Bistritz (D.P.B.), sub conducerea lui Richard Suhany , preluând și elementele valoroase din Asociația Wandervogel ce activa de mulți ani, însumând acum circa 100 de membri.

În anul 1930, se organizează la Pietriș prima tabăra a cercetașilor germani din sud-estul Transilvaniei, sub conducerea lui Alfred Bonfert, la care participă și cercetașii români, se pun bazele unei colaborări interetnice fructuoase pe plan local.

Practic, din această perioadă acțiunile tuturor cercetașilor bistrițeni au primit un caracter unitar, indiferent de etnie. Tot acum se re-

Carte poștală a cercetașilor bistrițeni
Postkarte der Bistritzer Pfadfinder
Postcard of Bistrița Scouts

nunță la floarea de crin, ca simbol al cercetașilor bistrițeni, preluându-se ca simboluri vârful de lance și însemnul runic al biruinței. Sediul cercetașilor devine Turnul Dogarilor din Bistrița.

După reorganizări, epurări, renunțări și dispute succesive, în anul 1930 numărul cercetașilor bistrițeni germani se ridica la cca. 60.

Mișcarea cercetășească maghiară a avut o activitate intensă mai ales în perioada 1940-1945, fiind îndrumată și condusă de Dr. Sarosi. Numită Cserkesz Csapat, ea cuprindea însă și mulți adulți și mai ales meseriași. O altă unitate era organizată la Liceul de băieți „ Hunyadi Janos",ce cuprindea 5 grupe, numărând cca.110 membri. În cadrul organizației de aici se puteau înscrie însă și tinerii de alte naționalități, vorbitori ai limbii maghiare.

Toate aceste organizații au avut acțiuni multiple, cu accent pe formarea unor deprinderi practice de supraviețuire în cadrul naturii, de dezvoltare a dragostei pentru natură, de formare a unor trăsături de caracter de respect și întrajutorare, de dragoste pentru semeni și țara în care s-au născut și trăiesc.

În anul 1992, la insistențele domnului Flavius Ursu, fost lider al cercetașilor bistrițeni, și cu sprijinul cercetașilor seniori austrieci din Salzburg, se reînființează la Școala Generală Nr.2 din Bistrița (fost Liceul A.Odobescu),Unitatea Gherasim Domide, alături de care au venit astăzi alte cinci unități, formând Centrul Local Bistrița al Cercetașilor României din care am onoarea să fac și eu parte.

Cercetașii bistrițeni în Austria, 1997
Bistritzer Pfadfinder in Österreich 1997
Bistrița scouts in Austria, 1997

13 iunie 1998, data înființării celei mai tinere unități de cercetași
13. Jänner 1998, Gründungsdatum der jüngsten Pfadfinder-Einheit
June 13th, 1998 - the founding of the Youngest scouts unit

Împreună cu Cristl Weber reprezentanta cercetașilor din Salzburg și Flavius Urs mentorul reînființării mișcării cercetășești bistrițene, 1992
Oscar Scrabel, Christl Weber als Vertreterin der Salzburger Pfadfinder und Flavius Urs, der Berater für die Wiedergründung der Bistritzer Pfadfinder, 1992
Together with Christl Weber, the representative of Salzburg Scouts and Flavius Urs, the mentor of refounding the Bistrița Scouts movement, 1992

Schulorganisationen der Bistritzer Jugend am Anfang des Jahrhunderts

Die jungen deutschen Studenten hatten schon seit dem XVII. Jh. unabhängige kulturelle Organisationen. Erst ab dem Ende des XIX. Jh. nahmen sie auch ständig an öffentlichen kulturellen Ereignissen teil, die schon nach kurzer Zeit Tradition wurden. Zu den künstlerischen und sportlichen Auftritten wurden gleichzeitig mit der Vergrößerung der Stadt auch die Schulen aus den rumänischen und ungarischen Randbezirken einbezogen, so dass dadurch auch Konkurrenz entstand.

Die Mehrzahl der Veranstaltungen fand an den Schulfeiertagen statt und bei den traditionellen Maifesten, wo man streng auf besondere Bräuche achtete.

Ohne Zweifel war der nationale Charakter vorherrschend, sowohl bei der deutschen Schülerschaft „Bistritz" wie auch bei dem Verein der rumänischen Studenten „Dacia" und jenem der Ungarn.

Erst später, als 1913 bei uns im Landkreis die Pfadfinderbewegung mit Legionen, Kohorten und Centurien an den verschiedenen Schulen ihre Tätigkeit begann, verwischte sich stufenweise das nationale Element, an dessen Stelle Wettbewerbs-Charakter trat.

Die jugendlichen Studentenorganisationen hatten jedoch nicht nur die nationale Entwicklung zum Ziel, sondern auch die soziale Integration und staatsbürgerliche Verantwortung.

Zwischen den Deutschen Pfadfindern Bistritz (DPB) des evang. Gymnasiums Bistritz, der Kohorte „Gherasim Domide" des Lyzeums „Alexandru Odobescu" und der ungarischen Pfadfinderbewegung „Cserkesz Csapat" entwickelte sich Zusammenarbeit und Konkurrenzdenken, was erst im dritten Jahrzehnt des XX. Jh. zum Vorteil wurde.

Von General Sir Robert Baden Powel 1908 in England gegründet, breitete sich die Bewegung der „Boy Scouts" schnell in der ganzen Welt aus. Sie war mit den Wünschen dieser Zeit nach Ausbildung und Selbsterziehung der Jugend im Einklang. Durch ihre Gesetze kamen die Pfadfinder weder mit religiösen Dogmen noch mit moralischen Ansprüchen der Gesellschaft in Konflikt. Sie begründeten einen Antrieb zum Wunsch der Jugendlichen nach Perfektion und Selbstüberwindung, ein Streben, ein Trachten nach Vervollkommnung.

Der Anstoß für die Liebe zur Natur, sie zu schützen und so viel Zeit wie möglich draußen zu verbringen, die Entwicklung von Unternehmungsgeist, von Mut, von Liebe gegenüber den Mitmenschen und zur Wahrheit gleichzeitig mit der dauerhaften Anstrengung, sich selbst zu verbessern begründete eine Verbindung, welche die Pfadfinderbewegung über Jahrzehnte hin erblühen ließ und ihr immer mehr Anhänger brachte, so dass sie heute in allen Ecken der Welt bekannt ist.

In eine Welt, die so voll ist mit Gegensätzen wie der heutigen, ist es den Pfadfindern gelungen, ihr Liebe einzuhauchen, auf die die Welt mit Liebe antwortet.

So wurden sie auch von der studierenden Jugend in Bistritz mit viel Enthusiasmus aufgenommen.

In Rumänien wurde die Pfadfinderbewegung 1913 gegründet, in unseren Landkreis kam sie etwas später.

Schon am Beginn des Jahrhunderts waren die Jugendlichen in Gemeinschaften organisiert, vor allem die Schüler des Lyzeums, die sich Studenten nannten. Es gab die „Bistricia" der Deutschen aus dem lutheran. Gymnasium, die „Dacia" der rumänischen Schüler des Lyzeums von Bistritz und die Vereinigung der ungarischen Schüler der Stadt. Sie alle hatten eher einen nationalen Charakter durch die Wertschätzung der eigenen überkommenen Bräuche und Traditionen. Dadurch wurden sie oft zu

Einzelkämpfern, auch durch die Teilnahme der Jugend an den von ihren verschiedenen Nationalitäten nur für eine bestimmte Volksgruppe organisierten Veranstaltungen.

Gleichzeitig mit der Einführung der Pfadfinderbewegung überschatteten die humanitären und perfektionistischen Prinzipien den ethnischen Charakter, der Schwerpunkt wurde auf den Schutz der universellen menschlichen Werte gelegt.

Die rumänische Pfadfinderbewegung von Bistritz, die 1923 am Knabenlyzeum „Alexandru Odobescu“ unter der Leitung des Turnprofessors Longin Bucur gegründet wurde, trug den Namen des am Memorandum maßgeblich beteiligten Gherasim Domide. Gemäß den Gesetzen der Pfadfinder legten 42 Knaben das Versprechen ab. Die Kohorte hatte in der lokalen Umgebung beeindruckend viele Unternehmungen, sie nahm an den internationalen Jamborees von Hermannstadt, Mamaia und Gödölö (Ungarn) sowie Gdinia in Polen teil.

In den ersten Tagen des Jahres 1930 wurde auch die Pfadfinderbewegung am evang.-luth. Gymnasium gegründet, die Deutschen Pfadfinder Bistritz (DPB) unter Leitung von Richard Suhany. Diese übernahmen auch wertvolle Elemente aus der Wandervogel-Bewegung, sie hatten über 100 Mitglieder und waren viele Jahre lang aktiv.

In Pietris wurde 1930 das erste Lager der deutschen Pfadfinder aus Südost-Siebenbürgen organisiert, unter der Leitung von Alfred Bonfert. Daran nahmen auch die rumänischen Pfadfinder teil und es entwickelte sich eine fruchtbare interethnische Zusammenarbeit auf lokaler Ebene.

Praktisch ab diesem Zeitpunkt bekamen die Veranstaltungen aller Bistritzer Pfadfinder einen einheitlichen Charakter, unabhängig von der Volkszugehörigkeit.

Ab nun wurde auch auf die Lilie als Symbol der Bistritzer Pfadfinder verzichtet und an ihrer Stelle das Symbol der Lanzenspitze und das Runenzeichen für den Sieg übernommen. Der Faßbinder-Turm in Bistritz wurde zum Vereinsmittelpunkt der Pfadfinder.

Nach Reorganisation, Säuberung, Austritten und andauernden Streitigkeiten im Jahre 1930 hatten die Bistritzer deutschen Pfadfinder noch ca. 60 Mitglieder.

Die ungarische Pfadfinderbewegung hatte ihre Blütezeit vor allem in den Jahren 1940-1945, unter der Leitung von Dr. Sarosi. Die Cserkesz Csapat hatten auch viele erwachsene Mitglieder, vor allem Handwerker. Eine andere Einheit, die am Knabenlyzeum „Hunyadi Janos“ gegründet wurde, bestand aus 5 Gruppen mit ca. 110 Mitgliedern. Hier konnten sich auch Jugendliche anderer Nationalitäten einschreiben, die der ungarischen Sprache mächtig waren.

Alle diese Vereinigungen führten viele verschiedene Unternehmungen durch, mit dem Akzent auf praktischer Unterweisung fuer das Überleben in freier Natur, für die Liebe zur Natur, die Bildung des Charakters zu Respekt und gegenseitiger Unterstützung, die Liebe zum Nächsten und zu dem Land, in dem sie geboren wurden und lebten.

Auf die Beharrlichkeit von Herrn Flavius Ursu hin, einem ehemaligen Bistritzer Pfadfinderführer, wurde 1992 mit der Unterstützung der österr. Senioren-Pfadfinder aus Salzburg in der Grundschule Nr. 2 in Bistritz (dem ehemaligen Lyzeum A.Odobescu) die Einheit Gherasim Domide wieder gegründet. Daneben entstanden bis heute noch fünf andere Einheiten, die gemeinsam das Bistritzer Lokale Zentrum der Rumänischen Pfadfinder bilden, wo auch ich die Ehre habe, Mitglied zu sein.

Bistrița School students' organisation at the beginning of the 20th century

The German students had had cultural emancipation organization, since the 17th century, but only at the end of the 19th century did they start participating in permanent cultural manifestations, which became traditional shortly afterwards.

The sports and artistic manifestations also included the school in the Hungarian and Romanian outskirts, always with a competitive character.

Most of these manifestations were displayed on occasion of the school festivals and traditional folk holidays, when the typical customs were fully observed.

There is no doubt that the specific national character was present both in the German students society "Bistrița" and in the Romanian students Association "Dacia" as well as in the Hungarian Students Association.

In 1913, when the Scout' movement appeared in our district with its legions, cohorts and centuriae of different schools, the nationalist element gradually faded away, once with the rising of the competitive character.

Students' organizations had not only a national emancipation character, but also a social integration and local competition character.

Thus, there was a cooperative and beneficially competitive atmosphere only towards the third decade of the 20th century between the organizations Geschichte der Deutschen Phadfinder Bistritz (D.P.F.) the organization of the Evangelical Gymnasium in Bistrița, the "Gherasim Domide" cohort of "Alexandru Odobescu" High School and the Hungarian Scout Movement "Cserkesz Csapat". This opening was especially due to the scouts' movement.

Founded in England by General Sir Baden Powel in 1908, the movement "Boy Scouts" quickly spread all over the world, because it met the young people's instructional and self-educational needs of the time.

Owing to its laws, this movement has not contradicted the religious dogmas or the moral conventions of society, on the contrary, it was an impulse for the desire of perfection and self-improvement of the individual, an ideal, an aspiration to self-development.

The urge to love nature, to spend as long time as possible in the middle of nature, to protect it, to develop the initiative, courage, love for the others and for the truth as well as the constant effort to self-development were the connecting elements which made the Scouts movement thrive along the decades and gain more and more members, which allowed it to be famous everywhere.

In a world as full of contradictions as ours, the Scout movement manages to spread love, rewarded by love.

That is why it was also enthusiastically followed by the young people of Bistrița.

The Scouts movement in Romania appeared in 1913, but it developed in our district some time later.

Since the beginning of the 20th century, the young people and especially high school pupils, or "Students" as they used to be called at the time organized in associations like "Bistricia", the society of the Germans in the Lutheran Gymnasium, "Dacia", the society of Romanian high school pupils of Bistrița, or the organizations of the Hungarians in town. They had a fairly national emancipation character by revaluating the old traditions and customs, becoming separatist at times, even conditioning young people's participation in the activities organized by their nationality.

Once the Scouts Movement had been founded, the humanitarian and perfectionist principles exceeded the ethnic character, the focus of attention being the preservation of the universal humanitarian values.

The Romanian Scouts Movement in Bistrița was organized at the "Al. Odobescu" boys high school in 1923 when the first cohort was established, led by the gymnastics teacher Login Bucur. The cohort bore the name of the Memorandum participant Gherasim Domide, counting 42 scouts who swore their oath, according to the Scouts Movement Regulations. The Cohort developed an impressive number of activities in the area , also taking part in the international "Jamboree" in Sibiu and Mamaia and in Gődőlő (Hungary) and Gdinia in Poland.

In the early 1930s, the Scouts Movement was also established at the Evangelical-Lutheran High School of Bistrița Deutschen Pfadfinder Bistritz (D.P.B.) led by Richard Suhany, taking over some valuable elements from Wandergovel Association which had been functioning for many years, now comprising about 100 members.

In 1930, at Pietriş, the first camp of the SE Transylvania scouts was organized, led by Alfred Bonfert, where Romanian scouts also participated to lay the bases for an efficient interethnic cooperation.

Ever since, the actions carried out by Bistrița Scouts had a unitary character, irrespective of their nationality. That was the period when they gave up the lily as a symbol of Bistrița scouts, and took up the spear point and the runic sign of victory.

The Scouts headquarters was The Coopers' Tower in Bistrița.

After so much reorganizing, purification, dispute and giving up, the number of Bistrița German scouts was about 60 in 1930.

The Hungarian Scouts movement had an intense activity especially between 1940 and 1945, guided and led by Dr. Sarosi. It was called Cserkesz Csapat and it also included many adults, especially handicraftsmen.

Another unit was organized at The "Hunyadi Ianos" Boys High School, five groups having 110 members. All Hungarian speaking young people could enlist here.

All these organizations developed numerous activities, focusing on forming practical and survival in nature skills, enhancing the love for nature, their respect and responsibility, love for the kind and patriotism.

In 1992, pressured by Mr. Flavius Urs, former leader of Bistrița scouts and with the support of Austrian Senior Scouts of Salzburg, The "Gherasim Domide" unit was founded at School nr. 2 in Bistrița (Former "A. Odobescu" High School), joined by other five units making up The Local Centre of Romanian Scouts from Bistrița, which I am honoured to be part of.

Societata „DACIA”

Iată ce mi-a povestit dr. Alexandru Moldovan despre societatea „Dacia", a cărui membru a fost:

“La începuturi, activitățile extrașcolare se rezumau la cele din cadrul societăților școlare germane Wandervogel și Bistrițiae, în care manifestările în aer liber aveau un rol preponderent.

Abia în clasa a VI-a, în 1923, am trecut la Societatea studenților români „Dacia" din Bistrița, societate constituită, ca și cea a elevilor germani, după modelul studenților din Heidelberg. Multe ore am petrecut noi,elevii români de la Liceul german, la Berăria din Hendergasse, unde ne aveam sediul. Scopul societății era, conform regulamentului, dezvoltarea conștiinței naționale și educarea în sens național, dezvoltarea spirituală și trupească a membrilor, unirea lor *în cuget și simțiri*".

Membrii ai Societății "Dacia" 22 iunie 1924
Mitglieder der Verbindung „Dacia" 22. Juni 1924 Members of "Dacia" Society, June 22nd 1924

Membri fondatori ai Societății au fost elevii clasei a XII-a din anul școlar 1909-1910, Alexandru Bușiță, Emil Mănăstireanu, Valeriu Pop și Emil Rebreanu. Un statut ferm stabilea cadrul în care se desfășurau activitățile, modalitățile de adresare ca și obligațiile și drepturile fiecăruia .Asupra multora dintre acestea nu voi insista. Aș dori totuși să spicuiesc câteva din articolele statutului pentru a sublinia valențele formative ale organizației, ca și caracterul nostalgic și chiar desuet al enunțării articolelor din Statut, așa cum au fost ele formulate în acele timpuri:

§ 4. membri ordinari sunt studenții din cls. VI-VIII ale liceului evanghelic-luteran din Bistrița.

§ 24. Fiecare client este îndatorat să învețe statutele societății, istoria și literatura neamului românesc, cântecele și poeziile stărorite, drept aceea este obligat de a se supune unui examen.

§ 25.Fiecare membru ordinar are dreptul să dezvolte activitatea în sânul societății, conform scopurilor ei, să folosească biblioteca, să propună și să voteze.

§ 34. Oficianții societății sunt; prefectul, proprefect-secretarul, tribunul, cassar-bibliotecarul, paharnicul, cantor loci și conducătorul exercițiilor de gimnastică.

Statutul era însoţit de Comentul de commers al societăţii „Dacia" spre deliciul membrilor şi rezerva părinţilor. Spre ştirea celor interesaţi iată câteva exemple aşa cum erau ele formulate în acea vreme:

§ 2. Comersul va fi deschis de către praesidiu cu cuvintele „ Ad loca, silentium ! Commercium incipit !După care se cânta „ Hai să ciocnim pocalul" La sfârşitul cântării exclamă praesidiul „ Cântare suplimăex! Un Schmollis fraţilor! După ce corona urmează cu „ fiducit" Încheiat va fi commersul de către presidiu cu cuvintele „ Silentium1 Commercium ex!" şi cu cântarea „Strigaţi băieţi."

§ 4. Ca materie de comment este strict luată numai berea. În mai larg înţeles însă toate băuturile alcoolice. Nealcoolicilor e permis să fie prezenţi la commers, însă se supun următoarelor scurtări de drepturi; Lor nu le este permis 1. Să bea Schmollis, 2. Să ia parte la duel cu bere. Fără a mai intra în amănunte cu privire la duelul cu bere, boicotul de bere este necesar a fi lămurit deoarece era greu de înţeles şi pentru părinţii din vremea aceea că deviza „ Neîncetat va fi beut" nu se referea la băutul în neştire, ci că în ori ce moment oricare membru poate fi provocat „la duel", fiind în stare să participe fără a depăşi limita bunei cuviinţe şi a suportabilităţii sale. Existau ritualuri şi pentru Commentul amorului, Commentul lui ALAH, Salamandrulş, Introitus şi Libertinificarea, toate însoţite şi de cântece.

Fiecare dintre membri aveau nume de comers ca: Cep, Corb, Dac, Lac, Moţ, Nuc, Pip, Rac, g, Tip, Zor etc. Numele meu era Arc.

Societatea, lăsând la o parte ritualurile libertine încorsetate în regulamente studenţeşti împrumutate, a fost o şcoală de însuşire şi etalare a conştiinţei naţionale. Printre rigurozitatea disciplinară impusă nouă elevilor în liceul evanghelic-luteran şi libertinajul admis în cadrul societăţii Dacia, mi-am făcut ucenicia educaţională" - spunea interlocutorul dr. A. Moldovan.

Întrunirea festivă şi cartea poştală emisă cu prilejul sărbătoririi în anul 1935 a unui sfert de veac de activitate a Societăţii "Dacia"
Festliche Veranstaltung und Postkarte zu den Feiern aus Anlaß des 25-jähr. Bestandes der Vereinigung „Dacia" im Jahre 1935
The festive assembly and the postcard issued on the occasion of celebrating 25 years of activity for "Dacia" Society, 1935

Studentenverbindung „DACIA“

Das Folgende hat mir Dr. Alexandru Moldovan über die Verbindung „Dacia“ erzählt, deren Mitglied er war:

Am Anfang gab es als ausserschulische Aktivitäten nur jene im Rahmen der deutschen Schulvereinigung Wandervogel und die Bistrita, deren Veranstaltungen überwiegend im Freien abgehalten wurden.

Erst in der 6. Klasse, im Jahre 1923, kam ich zur Vereinigung der rumänischen Studenten „Dacia“ in Bistritz. Diese Vereinigung war so wie jene der deutschen Schüler nach dem Vorbild der Heidelberger Studenten organisiert. Wir, die rumänischen Schüler des deutschen Lyzeums, haben viele Stunden im Bierhaus in der Hendergasse verbracht, wo wir unseren Hauptsitz hatten. Das Ziel der Vereinigung war gemäß ihrer Regeln die Entwicklung des nationalen Bewußtseins und die Erziehung im nationalen Sinn, die geistige und körperliche Entwicklung der Mitglieder, ihre Verbindung untereinander „in Gedanken und Gefühlen“.

Die Gründungsmitglieder der Verbindung waren Schüler der 12. Klasse des Schuljahres 1909-1910, Alexandru Busita, Emil Manastireanu, Valeriu Pop und Emil Rebreanu. Ein strenges Statut bestimmte den Rahmen, in welchem die Veranstaltungen durchgeführt werden sollten, die Art und Weise der Anrede sowie die Rechte und Pflichten jedes einzelnen Mitgliedes. Viele davon möchte ich nicht hervorheben, ich möchte jedoch einige der Artikel des Statutes erwähnen, um die Wertigkeit der Organisation ihrer Form wegen zu unterstreichen, ebenso wie den nostalgischen und sogar veralteten Charakter der Aussagen der Artikel des Statutes, so wie sie zu diesen Zeiten formuliert worden sind:

§ 4. Gewöhnliche Mitglieder sind die Studenten der VI.-VIII. Klasse des evang.-luth. Lyzeums in Bistritz.

§ 24. Jeder Klient ist verpflichtet, die Statuten der Verbindung zu lernen, die Geschichte und Literatur des rumänischen Volkes, aktuelle Lieder und Gedichte. Er ist verpflichtet, sich einer Prüfung zu unterwerfen.

§ 25. Jedes gewöhnliche Mitglied hat das Recht, Aktivitäten gemäß ihren Zielen im Schoße der Verbindung zu entwickeln, die Bibliothek zu benutzen, Vorschläge zu machen, und zu wählen.

§ 34. Die offiziellen Vertreter der Verbindung sind: der Präfekt, Propräfekt-Sekretär, Tribun, Kassier-Bibliothekar, der Becherverwalter, der cantor loci und der Leiter der turnerischen Übungen.

Das Statut war begleitet vom Coment de Commers der Verbindung „Dacia“, zum Vergnügen der Mitglieder und zum Vorbehalt durch die Eltern. Um den Interessierten einige Beispiele zu vermitteln, wie diese zu jener Zeit formuliert waren:

§ 2. Der Commers wird vom Präsidium mit den Worten „Ad loca, silentium! Commercium incipit!“ eingeleitet. Danach wird „Kommt wir stoßen an“ gesungen. Am Ende des Gesanges ruft das Präsidium „Gesang suplimaex! Ein Schmollis den Brüdern!“ Dann folgt die Krönung mit „fiducit“. Abgeschlossen wird der Commers vom Präsidium mit den Worten „Silentium! Commercium ex!“ und mit dem Lied „Ruft Burschen.“

§ 4. Als Materie des Comments ist strikt nur Bier zu verwenden, jedoch bei Verständigung untereinander alle alkoholischen Getränke. Den Antialkoholikern ist es erlaubt, beim Commers anwesend zu sein, sie werden jedoch den folgenden Kürzungen der Rechte unterworfen: es ist ihnen nicht erlaubt 1. Schmolles zu trinken und 2. am Bierduell teilzunehmen.

Ohne Einzelheiten betreffend das Bierduell zu erwähnen, der Bierboykott muß näher erklärt werden. Es war auch für die Eltern jener Zeit schwer zu verstehen, daß die Devise „Trinken ohne

Unterlaß“ nicht sich auf das Trinken bis zur Bewußtlosigkeit bezog, denn jeden Augenblick konnte irgend ein Mitglied „zum Duell“ aufgefordert werden. Dabei durfte es nicht die Grenzen des guten Geschmackes und seiner Erträglichkeit überschreiten. Es gab auch Rituale für den Comment der Liebe, den Comment des Alah, den Salamandrus, den Introitus und Libertinificare, alle von Gesängen begleitet.

Jedes der Mitglieder hatte einen Commers-Namen: Cep, Corb, Dac, Lac, Mot, Nuc, Pip, Rac, Tip, Zor etc. Mein Name war Arc.

Wenn man die freien Rituale beiseite läßt, die in die übernommenen studentischen Regeln eingezwängt waren, so war die Verbindung eine Schulung zur Verinnerlichung und Darstellung des nationalen Bewußtseins. Zwischen der uns Schülern des evang.-luth. Lyzeums im Rahmen der Vereinigung Dacia erlaubten Freiheit und der uns auferlegten rigorosen Disziplin absolvierte ich meine erzieherische Lehrzeit.“ erklärt der Zeitzeuge Dr. A. Moldovan.

The "Dacia" Society

Here is what dr. Alexandru Moldovan told about "Dacia" society, whose member he was:

"At the beginning, extra-school activities represented the activities inside the German School Societies Wandervogel and Bistritae, where outdoors manifestations played an important part.

When I was in the 6th grade, in 1923, I joined the Society of Romanian Students "Dacia" from Bistrița, which followed the model of Heidelberg students, just like the organization of the German Students. We, the Romanian pupils from the German high school, spent many long hours at the Hendergasse brewery, our headquarters. According to the regulations, the aim of the society was the development of the national identity and the national education, the spiritual and physical development of the members, their union in thought and feeling.

The founders of the Society were the 12th grade pupils from the school years 1909-1910, Alexandru Bușiță, Emil Mănăstireanu, Valeriu Pop and Emil Rebreanu. A strict regulation settled the framework for the activities, the ways of addressing to one another, and everyone's rights and duties. I will not insist on all of them. But I would like to mention some of the articles in the regulation to underline the formative character of the organization as well as the nostalgic one, and even the old-fashioned tone of the articles in the Statute, as they had been stated at the time.

$4. The common members are the pupils in the 6th 8th grades from the Evangelical - Lutheran high school in Bistrița.

$24. Every customer has to learn the society regulations, the Romanian history and the literature, the old songs and poems, and then it is compulsory for them to take the exam.

$25. Every common member has the right to develop the activity inside the society according to its aims, to use the library, make proposals and vote.

$34. The officials of the society are: the prefect, the deputy prefect the secretary, the tribune, the librarian, the cellar man, the reader and the gymnastics trainers.

The Regulation was accompanied by the Commerce Comment of the "Dacia" society, to its members' delight and their parents' anxiety. For the interested ones, here are some examples, rendering the version of the time:

$2. The meeting (Commerce?) will be opened by the presidium with the words : "Ad loca, silentium! Commencium incipit!". Then they will sing "Let's knock (drink) our goblets!". At the end of the song, the presidium will exclaim: "Cantare suplimaex! Schmollis, brothers!" After "fiducit", the meeting is closed down by the presidium with the words: "Silentium! Commencium ex!" and the song "Boys, shout!".

$4. As Comment matter only beer is taken. But all spirits can be used. Those who do not drink alcohol, may come to the meetings, but they are deprived of some rights: They are not allowed: 1. to drink schmollis, 2. to make a beer-drinking contest. Beer boycott needs to be cleared up and understood, as it was hard to make out by the then parents: the slogan: "they will always be drinking" did not refer to over drinking, but to the fact that any of the members could be challenged to a "duel", being able to participate within self-decency and reason. There were rituals for Love Comment, Alah' Comment, Salamandrulș, Introitus and Libertinage, all accompanied by songs.

Leaving aside the libertine rituals fit into borrowed students' regulations, the Society really was a school of displaying the national consciousness. I made my intellectual education among the discipline imposed to the pupils by the Evangelical Lutheran high school and the libertinage admitted inside the "Dacia" society.", said dr. A. Moldovan, my interlocutor.

Liceul „ALEXANDRU ODOBESCU”

La începutul secolului, în oraşul nostru exista o singură scoală cu limba de predare română, ce era situată în partea de sus a oraşului, pe actuala stradă a Crinilor, în care funcţionau simultan clasele I-IV. Posibilităţile absolvenţilor de a continua şcoala gimnazială în limba română erau limitate doar la şcolile din Năsăud şi Blaj, dar şi aici accesul era îngreunat de puterile financiare scăzute ale românilor.

Iată de ce, cei mai mulţi dintre cei ce-şi doreau copiii şcoliţi erau nevoiţi să-i dea la una din şcolile locale cu predare în limbile germană sau maghiară, cum erau Şcoala confesională catolică (Roman Katolikus Ellemi Nép Iskola), cea a Bisericii reformate (Református Nép Iskola), ambele cu predare în limba maghiară, sau şcoala germană din cadrul Liceului evanghelic-luteran, sau Gimnaziul de fete, ambele cu limbă de predare germană.

Mai funcţionau, în acele vremuri, pe lângă acestea, şi unele şcoli confesionale pe lângă biserica greco-catolică, în limba română, şi una israelită, pe lângă sinagoga evreiască, ultimele nefiind asimilate cu cele de stat. Ele aveau mai mult rolul de a învăţa copiii să scrie şi să citească în limba maternă, având un pronunţat caracter religios, deoarece în aceste aşezăminte, cursurile erau susţinute de preoţi.

Cum populaţia românească a devenit majoritară şi în oraşul Bistriţa, se impunea înfiinţarea unor scoli gimnaziale şi liceale româneşti. Datorită politicii naţionaliste dusă de Statul ungar, acest lucru nu a fost posibil decât după făurirea Statului naţional român. Astfel, în urma iniţiativelor românilor bistriţeni din 1920 şi „ Memoriului" înaintat, Ministerul Instrucţiunii aprobă cu adresa nr. 6889/1923 înfiinţarea la Bistriţa a Liceului românesc „Alexandru Odobescu", ce va funcţiona în localul fostei Scoli regeşti de stat maghiare, de pe actuala str. Al. Odobescu (azi Şcoala Generală Nr.2). Aici, de altfel, îşi desfăşura activitatea, deja din 1919, Şcoala civilă de stat românească de băieţi din Bistriţa. Clădirea a fost concepută ca unitate de învăţământ şi a fost edificată în anii 1893-1894, după planul arhitectului vienez Frölisch. Liceul "Alexandru Odobescu" a funcţionat aici până în anul 1940, când, în urma Diktatului de la Viena, el este desfiinţat, reluându-şi activitatea abia după1944, în cadrul fostului liceu german.

Heutige Grundschule Nr. 2

Deschiderea festivă a Liceului românesc s-a făcut la 22 septembrie 1923, când, după celebrarea Sf. Liturghii , profesorii şi elevii s-au întrunit într-o sală de clasă, unde directorul Emil Domide a ţinut un discurs festiv emoţionant. Corpul profesoral avea următoarea componenţă: Emil Domide-director, profesor de matematică şi fizică, Macedon Linul - profesor de limba română şi geografie, Grigoriu Toma - profesor de desen şi caligrafie, Longin Bucur profesor de muzică, gimnastică, Ioan Loliciu profesor de istorie, geografie, Ludovic Dunogier profesor de franceză, Ioan Buta - profesor de germană, română, Liviu Greabu - religie greco-catolică, Constantin Flămând - religie ortodoxă, Ana Cucu - ştiinţe naturale şi chimie iar Dr. Iulian Chitul - era medicul şcolii. La aceştia s-au alăturat în anii următori alţi dascăli de prestigiu, cum au fost Ştefan Lupu, Jäger Francisc, Ieronim Bal, Anchidim Candale, Marcu Tiberiu şi mulţi alţii. Aceştia au fost dascălii care s-au ocupat de instruirea şi educarea celor 199 de elevi ordinari din clasele I- V, încă din primul an de funcţionare.

După confesiune, 133 elevi au fost greco-catolici, 46 ortodocşi, 6 romano-catolici, 2 reformaţi, 1 lutheran şi 11 izraeliţi.

Conform Anuarului I al Liceului reiese că, după naţionalitate, românii erau în număr de 181, germani 1, maghiari 6 şi evrei 11.Marea majoritate a elevilor era din oraş şi din alte localităţi ale Judeţului Bistriţa-Năsăud. Datorită prestigiului de care s-a bucurat, mai târziu, liceul a început să fie frecventat şi de către copii de altă naţionalitate. Astfel, numai după trei ani de funcţionare, numărul elevilor maghiari creşte la 21, iar al evreilor la 14.

Profesorul Ştefan Lupu, ultimul director al liceului înainte de desfiinţarea acestuia
Professor Stefan Lupu, der letzte Direktor des Lyzeums vor seiner Auflösung
The teacher Ştefan Lupu, the last headmaster of the high school, before it was broken up

Das Lyzeum „Alexandru Odobescu“

Am Anfang des Jahrhunderts gab es eine einzige Schule mit Unterricht in rumänischer Sprache, die im oberen Teil der Stadt gelegen war, auf der heutigen Strada Crinilor. Hier gab es die Klassen I-IV nebeneinander. Die Möglichkeit für die Absolventen, eine höhere Schule in rumänischer Sprache weiterzuführen, war nur auf die Schulen von Nasaud und Blaj beschränkt, aber auch hier war der Zutritt durch die begrenzten finanziellen Mittel der Rumänen eingeengt.

Wer seine Kinder weiterhin unterrichten lassen wollten musste diese in eine der lokalen Schulen geben, die in den Sprachen Deutsch oder Ungarisch unterrichteten. Das war die konfessionelle katholische Schule (Roman Katolikus Ellemi Nep Iskola), jene der reformierten Kirche (Reformatus Nep Iskola) beide mit Unterricht in ungarischer Sprache, oder die deutsche Schule im Rahmen des evang.-luther. Lyzeums und das Mädchengymnasium, beide unterrichteten in deutscher Sprache.

Zu dieser Zeit gab es daneben auch einige konfessionelle Schulen, zugehörig zur griech.-kathol. Kirche in rumänischer Sprache, und eine israelitische Schule, die der jüdischen Synagoge angeschlossen war. Beide waren jedoch nicht vom Staat anerkannt, sie hatten vielmehr den Zweck, die Kinder im Lesen und Schreiben der Muttersprache zu unterrichten. Sie hatten einen ausgesprochen religiösen Charakter, weil ihre Kurse von Priestern gehalten wurden.

Als die rumänische Bevölkerung in der Stadt Bistritz die Mehrheit erlangte wurden auch rumänische Lyzeen und Gymnasien eingeführt. Durch die nationalistische Politik des ungarischen Staates war das erst nach Übernahme durch den rumänischen Staat möglich. So wurde auf die Initiative der Bistritzer Rumänen hin und nach dem 1920 vorhergehenden Memorandum vom Unterrichtsministerium mit der Akt-Nr. 6889/1923 die Gründung des rumänischen Lyzeums „Alexandru Odobescu“ genehmigt, das am Ort der gewesenen königlich-ungarischen Schule auf der heutigen Strada Al. Odobescu (heute Grundschule Nr.2) eingerichtet wurde. Hier war andererseits schon seit 1919 die städtische rumänische Knabenschule von Bistritz. Das Gebäude war als Lehreinheit konzipiert und wurde in den Jahren 1893-1894 errichtet, nach dem Plan des Wiener Architekten Frölisch. Das Lyzeum „Alexandru Odobescu“ bestand hier bis zum Jahre 1940, als es nach dem Diktat von Wien aufgelöst wurde. Erst 1944 wurde der Unterricht im Rahmen des gewesenen deutschen Lyzeums wieder aufgenommen.

Die festliche Einweihung des rumänischen Lyzeums erfolgte am 22. September 1923, als nach der liturgischen Feier sich die Professoren und Schüler in einer Klasse versammelten, wo der Direktor Emil Domide eine bewegende Festrede hielt. Der Lehrkörper bestand aus: Emil Domide - Direktor, Professor für Mathematik und Physik, Macedon Linul Professor für Rumänisch und Geographie, Grigoriu Toma Professor für Zeichnen und Kalligrafie, Longin Bucur Professor für Musik und Turnen, Ioan Loliciu Professor für Geschichte und Geographie, Ludovic Dunogier Professor für Französisch, Ioan Buta Professor für Deutsch und Rumänisch, Liviu Greabu griech.-kathol. Religion, Constantin Flamand orthodoxe Religion, Ana Cucu Naturwissenschaft und Chemie, Dr. Iulian Chitul Schularzt. Dazu kamen in den folgenden Jahren andere angesehene Lehrer, wie Stefan Lupu, Jäger Francisc, Ieronim Bal, Anchidim Candale, Marcu Tiberiu und viele andere. Sie waren Lehrer, die sich dem Unterricht und der Erziehung der damaligen 199 Schüler in den Klassen I V schon in den ersten Jahren der Gründung mit ganzem Herzen widmeten.

Nach der Religionszugehörigkeit waren 133 Schüler griechisch-katholisch, 46 orthodox, 6 römisch-katholisch, 2 reformiert, 1 Lutheraner und 11 Israeliten.

Aus dem Jahrbuch Nr. 1 des Lyzeums ist zu ersehen, dass nach ihrer Nationalität 181 Rumänen unterrichtet wurden, 1 Deutscher, 6 Ungarn und 11 Juden. Die große Mehrheit der Schüler war aus der Stadt und aus anderen Ortschaften des Landkreises Bistrita-Nasaud. Wegen seines Ansehens wurde das Lyzeum etwas später auch von Kindern anderer Nationalitäten besucht, so dass nach nur 3 Jahren des Bestehens die Anzahl der ungarischen Schüler auf 21 anwuchs, die der Juden auf 14..

Alexandru Odobescu High School

At the beginning of the 20th century, there was only one school in our town where teaching was being done in Romanian. It was situated on nowadays Crinilor Street, where grades I to IV were taught simultaneously. Their possibilities to continue in the gymnasium school in Romanian were limited only to the schools of Năsăud and Blaj, and even here access was restricted because of the low financial resources of the Romanians.

That is why most of the people who wanted their children to continue learning were forced to let them learn in one of the local schools where teaching was in German or Hungarian, such as the Catholic Confessional School (Roman Kálolicus Elleni Nép Iskola), the Protestant Church (Református Nép Iskola), both being taught in Hungarian or the German School inside the Evangelical Lutheran High School or the Gils Gymnasium, both taught in German.

There were also some confessional schools belonging to the Greek Catholic church, taught in Romanian and a school belonging to the Jewish Synagogue, but these were not assimilated to the State schools. They mainly aimed at teaching the children to read and write in their mother tongue, having a religious character, because the lessons were taught by the priest in these establishments.

As the large majority of the population was Romanian in Bistrița, the founding of some Romanian gymnasium and high schools was compulsory. Because of the nationalist politics led by the Hungarian state, this had not been possible until the Romanian National State was established. Thus, as a consequence of the Bistrița Romanian people's initiative in 1920 and of the "Memoir" handed out, The Ministry of Education approved, by the address nr. 6889/1923, the founding, in Bistrița, of the Romanian High School "Alexandru Odobescu", which was to function inside the former Hungarian State Royal School in Al. Odobescu Street (today: General School nr. 2). Beginning from 1919 the Romanian State Civil School for boys had been functioning here. The building had been conceived as a school and had been founded in 1893-1894, following the designs of the Vienna architect Frőlisch. "Alexandru Odobescu" High School functioned here until 1940 when, as a consequence of the Vienna Diktat, it was dissolved, re-functioning only after 1944 as part of the former German High School.

The festive opening of the Romanian High School was on the 22nd September 1923 when, after the Liturgy, the teachers and the pupils all gathered inside a classroom where the headmaster Emil Domide made a moving solemn speech. The teachers' staff was as follows: Emil Domide headmaster and teacher of Maths and Physics, Macedon Linul teacher of Romanian and Geography, Grigoriu Toma teacher of Art and Calligraphy, Longin Bucur teacher of Music and Gymnastics, Ioan Loliciu teacher of History and Geography, Ludovic Dunogier, teacher of French, Ioan Buta teacher of German and Romanian, Constantin Flămând Orthodox Religious Education, Ana Cucu Nature Study and Chemistry and Dr. Iulian Chitul, the school surgeon. Later on other famous teachers joined them, such as: Ștefan Lupu, Jager Francisc, Ieronim Bal, Anchidim Candale, Marcu Tiberiu and many others. These were the teachers who were charged with the 199 pupils' education in grades I to V from the first year the school had been founded.

133 pupils were Greek Catholics, 46 Orthodox, 6 Roman Catholics, 2 Protestant, 1 Lutheran and 11 Jews.

According to the High School First Year Book, there were 181 Romanians, 1 German, 6 Hungarians and 11 Jews. Most of the pupils were from the town or from other villages in the Bistrița Năsăud district. Owing to its later prestige, the high school was also attended by children of other nationalities. Thus, after only three years, the number of Hungarian pupils increased to 21 and the number of Jews to 14.

Şcoala de agricultură

Forumul Universităţii săseşti din Sibiu hotărăşte la 12 decembrie 1868, ridicarea a trei şcoli de agricultură în Transilvania, menite să instruiască tinerii agricultori saşi, astfel ca, după 700 de ani de agricultură tradiţională, să dobândească şi noile descoperiri europene în domeniul culturii plantelor şi creşterii animalelor. Hotărârea prevedea înfiinţarea acestor şcoli la Feldioara, Mediaş şi Bistriţa.

La Bistriţa, şcoala de agricultură s-a deschis la 15 aprilie 1870,funcţionând pe lângă Gimnaziul evanghelic, până când reprezentanţii numiţi ai noii instituţii vor construi noul sediu al celei ce va deveni celebra Ackerbauschule.

Şcoala de agricultură la 1898
Ackerbauschule von 1898 ~ The Agriculture School in 1898

Şcoala era frecventată de băieţii ţăranilor saşi din Bistriţa şi mai ales ai celor din satele din împrejurimi, de unde veneau şi subvenţiile ce se ridicau la peste 2000 de guldeni, la începuturi, ajungându-se la peste 20.000 de coroane anual, prin anul 1918.

Ridicarea noii şcoli pe Ridul Rosenburg s-a datorat dobândirii de la primărie aici a unei suprafeţe de 5755 m.p. teren, care prin donaţii şi cumpărări succesive, a ajuns să măsoare peste 100 hectare. Pe acest teren s-au înfiinţat sera, loturile experimentale pomicole, viticole şi horticole, ca şi o fermă zootehnică. Aici, sub supravegherea inginerilor agronomi, şcolaţi la institute europene, a tehnicienilor şi profesorilor, elevii germani, cu vârste între 13 şi 17 ani, în doi ani de şcolarizare trebuiau să-şi formeze deprinderile practice şi să-şi însuşească cunoştinţele necesare pentru a fi buni agricultori.

După 1918 şcoala şi-a pierdut caracterul etnic, fiind deschisă tuturor elevilor, ea devenind mai târziu renumita Scoală horti-viticolă şi apoi Liceul agricol, ce dăinuie şi azi în Bistriţa.

Iată care au fost directorii Şcolii de agricultură din Bistriţa, până la cel de-al II-lea război mondial:

Ferdinand Krcek	1870-1871
Alois Farmatti	1871-1882
Heinrich Grasner	1883-1887
Wilhelm Bock	1887-1917
Michael Englisch	1918-1940.

Această şcoală a avut un rol deosebit în dobândirea de către marea masă de tineri ţărani a cunoştinţelor legate de agrotehnicile moderne, de agricultura desfăşurată pe baze ştiinţifice, la nivelul acelor timpuri. În sistemul agricol de învăţământ erau admişi doar copii saşilor. Cum majoritatea acestora aveau un număr mic de copii, iar suprafaţa terenurilor agricole din proprietate depăşea, de regulă, capacitatea forţei de muncă a familiilor, ei au fost obligaţi să apeleze la ajutorul vecinilor români, care, din bună vecinătate, omenie sau chiar în calitate de slugi angajate, au contribuit la prosperitatea gospodăriilor săseşti. Nu este mai puţin adevărat că „împrumutând" noutăţile văzute şi practicate în gospodării săseşti, români ardeleni s-au dovedit mult mai gospodari decât confraţii lor de peste munţi, stăpânind o agrotehnică mai avansată.

De altfel, pentru orice tânăr, efectuarea stagiului militar şi absolvirea şcolii de agricultură erau atuurile principale pentru întemeierea unei familii, erau o dovadă de responsabilitate socială, ce era apreciată ca atare.

Livada experimentală a școlii de agricultură
Experimentier-Obstgarten der Ackerbauschule
The experimental orchard of the Agriculture School

Cu școala terminată și armata făcută
Mit abgeschlossener Schule frisch vom Militärdienst
School graduated and military preparation done

Die Landwirtschaftsschule

Das Forum der sächsischen Universität Hermannstadt entscheidet am 12. Dezember 1868 die Errichtung von drei Ackerbauschulen in Siebenbürgen, um die jungen Sachsenbauern zu unterrichten. Nach 700 Jahren traditioneller Bodenkultur sollten die neuen europäischen Erkenntnisse auf dem Gebiet der Pflanzenkultur und der Viehzucht eingeführt werden. Der Entscheid sah die Gründung solcher Schulen in Feldioara/Marienburg, Mediasch und Bistritz vor.

In Bistritz wurde die Landwirtschaftsschule am 15. April 1870 eröffnet, neben dem evang. Gymnasium, bis ein neuer Bau errichtet wurde-die berühmte Ackerbauschule.

Die Schule wurde von den jungen Sachsenbauern aus Bistritz, vor allem aber von jenen aus den Dörfern der Umgebung besucht. Von dort kamen auch Subventionen, die am Beginn über 2000 Gulden ausmachten, im Jahre 1918 jedoch schon über 20.000 Gulden.

Die Errichtung der neuen Schule auf dem Abhang der Rosenburg erfolgt auf dem vom Bürgermeisteramt übereigneten Grundstück von 5755 m2, das durch Schenkungen und Zukäufe auf über 100 Hektare vergrößert wurde. Auf diesem Grundstück gab es Glashäuser, Baumschulen, Experimentierflächen für Wein- und Gartenbau, sowie einen zootechnischen Bauernhof. Unter der Überwachung der Agraringenieure, die an den europäischen Instituten gelernt hatten, sowie der Techniker und Professoren mußten hier die deutschen Schüler im Alter zwischen 13 und 17 Jahren innerhalb von zwei Jahren ihre praktische Ausbildung durchführen und sich die wichtigsten Kenntnisse für eine gute Bewirtschaftung aneignen.

Nach 1918 verlor die Schule den ethnischen Charakter, sie wurde allen Schülern geöffnet und wurde eine berühmte Wein- und Gartenbauschule, danach ein Agrar-Lyzeum, das es auch heute noch gibt.

Die Direktoren der Ackerbauschule von Bistritz bis zum 2. Weltkrieg waren:

Ferdinand Krcek	1870-1871
Alois Famatti	1871-1882
Heinrich Grasner	1883-1887
Wilhelm Bock	1887-1917
Michael Englisch	1918-1940

Diese Schule hatte eine besondere Rolle für die jungen Bauern beim Erwerb der Wissenschaften in Verbindung mit den modernen Agrartechniken, mit dem Ackerbau auf wissenschaftlicher Basis und mit dem allgemeinen Niveau dieser Zeit. Ins Lehrsystem des Ackerbaues wurden zuerst nur die Kinder der Sachsen aufgenommen. Da die Mehrheit derselben nur wenige Kinder hatte, die Ackerbaufläche in ihrem Eigentum jedoch gewöhnlich die Kapazität der Arbeitskraft der Familien überstieg, waren sie gezwungen, an die Hilfe der rumänischen Nachbarn zu appellieren. Diese kamen wegen der guten Nachbarschaft, aus Menschlichkeit oder sogar als angestellte Dienstboten und nahmen so Teil am Aufblühen der sächsischen Höfe. Natürlich „borgten" sie sich das neue Wissen, das auf den sächsischen Höfen Einzug hielt, und die siebenbürgischen Rumänen erwiesen sich als bessere Bauern als ihre Brüder „über dem Berg", da sie eine weiter fortgeschrittene Landwirtschaftstechnik beherrschten.

Auf der anderen Seite waren für jeden jungen Mann die Ableistung des Militärdienstes und der Abschluß der Ackerbauschule die wichtigsten Pluspunkte für die Gründung einer Familie, sie waren Beweis für die soziale Verantwortung, die von allen geschätzt wurde.

The Agriculture School

The forum of the German University of Sibiu decided, on the 12th December 1868, to found three agriculture schools in Transylvania, to instruct the young Saxons of Transylvania agriculture workers so that, after 700 years of traditional agriculture, they could acquire the new European findings concerning plants growing and cattle raising. This decision stipulated the founding of such schools in Feldioara, Mediaş and Bistriţa.

In Bistriţa, the agriculture school initiated on the 15th April 1870 and functioned around the Evangelical Gymnasium until the appointed representatives of the new institution would build the new centre for the future famous Ackerbauschule.

The school was mainly attended by the Bistriţa German peasants' boys, especially by those from the surrounding villages, where from the subsidies also came, amounting to over 2000 guldens at first, later reaching over 20,000 crowns yearly around 1918.

The building of the new school on Ridue Rosenburg was due to the allotting of a 5755 square metres area by the Town Hall which, through successive donations and purchasing, reached over 100 hectares.

On this very land they established the greenhouse, the experimental fruit-growing, viticulture and horticultural plots, as well as a livestock farm. Here, under the keen eye of farming engineers, educated in European Institutes, technicians and teachers, the German pupils aged between 13 and 17, had to acquire the practical skills and necessary knowledge to become good farmers in just two years' schooling time.

After the school lost its ethical character, available to all pupils and later the horti - viticultural School and then the Agriculture High School which still exists nowadays Bistriţa.

Here are the headmasters of this school before the second world war:

Ferdinand Krcek	1870-1871
Alois Farmatti	1871-1882
Heinrich Grasner	1883-1887
Wilhelm Bock	1887-1917
Michael Englisch	1918-1940

This school played a major part in young peasants' acquiring the necessary knowledge connected to modern agro-techniques and scientific agriculture. In the agricultural educational system, only the Saxons of Transylvania's children were admitted. But, because most of then had only few children and the plots they owned were rather vast, they were forced to ask for their Romanian neighbours' help. They made contribution to the prosperity of their lands out of sympathy or even as servants. It is also true that, "borrowing" what they had seen in the Saxons of Transylvania's households, the Romanians proved to be better farmers than their kind over the mountains by better mastering the agricultural techniques.

For every young man, the military service and the graduation from the agriculture school were the main qualities required before getting married, a highly appreciated proof of social responsibility.

Muzicanții bistrițeni

Cei ce se plimbau odinioară pe promenada din Parcul Mare, trecând podețul peste Canalul Morii, spre cartierele din sus ale orașului, cunoscute cu numele de Hrube sau Gribgil, se trezeau, dintr-odată, într-un peisaj cu totul aparte.

Era aici o străduță îngustă, cu căsuțe înghesuite, pe două rânduri, printre care își făceau cu greu loc potecile, spre micile refugii solitare din spate, încropite din motive igienice, străduță pe care cu toții o numeau Țigănimea.

Acoperişurile supradimensionate striveau parcă acele case sub povara lor şi, cu toată vioiciunea adusă de muşcatele de la ferestrele mici şi întunecate, aici totul părea în suferinţă şi sărăcie. Această senzaţie era sesizabilă mai ales dimineaţa şi în zilele de sărbătoare, când o linişte atotstăpânitoare, nefirească, dădea impresia unei străduţe părăsite, abandonate de curând.

Zugrăvelile colorate ale caselor nu reuşeau nici ele să ascundă crăpăturile şi denivelările din ziduri, uimind cu încăpăţânarea lor de a rămâne în picioare, aşa gârbovite cum erau. Denumirea de „Tigănime", atribuită sinistrei străduţe, devenită ulterior „Barbu Lăutaru", nu avea nimic peiorativ sau neapărat cu conotaţii etnice, ci mai degrabă se dorea a tuşa aspectul ei discordant faţă de celelalte străzi ale oraşului, prin lipsa de preocupare a locatarilor de a-şi întreţine edificiile.

Ea era o străduţă scurtă, cu vechi case dărăpănate (amplasate în zona actualei Săli Polivalente), ce au fost demolate la începuturile deceniului al VII lea al secolului trecut.

„Ţigănimea", cum s-a numit înainte de a primi numele celebrului lăutar, era o străduţă liniştită, adormită peste zi, ce se înviora abia spre seară, când de peste tot se auzeau acorduri muzicale.

Acordurile din muzica instrumentală clasică sau lăutărească trădau îndeletnicirea celor de aici, ce exersau acum, după odihna diurnă. Cu toţii erau lăutari ce-şi transmiteau lăcaşul, meseria şi talentul din generaţie în generaţie.

Impresia iniţială că aici ar locui cea mai oropsită categorie socială a concitadinilor noştri, se risipea rapid, când îi întâlneai pe trăitorii din această stradă, într-o ţinută deosebit de îngrijită, cu prestanţă, puţin orgolioasă, însă, plini de respect şi solicitudine.

Ca oameni umblaţi prin Europa, pe scenele şi prin localurile marilor metropole, cu prieteni în lumea interlopă, ei îşi făuriseră un sistem de relaţii ce cu siguranţă le asigura o anumită bunăstare, neetalată, însă. Muzicanţii dovedeau o jovialitate firească, uneori cultivată, altoită pe un servilism genetic moderat, ceea ce-i făcea deosebit de agreabili.

Virtuozitatea unora le crease o aureolă cu un statut aparte de artişti consacraţi, stabilindu-se o ierarhizare unanim acceptată chiar printre ei, sesizabilă cu uşurinţă de către ceilalţi.

Iată câţiva dintre cei mai cunoscuţi muzicanţi care puteau fi întâlniţi peste tot până acum câteva decenii, la nunţi, botezuri şi chiar la înmormântări, în sala Omnia, acompaniind filmele mute, în restaurantele Braedt, Central, Hofmann, în grădinile de vară Tuţi, Bombardir sau Stefan, pe scenele Gewebeinverein-ului sau la renumitele baluri ale cercului militar, ale amploiaţilor de la primărie şi prefectură sau în diversele asociaţii şi uniuni cu conotaţii filantropice, culturale sau etnice: violoniştii Goghi Carol, Musta Dionisie, Sebeş Anton, Mihai Carol, Moldovan Alexandru, Arman Jancsi, Istvan Gheorghe, care au cântat în lungi turnee în Italia, Austria, Germania, Ungaria şi bine-nţeles, sezonier, aproape în toate staţiunile balneare din România.

Din tarafurile locale au mai făcut parte: saxofonistul Toth Zoltan, clarinetiştii Sebes Ioan şi Varga Ionel, acordeoniştii:Tini Iosif, Istvan Stefan, Mulller Mihai, Urs Pavel, violonceliş tii: Tini Ioan si Baloi Ioan, contrabasiştii:Ciubuca Carol, bateriştii Mihai Oden şi Tini Ernest, cât şi ţambalagiul Dongo Francisc. Fără pretenţia de a fi epuizat lista muzicanţilor din ţigănime, deoarece aici toata lumea exersa, de la cei mai mici până la cei vârstnici, sper totuşi să-i fi amintit pe cei mai renumiţi din acele vremuri.

De altfel, cu excepţia florăresei Wagner, a fierarului Adamiţi, a precupeţei Marianda şi a croitorului Ignatinci, toţi ceilalţi erau lăutari.

Ei au avut grijă ca decenii de-a rândul să dăruiască bistriţenilor buchete de melodii, atât în momente de bucurie şi exuberanţă, cât şi în cele de cumpănă sau chiar de restrişte şi durere.

Întotdeauna au făcut-o cu profesionalism şi cu afectivitatea cumpătată a artistului. Iată de ce i-am preţuit şi îi amintesc cu respect şi bucurie.

Orchestra reunită a muzicanților bistrițeni cu cea a Batalionului 84,
la balul din 1938 sub patronajul chestorului de poliție Pop Baldi
Vereinigte Orchester der Bistritzer Musikanten mit dem des Bataillons Nr. 84, beim Ball von 1938 unter der Patronanz des Polizeidirektors Pop Baldi
The Bistrița musicians orchestra united with the 84 Battalion orchestra at the 1938 ball by the pollice officer Pop Baldi

Cântând în frig la Restaurantul Ciocârlia, 1974
In der Kälte spielend im Restaurant Ciocarlia 1974
Singing in the cold "Ciocârlia" Restaurant, 1974

În clipele de relache se încingea câte un joc de cărți
In den Pausen gab es manch Kartenspiel
During breaks, they used to play cards

Orchestra bistrițeană în concert la Cluj, 1958
Das Bistritzer Orchester bei einem Konzert in Klausenburg 1958 ~ The Bistrița orchestra performing in Cluj, 1958

Die Bistritzer Musikanten

Wer früher auf der Promenade des Großen Parks spazierte und das Brücklein über den Mühlkanal in die oberen Stadtteile überquerte, die unter dem Namen Hrube oder Gribgil bekannt waren, fand sich plötzlich in einer anderen Welt wieder.

Es war hier ein enges Strässchen mit zusammen gedrängten Häusern in zwei Reihen, zwischen denen kaum die schmalen Wege durch fanden zu den kleinen Gelassen an der Hinterseite, die aus hygienischen Motiven dort aufgestellt waren. Alle kannten dieses Strässchen als Ziganime.

Die übergroßen Dächer erdrückten scheinbar die Häuser unter ihrer Last, und trotz der dagegen ankämpfenden, an den kleinen und dunklen Fenstern aufgestellten leuchtenden Geranien schien alles hier Armut und Not zu atmen. Dieser Eindruck war vor allem am Morgen und an den Feiertagen fühlbar, wenn eine alles beherrschende, unnatürliche Stille eine einsame Straße vortäuschte, die erst vor Kurzem verlassen worden schien.

Auch den bunten Anstrichen der Häuser gelang es nicht, die Risse und Senkungen der Mauern zu verbergen, die mit ihrer Sturheit verblüfften, stehen bleiben zu wollen, so altersgebeugt wie sie waren. Die Benennung „Ziganime" für diese schreckliche Straße wurde später in „Barbu Lautaru" umgewandelt, sie war nicht abschätzig gemeint und hatte keinen ethnischen Bezug. Man wollte eher ihren Anblick und den Unterschied durch die Nachlässigkeit der Einwohner für die Erhaltung ihrer Wohnungen gegenüber den anderen Straßen der Stadt hervorheben.

Es war eine kurze Straße mit vernachlässigten Häusern (in der Gegend des heutigen Allzwecksaales/Sala Polivalenta), die am Beginn der 70-er Jahre des vorigen Jahrhunderts demoliert wurde.

Die „Ziganime", wie man sie nannte, bevor sie den Namen des berühmten Musikanten erhielt, war eine ruhige, am Tag verschlafen Straße, die sich erst gegen Abend belebte, wenn man von überall her musikalische Töne hören konnte.

Die Klänge der klassischen Musik oder der Tanzmusik verrieten die Vorliebe der hier Wohnenden, die jetzt nach der Ruhe über den Tag zu üben begannen. Sie waren alle Musikanten, die ihre Wohnung, ihr Handwerk und ihr Talent von Generation zu Generation weiter gaben.

Der erste Eindruck, daß hier die niedrigste soziale Klasse unserer Stadt hauste, verflüchtigte sich schnell wenn man die Einwohner dieser Straße traf, die mit besonders gepflegter Kleidung auftraten, stattlich anzusehen und ein wenig stolz, jedoch voller Respekt und Fürsorge.

Als Menschen, die ganz Europa bereist hatten, auf den Bühnen und in den Lokalen der großen Metropolen aufgetreten waren und auch Freunde in der Halbwelt hatten schufen sie sich ein Verbindungssystem, das ihnen sicherlich einen gewissen Wohlstand erlaubte, der jedoch nicht öffentlich gezeigt wurde. Die Musikanten zeichnete eine natürliche Jovialität aus, manchmal kultiviert, begleitet von einer moderaten Unterwürfigkeit, was sie besonders angenehm erscheinen ließ.

Die Virtuosität einiger der Musikanten verlieh diesen einen Glorienschein mit dem besonderen Status eines anerkannten Künstlers. Es baute sich eine allgemein akzeptierte Hierarchie unter ihnen auf, für alle leicht begreiflich und selbstverständlich.

Hier einige der bekanntesten Musikanten, die man bis vor einigen Jahrzehnten überall antreffen konnte, bei Hochzeiten, Taufen und auch bei Begräbnissen, im Omnia-Saal als Begleitung für Stummfilme, in den Restaurants Braedt, Central, Hofmann, in den Sommergärten Tuti, Bombardir oder Stefan, auf der Bühne des Gewerbevereins oder bei den berühmten Bällen des Militär-Kaders, unter den Beamten der Stadtverwaltung oder der Präfektur oder in verschiedenen Vereinen oder

Verbindungen mit philanthropischer, kultureller oder ethnischer Betonung: Die Geiger Goghi Carol, Musta Dionisie, Sebes Anton, Mihai Carol, Moldovan Alexandru, Arman Jancsi, Istvan Gheorghe, die auf langen Tourneen in Italien, Österreich, Deutschland und Ungarn gespielt hatten, und natürlich in der Sommersaison in fast allen Badeorten Rumäniens.

Zu den lokalen Musikorchestern gehörten: der Saxophonist Toth Zoltan, die Klarinettisten Sebes Ioan und Varga Ionel, die Akkordeonisten Tini Iosif, Istvan Stefan, Muller Mihai, Urs Pavel, die Violoncellisten Tini Ioan und Baloi Ioan, der Kontrabassist Ciubuca Carol, die Schlagzeuger Mihai Oden und Tini Ernest, sowie der Zimbalist Dongo Francisc. Ohne die Liste der Musikanten aus der Ziganime vollständig wiedergegeben zu haben, weil hier alle übten, vom Kleinsten bis zum Ältesten, so hoffe ich trotzdem, daß ich die berühmtesten Musiker aus dieser Zeit erwähnt habe.

Mit Ausnahme der Blumenbinderin Wagner, des Schmiedes Adamit, der Gemüsehändlerin Marianda und des Schneiders Ignatinci waren alle Einwohner hier Musikanten.

Jahrzehntelang überreichten sie den Bistritzern Melodiensträuße, sowohl bei freudigen und überschwenglichen Ereignissen, als auch bei bedrängter Lage oder in Schmerz und Trauer.

Immer mit handwerklichem Können und mit dem nüchternen Gefühl des Künstlers erfüllten sie ihre Aufgabe, deshalb habe ich sie so geschätzt und deshalb erinnere ich mich mit Respekt und Freude an sie.

Bistrița Musicians

Those, who used to walk along the Promenade in the large Park, passing over the footbridge across the Mill Canal towards the neighbourhoods up town known as Hrube or Gribgil would wake up in the morning in the middle of a special landscape.

There used to be here a narrow street, with small houses, jammed on two rows among which paths could hardly wind towards the solitary side nooks, built up out of hygienic reasons, which everybody called Țigănimea (Gipsy land).

The large roofs seemed to crush over those cottages and, despite the cheerfulness brought about by the pelargonium in the small dark windows, everything looked scanty and pitiful. This feeling was at its best early in the morning and on holidays when the all-pervading unusual silence gave the impression of a deserted street.

The colourful painting of the houses could barely hide the cracks in and the unevenness of the walls, amazingly still up no matter how bent they really were. The name "Țigănime" (Gipsy land) given to this strange street, later "Barbu Lăutaru" street, had nothing pejorative or ethnical in it, but its aim was to reflect its aspect in total contrast with the other streets because of their owners' lack of concern to take care of their buildings.

It was just a short street, with old, ruined houses (placed around today's Sports Centre) which had been demolished at the beginning of the 7th decade of the last century.

"Țigănimea" (Gipsy land), as it had been called before it got the name of the famous fiddler, used to be a quiet street, calm during the day, but so lively towards evenings when one could hear musical strains everywhere.

The strains of instrumental, classical, or fiddler music showed the people's job; they were practising after one day's rest. They were all fiddlers, handing down their homes, jobs and talent from generation to generation.

The initial impression of a place of the most oppressed and persecuted social category, would quickly fade away when you met the people living in this street wearing neat clothes and having a prominent outstanding appearance, but at the same time very respectful.

They were people who had travelled around Europe, on the stages and in the restaurants of the big cities, with friends in the underworld and a system of relations which enabled them a certain welfare, but not a shown off one. They proved to be naturally cheerful and genetically servile, which made them to be highly pleasant.

Their skill created a halo of talented artists around them. Establishing a kind of hierarchy among them, unanimously accepted and shared, being easily noticed by those around.

Here are the names of the best-known musicians who could be seen everywhere some decades ago, at wedding parties, baptisms and funerals, in Omnia hall, accompanying silent films, in the Braedt, Central and Hofmann restaurants, on the open terraces of Tuți, Bombardir or Ștefan, on the stage of Gewebeinverein or at the famous parties of the military club, of the clerks, at the Town Hall or at the prefect's office or at the different philanthropic, cultural or ethnical associations and reunions: the violin players Goghi Carol, Musta Dionisie, Sebeş Anton, Mihai Carol, Moldovan Alexandru, Arman Iancsi, Istvan Gheorghe, who had taken part in long tours in Italy, Austria, Germany, Hungary and in all the Romanian resorts.

The local folk music bands included: the saxophone player Toth Yoltan, the clarinet players Sebes Ioan and Varga Ionel, the accordion players Tini Iosif, Istvan Ștefan, Muller Mihai, Urs Pavel, the cello players: Tini Ioan and Baloi Ioan, the contrabass players: Ciubuca Carol, the drums players Mihai Oden and Tini Ernest and the dulcimer player Dongo Francisc. Without claiming to have mentioned all the musicians in Ţigănime (Gipsy land), because they all used to practise here, from young to old, I hope to have succeeded in calling forth the most famous of those times.

However, except for Wagner, the florist, Adamiţi the blacksmith, Marianda the street vender and Ignatinci the tailor, all the others were fiddlers.

They were the ones who, decades on end, had striven to offer Bistriţa people unforgettable songs both in times of joy and sorrow.

They have always done this professionally, like respectable artists. That's why I have always cherished them.

Lutierii

Poate puţini dintre cititori ştiu că oraşul nostru era, la începutul secolului al XX-lea, unul dintre cele mai cunoscute centre muzicale ale Transilvaniei.

Dacă înfiinţarea unei fanfare într-o unitate militară, cum a fost Regimentul 84 Infanterie din Bistriţa, era un lucru firesc, o obligaţie, existenţa unei orchestre simfonice, ca cea a Filarmonicii din Bistriţa, ce susţinea concerte de sine stătătoare încă din anul 1898, a fost nu numai o excepţie, ci şi o revelaţie.

Existenţa numeroaselor fanfare civile, printre care şi cea a Reuniunii meseriaşilor bistriţeni, se datora tradiţiei. Mai ales în familiile săseşti, numeroase pe atunci în oraş, instrumentele muzicale de suflat, făceau parte tradiţional din zestrea familială. Însuşirea tehnicii instrumentele, dezvoltarea aptitudinilor şi a culturii muzicale se făceau încă din copilărie ca o îndatorire ce se transmitea din generaţie în generaţie.

Muzicanţii numeroşi ce asigurau orchestrele din localurile bistriţene, la nunţi şi baluri, atât de numeroase pe atunci, făceau parte dintr-o altă categorie, despre care vom vorbi pe îndelete.

Aş dori acum să vă prezint oameni care, ani de-a rândul au desfăşurat o activitate, dacă nu neapărat artistică, cu siguranţă, plină de har şi strâns legată de lumea muzicală bistriţeană lutierii.

Aş face o nedreptate, care nu mi se va ierta, dacă nu aş aminti aici pe doi dintre ei, oameni de o deosebită probitate profesională şi de o nobleţe sufletească cu totul aparte. Este vorba despre Domnii Iulius Chita şi Ilie Griga, care au cunoscut în amănunt vieţile, bucuriile şi tristeţile muzicanţilor şi lăutarilor autohtoni.

Lutieri talentaţi, bine cunoscuţi, ei au construit, reparat şi întreţinut, decenii de-a rândul, instrumentele cu coarde ale localnicilor şi nu numai, deoarece ei aveau un renume binemeritat în tot Ardealul.

Aici, în Bistriţa, în ateliere, se împleteau şi despleteau de către muzicanţi toate poveştile, şi întâmplările din spectacolele şi petrecerile la care au participat, împestriţate întotdeauna cu cancanurile de culise.

În aceste ateliere, pe pereţii cărora erau expuse instrumente muzicale cu coarde de toate tipurile, se dialoga de către meşter doar cu proprietarul instrumentului. Atelierele acestea asigurau atât atmosfera zămislirii instrumentelor muzicale, cât şi pe aceea de confesare a muzicanţilor.

Cu siguranţă că multe din viorile făcute aici au purtat în rezonanţa lor şi sensibilitatea lutierului, alături de personalitatea interpretului.

Pe lângă viorile făurite de mâna lutierilor bistriţeni, au trecut prin aceste ateliere şi viori ale renumitelor ateliere cremoneze, ale marilor lutieri italieni Guarnieri, Amatti sau Stradivarius.

Atelierul Iulia Chita, 1920
Werkstatt des Iulius Chita 1920
The Iulia Chita Workshop, 1920

Puțini știu ca marele nostru violonist Ion Voicu a concertat, ani de-a rândul, pe marile scene ale lumii, cu vioara ce a aparținut lutierului bistrițean Griga Ilie.

Iată o meserie sau, dacă vreți, o îndeletnicire, pe care azi orașul nostru a pierdut-o, odată cu trecerea în eternitate a ultimilor lutieri bistrițeni, ce și-au avut atelierele aici, pe strada Andrei Mureșanu, vis-à- vis unul de celălalt, ca semn al prieteniei lor de o viață, al respectului ce și l-au purtat, Iuliu Chita și Ilie Griga, dascăl și discipol, oameni de talent și mare sensibilitate.

Iată o fotografie din anul 1927 a atelierului și a maestrului Ilie Griga
Werkstatt des Meisters Ilie Griga, Fotografie von 1927
Here is a photo of master Ilie Griga and his workshop in 1927

Die Geigenbauer

Wahrscheinlich wissen nur wenige der Leser, dass am Beginn des XX. Jh. unsere Stadt eines der bekanntesten Zentren für Musik in Siebenbürgen war.

Eine nur natürliche Sache wenn nicht sogar Verpflichtung war die Gründung einer Militärmusikkapelle, wie jene des Infanterie-Regiments Nr. 84 von Bistritz. Nicht nur Ausnahme, sondern auch berühmt war das bestehende Symphonische Orchester der Bistritzer Philharmonie, das seit dem Jahre 1898 eigene Konzerte gab.

Schon aus Tradition gab es zahlreiche zivile Musikkapellen, darunter auch jene der Zunft der Bistritzer Handwerker. Vor allem in den damals in der Stadt sehr zahlreichen sächsischen Familien waren die Blasinstrumente Teil des traditionellen Erbes. Schon von Kindheit an wurde die mit dem Instrument verbundene Technik geübt, die Entwicklung der Fähigkeiten und der Kultur, als von Generation zu Generation weiter gegebener Verpflichtung.

Die zahlreichen Musikanten, die in den Orchestern der Bistritzer Lokale vertreten waren, bei Hochzeiten und Bällen, gehörten einer anderen Musikkategorie an, über die ich noch sprechen werde.

Ich möchte hier jene Leute vorstellen, die jahrelang nicht gerade künstlerische Arbeit geleistet haben, mit Sicherheit aber voll Talent und Fleiß zur Bistritzer Musikwelt unbedingt dazu gehören die Geigenbauer.

Ich würde einen unentschuldbaren Fehler begehen, wenn ich hier nicht an zwei von ihnen erinnern würde, Leute von einer besonderen professionellen Rechtschaffenheit und einer außergewöhnlichen seelischen Herzlichkeit. Es ist die Rede von den Herren Iulius Chita und Ilie Griga, die alle Lebensgeschichten der einheimischen Musikanten und Spielleute kannten, ihre Freude und ihre Trauer.

Jahrzehntelang als überall bekannte, begabte Geigenbauer bauten, reparierten und hielten sie die Saiteninstrumente instand, nicht nur für die lokalen Einwohner, denn sie hatten in ganz Siebenbürgen einen verdient guten Ruf.

Hier in den Werkstätten von Bistritz breiteten die Musikanten ihre Geschichten aus, erzählten vom Geschehen bei den Vorstellungen und Unterhaltungen, an denen sie teilgenommen hatten, immer mit dem Klatsch hinter den Kulissen gewürzt.

In diesen Werkstätten, an deren Wänden alle möglichen Arten von Saiteninstrumenten ausgestellt waren, verhandelte der Meister nur mit dem Eigentümer des Instrumentes. Diese Werkstätten bewahrten sowohl eine Atmosphäre der Instrumentenerzeugung, als auch die Abgeschlossenheit eines Beichtstuhles für die Musikanten.

Mit Sicherheit trugen die hier gemachten Geigen den Wiederhall und die Sensibilität des Geigenbauers gemeinsam mit der Personalität des Interpreten in sich.

Neben den von der Hand der Bistritzer Geigenbauer erzeugten Geigen gingen auch die Geigen der berühmten Cremoner Werkstätten Guarnieri, Armati oder Stradivarius durch ihre Hände.

Nur Wenige wissen, dass unser großer Violinist Ion Voica jahrelang mit einer Geige, die dem Geigenbauer Griga Ilie gehörte, auf den großen Bühnen der Welt gespielt hat.

Das ist also ein Handwerk oder, wenn man will, einer der Berufe, die unsere Stadt heute verloren hat, zugleich mit dem Aussterben der letzten Bistritzer Geigenbauer, die hier auf der Str. Andrei Muresanu ihre Werkstätten hatten, eine gegenüber der anderen, als Zeichen ihrer lebenslangen Freundschaft und des gegenseitigen Respekts von Iulius Chita und Ilie Griga. Der eine Lehrer, der andere Schüler, Leute mit großem Talent und viel Sensibilität.

Violin makers

Few of our readers may know that our town was one of the best known musical centres in Transylvania at the beginning of the 20th century.

Establishing a brass band in a military unit, such as the 84 Infantry Regiment of Bistrița, was normal or compulsory, establishing a symphonic orchestra like the one of the Philharmonic of Bistrița, performing concerts starting from 1898 was not only an exception, but also a revelation.

There were many brass bands, among which the one of Bistrița handicraftsmen Reunion was due to tradition. Wind instruments were a traditional part of the Saxons of Transylvania' families. It was a long time tradition to teach one's children, from an early age, how to play such instruments and to develop their musical culture and skill.

The numerous musicians who supplied the bands in Bistrița restaurants, wedding parties and balls belonged to another category we are going to speak about further on.

I would like to introduce some people who developed over the years an artistic and gifted activity in close connection to the musical world: the violin makers.

It would be an unforgivable injustice not to mention two of them, special professionals of moral and spiritual probity: Iulius Chita and Ilie Griga, who closely knew the lives, joys and sorrows of native fiddlers and musicians.

They were famous gifted violin makers who had built, repaired and maintained, for decades on end, the string instruments not only the local people's, but also of the people all over Ardeal.

Here, in Bistrița workshops, musicians used to interweave all the stories and happenings from the shows, performances and parties they had been part of, always intermingled with backstage gossip.

On the workshops' walls were hanging all kinds of string instruments and the master was only talking to the instrument's owner. These workshops were very appropriate for making up musical instruments as well as for the musicians' confessions.

There is no doubt that many of the musical instruments made here carried away the maker's sensitivity along with the player's personality.

The violins made by the famous Italians Guarnieri, Amatti or Stradivarius also passed through these workshops along with those made by the Bistrița handicraftsmen.

Few people know that the great violin player Ion Voicu performed on the important stages of the world playing the violin of Grifa Ilie, the Bistrița violin maker.

This is a profession, a trade which our city lost once the last Bistrița violin makers passed away. They had their workshops in Andrei Mureşanu Street, opposite to each other as a sign of their lifelong friendship, of their mutual respect. They were Iuliu Chita and Ilie Griga, teacher and disciple, sensitive and gifted people.

Atelierele de fotografie din oraş

Renumele de care s-a bucurat Bistriţa de-a lungul secolelor, în Transilvania, în Moldova, Polonia sau chiar în Orientul Apropiat, unde ajungeau convoaiele comercianţilor autohtoni cu mărfuri, se datora fără îndoială meseriaşilor săi. Despre asociaţiile cismarilor, fierarilor, zidarilor, armurierilor, argintarilor, curelarilor, cojocarilor şi câte altele, sunt cunoscute numeroase aspecte, deoarece printre ei au fost mulţi meşteri renumiţi, despre care s-a scris mult. Ca semn al recunostinţei urbei faţă de meseriaşii care i-au dus faima, steagurile tuturor breslelor erau expuse la loc de cinste în Catedrala evanghelică „ Sfântul Nicolae" şi Biserica Greco-catolică din oraş.

Cert este că pentru o mare parte dintre meseriaşii bistriţeni, concurenţa a fost benefică şi, acolo unde ea s-a împletit cu talentul, a creat maeştrii prestigioşi, greu de egalat. Atâta vreme cât meseriile aveau un caracter manufacturier, s-a cochetat pe îndelete şi cu latura artistică a meseriei.

Odată cu dezvoltarea procesului de mecanizare, cu apariţia comenzilor de serie mare, la început de secol XX, nu a mai fost timp de creaţie. Cei ce nu s-au integrat rapid în acest proces de industrializare capitalistă, au fost repede falimentaţi. Aşa se explică dispariţia breslaşilor cu vechi tradiţii ca şi a întregului lor eşafodaj, ce părea de neclintit, cu puţin timp în urma începutului de secol.

La sfârşitul secolului al XIX-lea şi începutul celui de-al XX-lea, apar, însă, îndeletniciri noi, generate de progresele tehnicii, ca şi de comanda socială, îndeletniciri ce nu au făcut parte din vechile meserii practicate în oraş.

Din această categorie au făcut parte şi fotografii! Nici o altă branşă nu a lăsat urmaşilor atâtea informaţii, mesaje şi instantanee ale urbei noastre si ale oamenilor săi, ca cele realizate în atelierele lor şi fără de care mare parte din ilustrarea materialelor prezentei nu ar fi fost posibilă .

Cu toate că tehnica fotografică era la începuturile sale, realizările fotografilor bistriţeni au avut o ridicată profesionalitate, datorată în primul rând uceniciei acestora la unele dintre cele mai renumite şcoli şi ateliere de profil din Viena, Paris, Berlin sau Budapesta. Se pare că zeiţa Fortuna a fost de partea multora, făcând ca ei să dovedească real talent şi valenţe artistice, aşa cum se va constata ceva mai târziu, când vor ajunge renumiţi.

Este surprinzător să constaţi şi azi, la peste o suta de ani de la realizarea primelor fotografii în atelierele bistriţene, calitatea remarcabilă a pozelor, exigenţa faţă de detaliu, ingeniozitatea scenografică, cât şi particularităţile distincte ale fiecăruia în parte, ceea ce a făcut posibil ca până în 1940, fotografii bistriţeni să obţină peste 70 de medalii la Saloanele internaţionale de fotografie din Europa.

Atelierele s-au dovedit longevive şi prospere, suferind unele modernizări până în preajma celui de-al II-lea război mondial. Ele erau frecventate de multă lume şi datorită faptului că orăşenii nu concepeau ca din casele lor să lipsească tablourile de familie. De la mic la mare, de la cei din leagăn , la cei mai vârstnici, ei aşteptau ore în şir să facă fotografii. Fiecare în parte era supus unei analize pertinente şi îndelungate, de meşter, până se săvârşea minunea.

Când tablourile erau gata, se înrămau şi se expuneau la loc vizibil ca un blazon al casei. Cu cât acestea cuprindeau un număr mai mare de persoane cu o ţinută cât mai îngrijită, cu atât se cuvenea sa fie mai apreciate. Ele aveau dimensiuni mari, spre deosebire de cele ocazionale, ca portretele, sau ca cele prilejuite de militărie sau de sărbători câmpeneşti.

Majoritar, fotografiile se realizau în ateliere, folosindu-se aparate voluminoase, de pionierat, cu instalaţii primitive de iluminat, dar cu o recuzită scenografică deosebit de variată, chiar ingenioasă, ce trăda talent şi mult bun gust. Cu toată nuanţa de desuetudine şi romantism idilic, aşa cum gândim despre ele, azi, când privim aceste fotografii de epocă, ele au fost şi rămân nişte opere de artă, deconspirând meseriaşul de vocaţie şi patina epocii.

Aş aminti câteva din cele mai renumite ateliere fotografice, cum au fost cele ale Profesorului Carl Koller, Eugen Lippert, Alois Ziegler, Ella Alzner, A. Petritz, Alexandru Rosu, Rosiu & Hausler, C. Oscar Galter, Berta Jordens, Alois Wagner,Rudolf Fleischer, Hausler sau Frederic Romischer, ca să amintesc doar pe cei mai renumiţi dintre fotografii de la mijlocul secolului al XIX-lea şi începutul celui de al XX-lea.

La aceştia aş mai adăuga şi pe regretaţii fotografi de după război, Victor Frish, Petre Roman şi Enescu, care au încercat să continue această meserie până acum câteva decenii.

Astăzi, şi în acest domeniu, situaţia se repetă, ca şi cu celelalte meserii. Odată cu modernizarea tehnologiei, cu amplificarea accesibilităţii şi a caracterului de masă al executării fotografiilor, precum şi datorită înfiinţării laboratoarelor color de prelucrare automată a fotografiilor, îndeletnicirea de fotograf profesionist nu mai are rentabilitatea cerută şi nici căutarea dorită, ceea ce se traduce din păcate şi prin diminuarea valorii artistice şi documentare a fotografiei, minimalizându-se rolul artistului fotograf de studio.

Alte vremuri, alte gusturi, alte preocupări !

Iată câteva fotografii de epocă de la început de secol ale fotografilor bistriţeni, ca şi sigla de pe reversul acestora cu nelipsita reclamă.

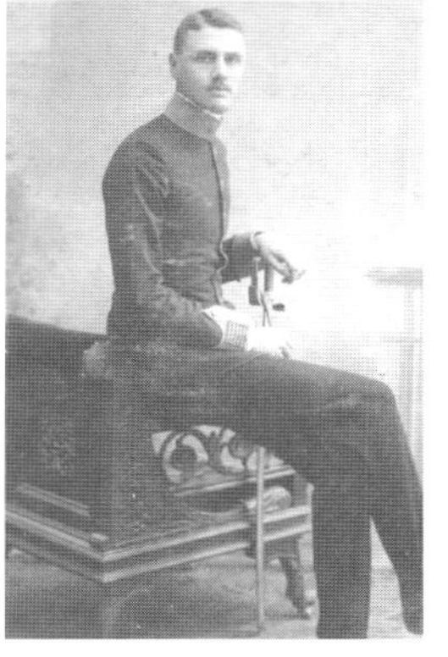

Toader Înfloritul - omul bun la toate 1928
Toader Înfloritul der Mann für alles 1928
Toader Înfloritul(the Blooming) the skilfull man, 1928

Profesorul Karl Alberti, 1925
Professor Karl Alberti 1925
Karl Alberti, the Teacher, 1925

Doamna noastră învățătoare, 1924
Unsere Frau Lehrerin 1924 ~ Our school-teacher, 1924

Floricuța Bilegan, 1926

Familia comandantului militar al Bistriței, realizată în atelierul fotografului Koler în 1875

Familie des Militärkommandanten von Bistritz, Atelier Koler 1875 ~ The photo of the military commander of Bistrița, taken in Koler's Studio in 1875

Adunarea populară câmpenească în anul 1882 - foto Alexandru Roșu

Versammlung des Landvolkes 1882 Foto Alexandru Roșu ~ The country folk assembly in 1882-photo by Alexandru Roșu

Considerat de către Nicolae Iorga cel mai mare şi mai talentat dintre fotografii bistriţeni Alexandru Roşu, a realizat şi memorabilul tablou al Jubileului de 25 de ani al Gimnaziului din Năsăud considerat o lucrare de artă.

Alexandru Roşu, nach Meinung von Nicolae Iorga das größte Talent unter den Bistritzer Fotografen, hat dieses bemerkenswerte, als Kunstwerk eingeschätzte Bild anlässlich des 25-jähr. Jubiläums des Gymnasiums Nasaud angefertigt.

Alexandru Roşu, considered by Nicolae Iorga the biggest and the most gifted Bistriţa photographers, achieved the memorable picture of the 25 years Jubilee of the Năsăud Gymnasium. It is considered to be a work of art.

Familia Broser 1908, fotografie realizată de A. Roşu la domiciliul clientului

Familie Broser 1908, von A. Rosu im Hause des Kunden angefertigt ~ The Broser family, 1908. Photo taken by A. Roşu at the clients' home

Fotografia de familie a doctorului nostru, 1911 realizat în atelier

Die Familie unseres Arztes, 1911 im Atelier angefertigt ~ Our doctor's family photograpf, 1911, taken in the studio

Fotoateliers der Stadt

Die Berühmtheit, derer sich Bistritz über die Jahrhunderte in Siebenbürgen, in Moldova, Polen oder sogar im Nahen Osten erfreute, bis wohin die Konvois der einheimischen Kaufleute mit ihren Waren gelangten, verdankte die Stadt zweifellos ihren Handwerkern. Über die Vereinigungen der Schuster, Schmiede, Maurer, Waffen- und Silberschmiede, Zaumzeugmacher, Kürschner und einige andere sind viele Einzelheiten bekannt, weil unter ihnen berühmte Meister waren, über die viel geschrieben wurde. Als Zeichen der Erkenntlichkeit der Stadt gegenüber ihren Meistern, die soviel Ruhm gebracht hatten, wurden die Fahnen sämtlicher Zünfte in der Evang. Kathedrale St. Nikolaus und in der griech.-kathol. Kirche der Stadt aufbewahrt.

Sicher war für einen großen Teil der Bistritzer Handwerker die Konkurrenz von Vorteil und dort, wo sie sich mit Talent verband, wuchsen sie zu angesehenen Meistern, die keinen Vergleich zu scheuen brauchten. Solange die Handwerke Manufaktur-Charakter hatten waren ihre Erzeugnisse auch immer fast schon künstlerische Ausfertigungen.

Gleichzeitig mit der Entwicklung der Mechanisierung und mit dem Erscheinen der Nachfrage nach Produkten in größerer Serienerzeugung zu Beginn des XX. Jh. blieb keine Zeit mehr für die Kunst. Wer sich nicht rasch in den Prozess der kapitalistischen Industrialisierung einordnen konnte ging sehr schnell in Konkurs. So erklärt sich auch das Verschwinden der Zünfte mit alter Tradition gemeinsam mit dem ganzen rundum aufgebauten Gerüst, das noch vor Kurzem unerschütterlich schien.

Zum Ende des XIX. Jh. und am Anfang des XX. Jh. erscheinen jedoch durch den technischen Fortschritt neue Berufe mit gesellschaftlicher Bestimmung, die es bei den alten Zünften der Stadt vorher nicht gegeben hatte.

Dazu gehörten auch die Fotografen. Kein anderer Geschäftszweig hat seinen Nachfolgern soviel Informationen, Botschaften und Momentaufnahmen unserer Stadt und seiner Einwohner vererbt, die in seinen Ateliers hergestellt wurden und ohne die ein großer Teil der bildhaften Darstellungen dieses Büchleins nicht möglich gewesen wäre.

Trotzdem die fotografische Technik erst in ihren Anfängen war weisen die von den Bistritzer Fotografen erstellten Arbeiten große Professionalität auf. Dies resultierte vor allem aus der in den bekanntesten Schulen und Ateliers in Wien, Paris, Berlin oder Budapest absolvierten Lehrzeit. Es scheint, daß die Mehrheit die Glücksgöttin Fortuna zur Seite hatte, so dass sie ihr wirkliches Talent und ihre künstlerische Größe beweisen konnte, was auch etwas später Anerkennung brachte, als sie berühmt wurde.

Auch heute noch ist die Qualität der Bilder bei den ersten in Bistritzer Ateliers durchgeführten Arbeiten von vor über hundert Jahren bemerkenswert, das strenge Festhalten an Details, der einfallsreiche Szenenaufbau und die Verschiedenheit des persönlichen Stils jedes Einzelnen. So war es möglich, dass bis 1940 die Bistritzer Fotografen über 70 Medaillen von den internationalen Foto-Ausstellungen Europas heim brachten.

Die Ateliers erwiesen sich als langlebig und aufblühend und wurden bis zum II. Weltkrieg immer wieder modernisiert. Sie wurden von vielen Menschen aufgesucht, da in den Häusern der Stadt natürlich Familienbilder nicht fehlen durften. Groß und Klein, vom Baby in der Wiege bis zu den Familienältesten warteten sie stundenlang, um fotografiert zu werden. Jeder einzelne wurde einer angemessenen und längeren Analyse durch den Meister unterzogen, bevor das Wunder sich ereignete.

Wenn die Bilder fertig waren wurden sie eingerahmt und an einem gut sichtbaren Ort aufgestellt, als wären sie ein Familienwappen. Je mehr Personen auf dem Bild abgebildet waren,

Vorzugsweise in gepflegter Festtagskleidung, desto wertvoller wurden sie angesehen. Oft hatten sie zum Unterschied zu normalen Fotos einen größeren Umfang und wurden als Portraits an der Wand befestigt, aus Anlaß des Militärdienstes oder der ländlichen Festtage.

Hauptsächlich wurden die Fotografien in den Ateliers angefertigt, es wurden voluminöse Apparate der Pionierzeit benutzt, mit primitiven Beleuchtungseinrichtungen. Die Requisiten für das Szenario jedoch waren sehr verschieden, sehr einfallsreich, und verrieten Talent und viel guten Geschmack. Obwohl wir diese Bilder einer Epoche heute wohl manchmal in ihrer idyllischen Romantik veraltet finden, so bleiben sie doch Kunstwerke, die die Hand des Meisters verraten und die Patina jener Zeit.

Einige der renommiertesten Ateliers waren jene des Professors Carl Koller, Eugen Lippert, Alois Ziegler, Ella Alzner, A. Petritz, Alexandru Rosu, Rosiu & Hausler, C. Oscar Galter, Berta Jordens, Alois Wagner, Rudolf Fleischer, Hausler oder Frederic Romischer, um nur die bekanntesten Fotografen aus der Mitte des 19. Jh. und dem Beginn des XX. Jh. zu erwähnen.

Dazu kommen noch die nach dem Weltkrieg verstorbenen Fotografen Victor Frisch, Petre Roman und Enescu, die dieses Handwerk bis vor einigen Jahrzehnten ausübten.

Heute wiederholt sich die Lage auch in dieser Sparte wie bei den anderen Handwerkszweigen. Gleichzeitig mit der technologischen Modernisierung und mit der Erweiterung des Zuganges, des Massenwesens für die Durchführung des Fotografierens, ebenso aufgrund der Errichtung von Farblabors für die automatische Entwicklung der Bilder hat die Ausübung durch den Professionisten wegen der gesunkene Nachfrage nicht mehr die nötige Rentabilität. Das führt leider auch zur Verminderung der künstlerischen und dokumentarischen Werte einer Fotografie und verkleinert die Rolle des Fotografen als Künstler in seinem Studio.

Andere Zeiten, andere Geschmäcker, andere Sorgen!

Es folgen einige Bilder von Bistritzer Fotografen der Epoche am Beginn des Jahrhunderts gemeinsam mit deren Firmenzeichen auf der Rückseite und der natürlich dazugehörigen Reklame.

Photographer's Studios in town

The fame Bistriţa enjoyed all along the centuries, in Transilvania, Moldova, Poland or even the Middle East where the tradesmen's goods used to reach, was undoubtedly due to its craftsmen. The associations of shoemakers, blacksmiths, masons, armourers, silversmiths, strap makers, skinners and others were well known, because their members were famous handicraftsmen. The guilds' banners were displayed in the Evangelical church "Saint Nicholas" and in the Greek Catholic Church in town as a sign of the town gratitude towards the people who had made it famous.

It is certain that, for most of Bistriţa handicraftsmen, competition proved to be good; when it mingled with talent and skill, it produced impressive matters, hard to be surpassed. As long as the guilds had a manufacturing character, they even aimed at the artistic side of their trade.

Along with the development of the mechanization process and the development of high range orders early in the 20th century, they no longer had time for art or creation. Those, who couldn't fit in this process of capitalist industrialization fast enough, went bankrupt. This is the explanation of the old traditional tradesmen's disappearance as well as of their structures, which had seemed to be unmovable a little before the beginning of the century.

At the end of the 19th century and the beginning of the 20th, new professions appeared, generated by the technical progress and by the social order, which had not belonged to the old set of local trades.

Photographers belonged to this category, too! There was no other branch to have left so much information about town and its people as those made in their studios and I am very grateful to them because otherwise, I couldn't have edited this very book.

Although photography was at the start, the achievements of Bistriţa photographers were highly professional, due to their apprenticeship to some of the best known schools and studios in Vienna, Paris, Berlin or Budapest.

It is surprising even today to see, over one hundred years after the first photographs had been taken in Bistriţa Studios, the remarkable quality of the photographs, the care for details, the scenographic ingenuity and the specific traits of each of them, which made it possible for Bistriţa photographers to win over 70 medals at the International Photography Exhibitions across Europe before 1940.

The studios proved to be prosperous and everlasting with some up dating before the world war two.

Many people were going to these studios because the people in town were thinking family pictures couldn't be missing from their houses. They would wait for hours on end to be taken a photo, from the youngest to the oldest, from little babies to old people. Each and every of them had been closely analyzed by the master before the miracle came true.

When the pictures were ready, they were framed and displayed like a family coat of arms. The larger the number of neat, well-dressed people, the more appreciated they had to be. They were very large, unlike the occasional photos such as portraits or pictures taken at picnics or military parades.

Most of the photographs were taken in studios, with big cameras, primitive lightning devices, but with extremely various scenographic props showing talent and good taste. Watching them today, they are and have always been works of art, indicating the vocational professional and the time patina, at the same time disused and idyllically romantic.

I would like to mention some of the most famous photographer studios from the middle of the

19th century and the beginning of the 20th: Professor Carl Koller, Eugen Lippert, Alois Ziegler, Ella Alyner, A. Petritz, Alexandru Roşu, Rosin & Hausler, C. Oscar Galter, Berta Jordens, Alois Wagner, Rudolf Fleischer, Hausler or Fredenic Remischer.

I may also add the after war photographers Victor Frish, Petre Roman and Enescu, who tried to go on with this profession until some decades ago.

Today, the situation is the same as with other professions. Because of the new technology, the increasing mass character of taking photos and automatic processing laboratories, the job of professional photographer is no longer advantageous which means, unfortunately, a decreasing artistic and documentary value of the photograph and of the professional photographer.

New times, new tastes, new jobs!

Here are some old photographs from early 20th century taken by Bistrița photographers and the brand and customary advertisement on their back.

Evreii

Populația evreiască s-a numărat întotdeauna printre grupările etnice cele mai numeroase ale orașului nostru. Astfel, cu prilejul recensământului din anul 1930,ei se situau pe locul trei, după români și germani, numărând 2177 de suflete, ceea ce reprezenta peste15 procente dintre bistrițeni.

Deși azi pare greu de crezut, până la îndoctrinările politice și rasiale din preajma celui de al-II-lea război mondial și a perioadei bolșeviste, divergențe de natură etnică nu existau. Am copilărit, jucându-ne pe aceeași stradă, ani de-a rândul, copii de sași, români, evrei, maghiari și nu-mi amintesc nici un diferend legat de apartenență etnică. Ceea ce însă era sigur, era că ne înțelegeam. Toți copiii cunoșteau limba română, chiar dacă unii mai păstrau accente bizare, ce trădau limba maternă folosită acasă. Câștigul a fost benefic pentru toți copiii, deoarece pe lângă limba română, am învățat în mare măsură limbile celorlalți.

În perioada interbelică, nu exista în Târgul Bistriței nici un orășean matur care să nu se „descurce" în cel puțin două limbi din cele ale concetățenilor de alte etnii.

Am scris toate acestea nu numai din dorința de a etala o toleranță ce dovedea un grad înalt de civilizație citadină, după care azi tânjim, cât mai ales pentru a sublinia încă o dată, dacă mai era cazul, faptul că mai ales populația izraelită era una fără concepte izolaționiste și poate chiar exagerat de loială față de cei ce conduceau destinele țării. În îndelungata ei existență pe aceste plaiuri, comunitatea a ajuns să sufere tocmai datorită smereniei și îngăduinței lor tradiționale.

Comunitatea, fiind puternică, reușește în anul 1856 să edifice Sinagoga din Bistrița, pe care o prezentăm în fotografie. Tot acum a fost construită vis-à-vis și casa rabinului, ca și baia rituală. Aici, godinul fierbinte încălzea apa și cu alte prilejuri, pentru toată lumea.

Mulți au fost cei de o aleasă omenie și de o probitate profesională incontestabilă din rândul populației evreiești. Dintre ei aș aminti doar pe cei ce i-am cunoscut după război, ca medicii: Rahmuth, Fleischer, Cula, Weinberger, dentiștii: Weiss, Zeiger, comercianții: Masslier, Rubinstein, Hirsch, Mendel, Wessinger, la care s-ar putea adăuga mulți alții.

Din păcate, din dispoziția hortiștilor din Cluj și Târgu-Mureș, în ziua de 3 mai 1944, evreii din Bistrița, Năsăud și satele din jur, au fost aduși în Lagărul din Bistrița „ Stomboli ", unde au murit în doar 7 zile peste 300 de oameni datorită condițiilor inumane în care au fost ținuți cei 6300 de evrei aduși aici. În scurtă vreme, datorită zelului hortiștilor, la 10 mai, peste 7000 de evrei din județul nostru au fost trimiși în lagărele de exterminare din Birkenau-Auschwitz. Dintre ei puțini s-au mai întors, iar din aceștia cea mai mare parte s-au dus în Țara Sfântă cu dorul meleagurilor noastre.

Dintre personalitățile rabinice ucise în holocaust, aș aminti pe Horowitz Pincas, Lichtenstein Beniamin Zev,Rosenfeld Menahem Iehuda Helevi și Spitz Meir, ca să numesc doar câțiva bistrițeni din cei comemorați de placa de marmoră din Fața Sinagogii pe care scrie:

„ ÎN AMINTIREA CELOR 7000 COPII, FEMEI, BĂRBAȚI EVREI DEPORTATI DIN JUD. NĂSĂUD, SCHINGIUIȚI ȘI UCIȘI ÎN CREMATORIILE DIN BIRKENAU-AUSCHWITZ. PRECUM ȘI ÎN AMINTIREA MIILOR DE ROMÂNI DUȘI ÎN ACELAȘI FEL ÎN SCLAVIE ȘI LA MOARTE DE CĂTRE FASCIȘTI ȘI HITLERIȘTI."

Mulți dintre noi vă mai păstrăm încă în sufletele noastre cu o duioasă aducere aminte. Dumnezeu să vă odihnească în pace, buni prieteni!

Pentru ei se roagă astăzi și cei câțiva evrei bistrițeni, când sănătatea și bunul Dumnezeu îi ajută să se adune cel puțin zece, ca să săvârșească slujba de sabat, la Sinagoga din oraș.

Sinagoga
Die Synagoge ~ The synagogue

Die Juden

Die jüdische Bevölkerung zählte immer zu den zahlreicheren Volksgruppen in unserer Stadt. Anlässlich der Volkszählung von 1930 befanden sie sich nach den Rumänen und Deutschen mit 2177 Personen auf Platz drei, also 15% der gesamten Bistritzer Einwohner.

Obwohl es schwer zu begreifen ist, gab es bis zu den politischen und rassistischen Veränderungen im Umkreis des II. Weltkrieges so wie in der bolschewistischen Periode keine ethnischen Auseinandersetzungen. In meiner Kindheit spielten wir in unserer Straße gemeinsam mit den Kindern der Sachsen, Rumänen, Juden und Ungarn und ich erinnere mich an keine Differenzen, die mit der ethnischen Zugehörigkeit zu tun gehabt hätten. Es war nur sicher und selbstverständlich, daß wir uns verstanden. Alle Kinder kannten die rumänische Sprache, wenn auch einige sie mit merkwürdigem Akzent benutzten, was natürlich die zu Hause verwendete Muttersprache verriet. Es war für alle Kinder ein vorteilhafter Gewinn, denn neben der rumänischen Sprache lernten wir so auch in großen Zügen die Sprachen der anderen.

In der Zwischenkriegszeit gab es in der Stadt Bistritz keinen erwachsenen Städter, der sich nicht mindestens in zwei Sprachen seiner Mitbürger von anderen Volksgruppen ausdrücken konnte.

Ich schreibe das nicht nur aus dem Wunsch, Toleranz als Beweis für die heute darnieder liegende höhere städtische Kultur zu zeigen. Vor allem möchte ich noch einmal die Tatsache unterstreichen, daß die israelitische Bevölkerung keine ausgrenzenden Anschauungen vertrat und gegenüber den herrschenden Staatsführern sogar extrem loyal reagierte. Gerade wegen ihrer traditionellen Bescheidenheit, Ergebenheit und Verträglichkeit hatten sie nach langem Dasein in dieser Gegend viel Leid auf sich zu nehmen.

Die starke Gemeinschaft errichtete 1856 in Bistritz ihre Synagoge, wie sie auf dem Foto zu sehen ist. Hier wurde gegenüber auch das Haus für den Rabbiner gebaut und das rituelle Bad, wo ein heißer Dauerbrandofen das Wasser auch zu anderen Anlässen erwärmte, für alle.

Es gab viele aus der Reihe der jüdischen Bevölkerung, die von erlesener Menschlichkeit und mit unbestreitbarer professioneller Fähigkeit ausgezeichnet waren. Ich möchte nur an die mir nach dem Krieg bekannt gewordenen Ärzte erinnern: Rahmuth, Fleischer, Cula, Weinberger. Dentisten: Weiss, Zeiger. Kaufleute: Massler, Rubinstein, Hirsch, Mendel, Wessinger. Ich könnte noch viele hinzu fügen.

Leider wurden nach dem Entscheid der Hortisten von Klausenburg/Cluj und Neumarkt/Targu Mures am 3. Mai 1944 die Juden von Bistritz, von Nasaud und von den Dörfern im Umkreis in das Lager „Stromboli" nach Bistritz gebracht, wo innerhalb von nur 7 Tagen über 300 von 6300 hier internierten Menschen wegen der herrschenden unmenschlichen Bedingungen starben. Nach kurzer Zeit, am 10. Mai, wurden über 7000 Juden aus unserem Landkreis in die Endlager nach Birkenau und Auschwitz geschickt. Wenige kamen zurück, von denen jedoch ein großer Teil ins Heilige Land auswanderte.

Von den im Holocaust getöteten Rabbinern möchte ich Horowitz Pincas erwähnen, Lichtenstein Beniamin Zev, Rosenfeld Menahem, Iehuda Helevi und Spitz Meir, die auf der an der Außenwand der Synagoge befestigten Marmortafel erwähnt werden und auf welcher geschrieben steht:

IN ERINNERUNG AN DIE 7000 JÜDISCHEN KINDER, FRAUEN UND MÄNNER, DEPORTIERT AUS DEM LANDKREIS NASAUD, GEQUÄLT UND ERMORDET IN DEN KREMATORIEN VON BIRKENAU-AUSCHWITZ. EBENSO ZUR ERINNERUNG AN DIE TAUSENDE RUMÄNEN, DIE IN DIE SKLAVEREI UND IN DEN TOD GETRIEBEN WURDEN,

VON DEN HITLERISTEN UND FASCHISTEN."

Viele von uns werden noch schmerzliche Erinnerungen in der Seele bewahren. Der Herr gebe Euch die ewige Ruhe und lasse Euch ruhen in Frieden, gute Freunde.

Für sie beten heute auch die wenigen Bistritzer Juden beim Gottesdienst am Sabbat in der Synagoge der Stadt. Wenn die Gesundheit und der Herrgott es zuläßt und sich vielleicht noch zehn Personen dort versammeln.

The Jews

The Jewish population has always been among the most numerous ethnical local groups. Thus, on the occasion of the 1930 census, they were the third after the Romanians and the Germans 2177 inhabitants, which represented 15 percent of the whole population of Bistrița.

Although it is hard to believe, up to the racial and political indoctrination before World War Two and the Bolshevik period, there had been no ethnical disputes. We spent our childhood playing in the same street together, Romanians, Jews, Germans, Hungarians and we never had any argument over our ethnical affiliation. What was certain was that we were getting along well together. All the children could speak Romanian, even if some of them still had strange ways of uttering words, showing the mother tongue they were using at home. This was something good, because we all learnt the others mother tongues, too.

Between the wars, there was not even a grown-up Bistrița citizen who couldn't speak at least two of the languages used by the people of other ethnical groups.

I wrote all this not only to show the tolerance proving a high level of civilization we are longing for nowadays, but also in order to underline the fact that the Jewish population was especially loyal to those who were leading the country, not wanting to be an isolated community. In time, they came to be in pain just because of their piety and traditional tolerance.

Being very strong, the community succeeded in founding the Synagogue of Bistrița in 1856, shown in this photo. The Rabbi's house was also built opposite the synagogue, as well as the ritual bathroom. Here, the hot stove was also heating the water on different occasions.

There were lots of special professionals among the Jewish population. I would like to mention only those I met after the war, such as the doctors: Rahmuth, Fleischer, Cula, Weinberger, the dentists: Weiss, Zeiger, the tradesmen: Masslller, Rubinstein, Hirsch, Mendel, Wessinger and many others.

Unfortunately, on behalf of Cluj and Târgu Mureş Horthysts' orders, on May 3rd 1944 the Jews in Bistrița, Năsăud and the surrounding villages were brought to "Stomboli" Bistrița camp, where 300 people died in just seven days because of the inhuman conditions the 6300 Jews had to cope with. Shortly afterwards, on May 10th, over 7000 Jews in our district were sent to Birkenau Auschwitz concentration camps. Few of them came back, and most of those who returned, later went away to the Holy Land, still longing for our country.

Among the rabbi personalities who had been killed during the Holocaust, I mention Horowitz Pincas, Lichtenstein Beniaminzev, Rosefeld Menahem, Iehuda Helevi and Spitz Meiv, who are also mentioned on the marble grave stone in front of the Synagogue:

"In the name of the 7000 Jewish children, women and men deported from Năsăud district, tortured and killed in the crematory of Birkenan-Auschwitz and in the memory of thousands of Romanians led to slavery and death by the Hitleristes and Fascists".

Many of us still keep you in our souls as a sweet memory. May God rest you in peace, dear friends!

To their memory still pray the few Bistrița Jews when Lord helps to gather at least ten of them for the Sabbath service at the town Synagogue.

Asociația tineretului creștin maghiar

Deşi mai puţin numeroasă ca etnie, maghiarii bistriţeni numărau conform recensământului din 1930 numai 1363 de membrii situându-se pe locul patru după români, germani şi evrei, ei au avut un rol important în activităţile socio-culturale ale oraşului nostru la mijlocul secolului trecut. Dacă ungurii au reuşit să realizeze numeroase manifestări culturale de sine stătătoare în numele Reuniunii meseriaşilor maghiari sau a şcolilor maghiare din oraş nu este mai puţin adevărat că cei de etnie maghiară au participat de numeroase ori alături de bistriţenii celorlalte naţii la manifestări comune prilejuite de serbările de breaslă, de târguri sau cu prilejul sărbătorilor religioase sau comemorative comune.

O activitate culturală cu totul remarcabilă a desfăşurat Asociaţia tineretului creştin maghiar (K.K.A.S.E.), de pe lângă Biserica reformată maghiară în perioada 1927-1933 generate de sărbătorirea a cinci decenii de la edificarea Bisericii din Bistriţa.

Spectacolele prezentate de tinerii maghiari din oraş s-au bucurat de un real succes nu numai în Bistriţa în curtea Colegiului Unitar ori la Sala de gimnastică ci şi în spectacolele prezentate pe scenele din Cluj şi Baia Mare. Dintre formaţiile participante la aceste spectacole s-au remarcat în mod deosebit echipa de gimnastică alcătuită de tineriii Tokes, Olteanu, Erdelyi, Molnar, Kelemen, Szilagyi şi Drăghici, cea de boxeri, formată din sportivii Boross-Keres-Tesztes, Gyemant-Ripka precum şi numerele de gimnastică sportivă susţinute de Deutsch Laslo şi Fisher Pista. De mare succes s-a bucurat echipa de dansuri artistice „FANTASIA", a fetelor. Dintre membrele acesteia amintesc pe Reinhold Irma, Nasgy Iren, Konyii Iolan şi Delczeg Iolan.

Spectacolele sportive ale Asociaţiei tineretului creştin reformat maghiar din Bistriţa au excelat la Olimpiada juniorilor ce a avut loc la Budapesta la 29 mai 1934.

Membrii Asociației Tineretului Creștin Maghiar
The members of the Association of Christian Hungarian Yoth

Der christliche Verein der ungarischen Jugend

Obwohl sie als ethnischer Anteil der Bevölkerung weniger zahlreich waren und gemäß der Erhebungen von 1930 nur 1363 Mitglieder zählten, somit an vierter Stelle nach Rumänen, Deutschen und Juden waren, spielten die Ungarn in der Mitte des vorigen Jahrhunderts doch eine wichtige Rolle in den sozial-kulturellen Aktivitäten unserer Stadt. Sie führten von sich aus zahlreiche kulturelle Veranstaltungen im Namen der ungar. Handwerker-Vereinigung oder der ungar. Schulen der Stadt durch, oft nahmen sie auch neben den Bistritzern anderer Nationalitäten an gemeinsamen Veranstaltungen der Zünfte, bei Märkten oder an religiösen Feiertagen oder gemeinsamen Gedenktagen teil.

Eine besonders erwähnenswerte kulturelle Aktivität entwickelte der Verein der ungar. christl. Jugend (K.K.A.S.E.), der zur ungar. reformierten Kirche gehörte, in der Periode 1927 - 1933 zu den Feierllichkeiten anlässlich 50 Jahre seit der Errichtung der Kirche in Bistritz.

Die Darbietungen der jungen Ungarn der Stadt erfreuten sich nicht nur in Bistritz im Hof des unitarischen Kollegiums oder im Turnsaal eines großen Erfolges, sondern auch auf den Bühnen von Klausenburg und Baia Mare. Unter den daran teilnehmenden Formationen wurden besonders die Gymnastikgruppe, bestehend aus den Jugendlichen Tokes, Olteanu, Erdelyi, Molnar, Kelemen, Szilagyi si Draghici erwähnt, die Abteilung der Boxer, die aus den Sportlern Boross-Keres-Tesztes, Gyemant-Ripka bestand, wie auch die Vorführung der sportlichen Gymnastik durch Deutsch Laszlo und Fisher Pista. Großen Erfolg hatte auch die Tanzgruppe „FANTASIA“ der Mädchen, von deren Mitgliedern ich an Reinhold Irma, Nasgy Irene, Konyii Iolan und Delczeg Iolan erinnere.

Die sportlichen Vorführungen des Vereines der christlichen reformierten ungarischen Jugend von Bistritz machten auch bei der JuniorenOlympiade am 29. Mai 1934 in Budapest grossen Eindruc.

The Association of Christian Hungarian Youth

Although not in great number as an ethnic group, the Hungarians in Bistrita amounted to about 1363, according to the 1930 census. They occupied the fourth place after Romanians, Germans and Jews, but they played an important part in the social and cultural activities in our town around the middle of the past century. If the Hungarians managed to achieve many cultural activities under the Reunion of Hungarian Craftsmen or Hungarian Schools in town, it is also true that they often participated, together with the representatives of the other ethnic groups, in common manifestations occasioned by guilds festivals, fairs, religious or commemorating celebrations.

A remarkable cultural activity was developed by the Association of Christian Hungarian Youth (K.K.A.S.E.) from around the Hungarian Protestant Church, 1927 1933, when they celebrated fifty years since the Church in Bistrita had been founded.

The shows performed by the young Hungarians in town met a great success not only in the Unitary College yard or in the gym, but also on the stages in Cluj and Baia Mare. We should especially mention here the gymnastics team made up of Tokes, Olteanu, Erdely, Molnar, Kelemen, Szilagyi and Draghici, the boxing team made up of Boross-Keres-Tesztes, Gyemant-Ripka and the sporting gymnastics team made up of Deutsch Laszlo and Fisher Pista. Very successful was also the girls' artistic dance team "FANTASIA"; among its members there were Reinhold Irma, Nasgy Iren, Konyii Iolan and Delczeg Iolan.

The sporting shows of the Protestant Hungarian Youth were also performed at the Youth Olympics in Budapest on May 29th 1934.

Copii ai străzii

Risc să fiu învinuit de nostalgie, pentru evocarea unei epoci în care uleiul de peşte, adus din "Glorioasa Uniune Sovietică", ni se dădea zilnic la scoală, pentru a creşte viguroşi şi înţelepţi ca eroii comsomoliştilor sovietici Timur şi baieţii lui, ori ca Zoia şi Şura. Era pe vremea când elevii se aflau zilnic în aşteptarea feliei de pâine cu marmeladă şi a ceaiului, din recreaţia mare, ce ni se oferea gratuit la şcoală, de către Hani-Bacsi, intendentul şcolii, ce supraveghea cu autoritatea-i binecunoscută "fiii clasei muncitoare".

Toate acestea mi se păreau, atunci, un semn al grijii societăţii socialiste pentru copiii ţării.

Puţina implicare a noastră, a copiilor, în viaţa grea de zi cu zi, ne-a dăruit o copilărie cu rare griji, dar şi cu modeste pretenţii. Totul era frumos datorită inocenţei, dragostei pentru joacă şi mai ales datorită taberelor şcolare gratuite, atât de numeroase pe atunci, unde prieteniile se legau cu atâta uşurinţă.

Am rămas contrariat, mai târziu, când părinţii mi-au spus că : Munţii Iablonoi şi Ural nu sunt în ţara noastră, aşa cum scria în manualul de geografie, că tătucul Stalin nu era bunicul nostru, într-o vreme când, până şi "învăţarea limbii ruse, cântând", devenise o povară, pentru toată lumea.

Mă surprindea, pe atunci, puţinul entuziasm al părinţilor mei ,faţă de propaganda pro sovietică ce nu contenea pe toate posturile româneşti de radio ca şi în presă, la învăţământul politic sau la şedinţele atât de numeroase, menite să formeze "omul nou". Mult mai târziu am descoperit reala lor grijă pentru ziua de mâine, grijă ce i-a măcinat prematur. Pe măsură ce creşteam, privindu-i mai atent, am început să înţeleg şi să disting pe chipul lor oboseala şi suferinţa, generată de îndelungate întreceri în muncă, importate din glorioasa Uniune Sovietică, cum au fost cele stahanoviste, întâlnite peste tot la acea generaţie de sacrificiu.

Începusem treptat să înţeleg multe şi am învăţat de mic să-mi ascund gândurile şi sentimentele faţă de cei din jurul meu, ca o condiţie de integritate şi supravieţuire a familiei noastre.

Pentru această pervertire timpurie a copilăriei, condamn acele vremuri şi dacă doresc să amintesc clişee de atunci, nu o fac prin prisma afectivităţii sociale şi a împlinirilor, ci prin cea a duioşiei pentru anii copilăriei.

Copilăria rămâne unică pentru fiecare, cu intense reverberaţii, izvorâte din şuvoiul curat şi cristalin al inocenţei. Acesta este motivul care mă îndeamnă să evoc câteva aspecte legate de zburdălniciile unora din bistriţenii de azi mai vârstnici.

Dacă în anotimpul friguros ne întâlneam mai rar şi de obicei la sfârşit de săptămână, mai ales la săniat şi schiat pe dealurile din jurul oraşului, odată cu venirea verii şi mai ales a vacanţei, oraşul devenea neîncăpător şi locurile de joacă insuficiente.

Fiecare cartier îşi avea terenul lui de joacă. Aşa erau pentru unii Târgul mare, pentru alţii Dealul Cocoşului, Tabăra, Terenul Spartac, Râtul de peste pod, la vamă şi câte altele, locuri în care se încingeau, cât era ziua de lungă, diverse jocuri. Dintre acestea, fotbalul sau "cu de-a hapucul",cum îi ziceau podenii, "ţemălul" şi "în ţări" erau cele mai practicate. Odată cu înserarea, începeau pe maidane, poveştile ce nu rareori se depănau la tăciunii unui foc potolit, ce dura până noaptea târziu. Copiii din diverse zone ale oraşului frecventau doar propriul lor loc de joacă.

Singură, Pădurea Schieferberg-ului aparţinea tuturor copiilor din oraş. Multe erau, însă si aici posturile de observare ale podenilor şi hrubenilor, care, instalate prin rămurişul copacilor, erau greu de observat şi mai ales de ocolit. Străbătând pădurea, riscam adeseori să fim somaţi sub ameninţarea praştiilor "a schleiderelor cu goioabe de plumb" să rostim parola pentru a putea trece mai departe. În caz că nu o ştiam, cum se întâmplă de cele mai multe ori, urma un rechizitoriu prelungit. Recunoscând autoritatea unora sau a altora, asupra pădurii, primeam permisiunea de a cutreiera codrii în voie.

Pe vremea aceea, vacanţa de vară era împărţită în două de către majoritatea elevilor; în prima parte munceam în livezile Staţiunii pomi-viticole, în tâmplăriile Iprodcoop-ului, sau la plivitul terasamentului căilor ferate sau în alte părţi, unde găseam locuri de muncă, cum era strânsul spicelor după secerători şi combine.

Deşi tineri, adesea lucram în 3 schimburi, la cei 11-13 anişori, fără a imputa cuiva că suntem exploataţi sau mai puţin iubiţi. Era un mod de a ne ajuta părinţii în procurarea banilor necesari pentru uniformele şi rechizitele şcolare.

Cealaltă jumătate de vacanţă era însă numai a noastră şi o petreceam în tabere, la scaldă sau pe terenurile de joacă din preajma casei.

Îmi amintesc de locul de joacă "Între brazi", în care numai în clipele de răgaz se putea juca "piţule", izbind cu înverşunare monedele vechi de zidurile Azilului de bătrâni. Când se adunau mai mulţi copii, începeau memorabilele meciuri de fotbal, care ne umpleau toate după amiezile şi aici, vă rog să mă credeţi, se etalau orgolii şi nu era deloc uşor să fentezi pe lângă adversari şi cei unsprezece brazi ce nu menajau de loc pe copiii care se încumetau să nu-i dribleze. Cred că unii fotbalişti bistriţeni, printre care şi fraţii Ciocan, Stan, ca şi alţii, care au deveni fotbalişti consacraţi mai târziu, au de adus mulţumiri şi copacilor de aici pentru virtuozitatea dobândită în conducerea balonului.

Nu rareori, câte un şut neinspirat spulbera geamurile vecinilor Odrobineac, Trines sau Romanesi, lăsându-ne pe toţi înmărmuriţi. În scurtă vreme vinovaţii reparau stricăciunile, prezentând scuzele de rigoare, ca apoi meciul să poată continua într-un ritm mai domol până la reînfierbântarea spiritelor.

Unde sunteţi voi, neastâmpăraţilor Tori, Mişa, Resi, Traian, Horsti, Werner, Tudorel şi Pişti ? Aş dori să ştiţi că brazii nu mai sunt, au fost tăiaţi de cei de la primărie, fiind acum, păstraţi doar în amintirea noastră. Al vostru prieten de joacă, Oti !

Straßenkinder

Ich riskiere hier von der Nostalgie überwältigt zu werden, wenn ich nun eine Epoche erwähne, in der in der Schule täglich der aus der „Glorreichen Sowjetischen Union" gelieferte Fischtran verabreicht wurde, um Vitalität und Intelligenz zu steigern wie beim Helden der sowjetischen Comsomolisten Timur und seinen Anhängern, oder wie bei Zoia und Sura. Damals erwartete die Schüler täglich in der großen Pause ein Stück Brot mit Marmelade und Tee, die uns kostenlos vom Hausmeister der Schule Hani-Batschi angeboten wurden, der mit seiner wohlbekannten Autorität die „Söhne der arbeitenden Klasse" beaufsichtigte.

All das schien mir damals ein Zeichen der Sorge der sozialistischen Gesellschaft für die Kinder des Landes.

Als Kinder waren wir wenig in die Kümmernisse des täglichen schweren Lebens eingebunden, wir hatten eine Kindheit mit nur wenigen Sorgen, aber mit bescheidenen Ansprüchen. In unserer Unschuld war für uns alles schön, wir liebten das Spiel und vor allem die kostenlosen, von der Schule organisierten Lager, die sehr zahlreich waren und wo man sehr leicht Freundschaften schließen konnte.

Später kam ich in Widerstreit mit meinen Gefühlen, als mir meine Eltern sagten, daß das Iablon-Gebirge und der Ural nicht in unserem Land seien, wie es im Geografie-Buch stand, und daß Vater Stalin nicht unser Großvater war. Das war die Zeit, als „Lernen der russischen Sprache, singend" eine Last wurde für alle Menschen.

Damals überraschte mich der versteckte Enthusiasmus meiner Eltern, der im Gegensatz zur pro-sowjetischen Propaganda stand, die täglich von den rumänischen Radiostationen ausgestrahlt, in der Presse, beim politischen Unterricht oder bei den zahlreichen Sitzungen verbreitet wurde, dazu bestimmt, den „Neuen Menschen" zu formen. Erst viel später habe ich ihre realen Sorgen um das tägliche Brot begriffen, eine Sorge, die sie frühzeitig dahin raffte. Als ich langsam heranwuchs und sie aufmerksamer beobachtete, begann ich zu verstehen und auf ihren Gesichtern Müdigkeit und Leid zu entdecken, entstanden aus den vielen langen Kämpfen am Arbeitsplatz. Überall litt diese Opfer-Generation an dem aus der glorreichen Sowjetunion importierten Stahanovismus*)

Stufenweise begann ich einiges zu verstehen, ich habe von klein auf gelernt, meine Gedanken und Gefühle vor meiner Umgebung zu verbergen, als Bedingung für die Integration und für das Überleben unserer Familie.

Wegen dieser frühzeitlichen Verfälschung meiner Kindheit verdamme ich diese Zeiten, und wenn ich mich der damaligen negativen Eindrücke erinnere, mache ich das nicht durch das Fernglas der sozialen Gefühlserregung oder der Zufriedenheit, sondern durch die Lupe der Wehmut über die Jahre der Kindheit.

Die Kindheit bleibt für jeden einzigartig, mit tiefem Wiederhall, hervorquellend aus dem reinen und kristallhellen Strahl der Unschuld. Das ist auch der Grund dafür, dass ich einige der ausgelassenen Streiche der heute schon betagteren Bistritzer hier einfuege.

In der kalten Jahreszeit trafen wir uns seltener, meist am Wochenende und vor allem beim Schlitten- oder Schi fahren auf den Hügeln im Umkreis der Stadt. Sobald der Sommer anbrach und da vor allem in den Ferien wurde die Stadt für uns zu klein und die Spielplätze reichten nicht mehr aus.

Jeder Stadtteil hatte seinen eigenen Spielplatz und die Kinder aus den verschiedenen Stadtteilen kamen nur zu ihrem eigenen Spielplatz. Das war für die einen der große Marktplatz, für die anderen der Hahnenberg, das Lager, der Spartakus-Platz, die Weide über der Brücke, la vama oder einige andere Orte, an denen so lange der Tag war verschiedene Spiele begonnen wurden. Darunter war Fußball eines

Der Beliebtesten. Sobald es Abend wurde erzählte man auf den Spielplätzen Geschichten, die sich nicht selten bei den Flammen eines ruhigen Feuers entfalteten, das bis spät in die Nacht hinein brannte.

Nur der Wald auf dem Schieferberg gehörte allen Kindern der Stadt. Es gab jedoch auch hier viele Beobachtungsposten derer aus der Hrube oder über der Brücke, die zwischen dem Geäst der Bäume eingerichtet und schwer zu entdecken oder zu umgehen waren. Wenn wir den Wald durchstreiften riskierten wir öfters, unter Androhung eines Schusses durch die „Schleudern mit Bleikugeln“ aufgefordert zu werden, die Parole zu nennen, um weitergehen zu können.

Wenn wir, wie es meistens vorkam, diese Parole nicht kannten, wurden wir länger aufgehalten. Sobald wir die Autorität des Einen oder Anderen über den Wald anerkannten, erhielten wir die Erlaubnis, nach Lust und Laune durch die Wälder zu ziehen.

Damals waren die Sommerferien für die meisten Schüler zweigeteilt. Im ersten Teil arbeiteten wir in den Obstgärten der Baum- und Weinkulturen, in der Tischlerei der Iprodcoop, beim Unkraut jäten am Bahndamm oder sonstwo, wo wir Arbeit fanden, aber auch beim Sammeln der Ähren hinter den Mähern oder den Mähmaschinen.

Mit 11 13 Jahren arbeiteten wir trotz unserer Jugend in drei Schichten, ohne irgend jemandem vorwerfen zu können, daß wir ausgebeutet oder weniger geliebt würden. Es war einfach eine Möglichkeit, unseren Eltern bei der Beschaffung des notwendigen Geldes für die Schuluniformen und sonstigen Schulsachen zu helfen.

Die andere Hälfte der Ferien gehörte jedoch nur uns alleine, wir verbrachten sie in Zeltlagern, beim Baden oder auf den Spielplätzen in der Umgebung der Wohnung.

Ich erinnere mich an den Spielplatz „zwischen den Tannen“, wo man in den Augenblicken der Ruhe „pizule“ spielen konnte, wobei man unerbittlich alte Geldstücke an die Mauern des Altenheimes warf. Wenn sich mehrere Kinder sammelten, begannen die denkwürdigen Fußballspiele, die den ganzen Nachmittag dauerten und hier bitte glauben Sie mir konnte sich unser Stolz aufbauen. Es war nicht leicht Täuschungsmanöver durchzuführen, neben den Angreifern und den elf Tannen, welche die Kinder, die sich bemühten sie nicht anzudribbeln, überhaupt nicht verschonten. Ich bin mir sicher, daß einige der Bistritzer Fußballer wie die Brüder Ciocan, Stan und andere, die später allgemein anerkannte Profis wurden diesen Bäumen für die hier gewonnene Fertigkeit in der Ballführung Dank gesagt haben.

Nicht selten traf ein unbedachter Schuß mit dem Ball in die Fenster der Nachbarn Odrobineac, Trines oder Romanesi, so daß alle wie versteinert vor Schreck standen. Die Schuldigen machten rasch den Schaden wieder gut, indem sie die passende Entschuldigung vorbrachten. Dann konnte das Spiel fortgesetzt werden, zuerst etwas gemäßigter, bis sich die Gemüter wieder erhitzten.

„Wo seid ihr, ihr übermütigen Tori, Misa, Resi, Traian, Horsti, Werner, Tudorel und Pisti? Ich möchte daß ihr wißt, daß es die Tannen nicht mehr gibt, sie wurden von der Stadtverwaltung gefällt, sie bestehen nur noch in unserer Erinnerung.

Euer Spielkamerad Oti!“

Street children

I might be accused of being nostalgic for evoking an era when we used to be given fish oil from the "Glorious Soviet Union" every day at school in order to grow up vigorous and wise like Timur, Zoia and Şura, the heroes of the Soviet Union. Those were times when pupils were daily waiting for their bread and jam and cup of tea from the break, which were offered to the pupils free by Hani-Bacsi, the school superintendent who watched the "working class sons" with his well-known authority.

All this was a sign of the socialist society's concern for the children of the country.

Our little involvement in the daily hardships of life made us, children, have a carefree but modest childhood. Everything was beautiful due to our innocence, our love for games and especially due to the free school camps which were so numerous at that time, where making friends was so easy.

I was so amazed later, when my parents told that the Ural and Iablonoi Mountains were not situated in our country, as I had read in my Geography book, that Papa Stalin was not our grandfather in a moment when "learning Russian by singing" was a burden for everyone.

I used to be surprised by my parents' lack of enthusiasm towards the continuous Soviet propaganda on the radio, in newspapers at political meetings or at the numberless meetings meant to mould "the new man". Much later I discovered their real concern for the day to come, which had prematurely worn them out. As I grew up, watching at them carefully, I started to understand and see suffering and weariness on their faces, generated by long-lasting working competitions, imported from the glorious Soviet Union, which one could notice everywhere at that sacrificial generation.

I came to understand a lot of things and I had learnt from an early age how to hide my thoughts and feelings from those around me, as a condition for the integrity and survival of our family.

For this early spoiling of my childhood, I blame those times and if I still want to remind some things, I am doing it not for social affectivity and achievements' sake, but because of my melancholy when thinking of my childhood years. Childhood is unique for each of us, with intense influences springing up from the memory of innocence. That is the reason which urges me to call to mind some aspects about joyful happenings from some nowadays grown-up people.

In winter we didn't meet very often at weekends, especially when we went skiing or sleighing on the hills around the town, but in summer and moreover during the holidays, the town was crowded and the playgrounds were insufficient.

Every neighbourhood had its own playground. This meant "Târgul mare" for some, (Cock's Hill) "Dealul Cocoşului" for others, Tabăra (The Camp), "Terenul Spartac", "Râtul de peste pod" (Over bridge field), "La Vamă" (Customs) and many others places where we were playing all day long. Among the games we used to play, our favourite ones were "de-a hapucul" football, as they called it, "ţemălul" and "în ţări" (in different countries). At sunset, they were telling all kinds of endless stories, sitting around fires lit on waste grounds; they sometimes lasted until late at night. Children from different parts of the town were just going to their special playground.

Alone, Schieferberg forest belonged to all the kids in town. They used to have check-in places high up in the canopy, hard to see and hard to avoid so, walking through the forest we often had to say the password, threatened with slings. In case we did not know it right as it always happened we were harshly reprimanded. But, by admitting their authority, we were given permission to wander through the wood at ease.

In those times, the summer holiday was divided in two parts by most of the pupils: in the former part, we were working in the orchard or the vineyard and fruit-growing Station, in Iprodcoop joineries or in weeding the railway earthwork or anywhere we could find something to work, such as gathering the ears left after reaping or harvesting with agricultural machines.

Although we were very young 11-13 years old we used to work in three shifts without even thinking to complain that we were being exploited or less loved. This was a way of helping our parents get the necessary money for our uniforms and school supplies.

The other half of the holiday was all ours and we spent it in camps, swimming or in the playgrounds near the house.

I remember the playground "Between the fir-trees" where we used to play "pitch and toss" by throwing the old coins against the Old People Asylum Walls. When more children were gathering, we used to start memorable football matches which lasted the whole afternoon. Believe me, it was not easy at all to dribble the opponents and the eleven fir-trees which would not spare the children who dared dribble them. I think some Bistrița football players, such as Ciocan, Stan and others, who later became famous, have to thank the trees here for their acquired skill in controlling the ball.

Sometimes, the ball would break the windows of the neighbouring houses of Odrobineac, Trines or Romanesi, leaving us all speechless.

But shortly afterwards, the guilty ones would fix the damage, also apologizing, so that the match could go on, slowly then faster and faster.

"Where are you, naughty Tori, Mișa, Resi, Traian, Horsti, Werner, Tudorel and
Piști? I would like you to know the fir-trees are no longer there, they have been cut down by the Town Hall people and now are still preserved just in our memory. Love, your former playmate, Oti!"

Dr. Alexandru Moldovan

Dintre personalitățile bistrițene dr. Alexandru Moldovan a fost una dintre cele mai proeminente atât ca renumit medic veterinar cât și ca distins om de cultură implicat profund în propășirea neamului său și a valorilor urbei noastre.

S-a născut la Bistrița la 31 octombrie 1906 ca cel de-al treilea copil a lui Moldovan Ioan a Goriții de peste Podul Budacului și a soției sale Maria Cilica.

Școala primară, gimnaziul și liceul le face la nemți urmând liceul evanghelic lutheran pe care-l absolvă în 1926. Bacalaureatul îl susține la Cluj avându-i în comisie pe renumiții profesori Albert Berger și Bogdan Dulcă.

Urmează apoi la București, Facultatea de medicină veterinară, obținând titlul de doctor în iulie 1932.

Începând cu 1 ianuarie 1932, îndeplinește succesiv pentru scurtă vreme posturile de medic veterinar primar al județului Buzău și Iași, ca apoi să ocupe funcțiile de medic veterinar al circumscripțiilor Horezu Vâlcea, Budești și Pitești Argeș. Reușește cu greu să revină spre plaiurile natale în august 1932 până în decembrie 1940 când îl regăsim la Rodna de unde în urma ocupației maghiare este obligat să ia drumul refugiului revenind din nou abia în august 1945 în orașul său natal ca medic primar al județului Năsaud, ocupând apoi posturile de medic al circumscripției și cea de medic șef al raionului Bistrița până în 1958.

Obligat să se pensioneze, doctorul Alexandrescu Moldovan insistă să fie reangajat fie și provizoriu unde va fi nevoie de el acceptând și slujbe neretribuite numai pentru a se afla în activitate deoarece pentru un om atât de dinamic cu o activitate profesională remarcabilă de peste o jumătate de veac pensionarea devenise greu suportabilă. Așa se face că va mai lucra alți 15 ani ca medic la Satu Nou, Orheiul Bistriței și la Centrul de deratizare și combaterea dăunătorilor din Bistrița.

Ca medic veterinar s-a distins ca un desăvârșit profesionist ceea ce l-a făcut să se bucure în scurtă vreme de aprecerea celor ce-i solicitau serviciile și cei din breasla sa.

Fiind un om jovial cu o fire deschisă, gata să vină oricând în ajutorul semenilor săi el a fost și un mare patriot. Multe au fost activitățile sale extraprofesionale pentru care a meritat laude incontestabile, ca și stima și prețuirea contemporanilor. El a deținut și funcția de președinte de onoare al Reuniunii Meseriașilor, Comercianților și Industriașilor Români din Rodna și Jur, din decembrie 1932 este numit membru al Cercului cultural din Rodna iar din iulie 1935 este detașat pe lângă Fundația culturală Principele Carol în cadrul cercetărilor echipelor socio-cultural etnografice ale lui Dimitrie Gusti în comunele Șanț și Leșu. Pentru a vă da seama de felul său deschis, de bonomia sa și de felul său de a fi, acela al unui om fără prejudecăți este bine să vă spun celor care nu l-au cunoscut că el a acceptat și statutul de președinte de onoare a țiganilor din Rodna, ca urmare a propunerilor venite de la București în urma unor donații pecuniare mai consistente făcute de el pentru acești vitregiți ai soartei ce se loveau de mari greutăți materiale și inechități sociale.

Ca mare patriot ce-și împărtășea adesea gândurile tuturor el ajunge la scurtă vreme după ocuparea Ardealului în urma Dictatului de la Viena să intre în dizgrația autorităților maghiare ceea ce îl face să ia drumul refugiului fiind apoi coptat la conducerea refugiaților din Ardealul de Nord din Pitești unde activează în cei peste patru ani petrecuți acolo. Din Pitești este mobilizat pe front unde în calitatea de medic-locotenent și apoi acea de căpitan al armatei române s-a distins ca bun ofițer și comandant al serviciului veterinar. S-a distins în luptele pentru eliberarea Moldovei și cucerirea Odesei, fiind conducătorul serviciului veterinar al regimentului 17 Artilerie, detașat pe lângă Armata a 3-a. Iată ce scrie despre comandantul Etapelor de Est generalul Arbore în foaia de calificative: „foarte disciplinat, prea bun camarad, manierat în societate, conştiincios, cu curajul răspunderii, energic, cu multă putere de muncă. Pentru abnegaţie şi curaj pe câmpul de luptă îl propun la înaintarea la gradul de căpitan veterinar."

Pentru meritele sale profesionale, sociale şi militare a fost distins cu numeroase ordine şi medalii printre care: Coroana României în gradul de CAVALER cu panglică de „VIRTUTE MILITARĂ", „Membru al ordinului Coroana României" în gradul de CAVALER ca şi Ordinul "Steaua României" şi multe altele.

Doctorul Alexandru Moldovan a fost un om deosebit de preţuit şi pentru felul său de a fi, un bun sfetnic, un mare prieten al săracilor şi al celor oropsiţi. Sandi, cum îi spuneau cei apropriaţi, era o adevărată enciclopedie, un om agreabil dispus să-şi etaleze talentul său narativ, pentru a creea o atmosferă plină de voie bună şi antren, bucurându-se copilăreşte că putea să înlăture prietenilor săi chiar şi pentru câteva clipe gândurile de la grijile cotidiene dăruindu-le buna dispoziţie. Mulţi îşi amintesc cu plăcere de naraţiunile sale pe cât de plăcute şi reconfortante pe atât de pline de poveţe ... Ce mai, Sandi era un partener deosebit de agreat în agapele prieteneşti cât şi în faţa sutelor de săteni prin căminele culturale sau gurile de exploatare forestiere unde era des prezent ca membru al brigăzilor ştiinţifice.

Dacă ar mai fi trăit, în zilele acestea ar fi împlinit 101 de ani. Lăsând multă tristeţe în sânul familiei şi celor care l-au cunoscut a trecut la cele veşnice în 17 septembrie 1991. Oraşul Bistriţa s-a despărţit atunci de un om de mare valoare, deputat eparhial al Eparhiei Române a Vadului, Feleacului şi Clujului, peste 20 de ani.

Dr. Alexandru Moldovan (Sandi)

Dr. Alexandru Moldovan

Unter den Persönlichkeiten von Bistritz war Dr. Alexandru Moldovan eine der herausragendsten, sowohl als bekannter Veterinärarzt als auch als anerkannter Mann der Kultur, der sich sehr für das Aufblühen der Bedeutung unserer Stadt und seines Volkes einsetzte.

Er wurde in Bistritz am 31. Oktober 1906 als drittes Kind von Ioan Moldovan des Goritza über der Budaker Brücke und seiner Gattin Maria Cilica geboren.

Nach Volksschule und Gymnasium absolvierte er bei den Deutschen das evang.-luth Lyzeum, das er 1926 abschloss. Das Bacalaureat erhielt er in Klausenburg, wo die bekannten Professoren Albert Berger und Bogdan Dulca in der Prüfungskommision saßen.

Danach folgte in Bukarest die Fakultät für Veterinärmedizin, wo er den Doktortitel im Juli 1932 erhielt.

Ab 1. Jänner 1932 hatte er für kurze Zeit nacheinander die Stellen als Primar-Veterinärarzt der Landkreise Bulzau und Iasi inne, anschliessend war er Veterinärarzt der Verwaltungsbezirke Horezu Valcea, Budesti und Pitesti Arges. Mit Schwierigkeiten gelang es ihm im August 1932 in die Gegenden seiner Geburt heimzukommen, ab Dezember 1940 finden wir ihn in Rodna. Nach der Besetzung durch Ungarn muss er ins Exil und kommt erst 1945 als Primar-Veterinärarzt des Landkreises Nasaud in seine Geburtsstadt zurück Danach war er Arzt des Verwaltungsbezirkes und Chefmediziner des Bistritzer Rayons bis 1958.

Verpflichtet in Pension zu gehen bestand Dr. Alexandrescu Moldovan darauf, wenn nötig auch provisorisch dort wieder eingestellt zu werden, wo er gebraucht wurde, er akzeptierte auch unbezahlte Dienste, nur um aktiv sein zu können. Er war ein so dynamischer Mann mit einer über einem halben Jahrhundert langen bemerkenswerten beruflicher Tätigkeit, sodass ihm die Pensionierung schwer erträglich erschien. Er arbeitete weitere 15 Jahre als Arzt in Satu-Nou, Orheiul-Bistritei und im Zentrum für Rattenvertilgung und Schädlingsbekämpfung in Bistritz.

Als Veterinärarzt zeichnete er sich als vollendeter Professionist aus, deshalb konnte er sich schon nach kurzer Zeit der Wertschätzung aller erfreuen, die seine Dienste beanspruchten, aber auch aller Kollegen seiner Zunft.

Er war ein jovialer Mann mit offenem Wesen, jederzeit bereit Unterstützung zu geben, er war aber auch ein großer Patriot. Auch außerhalb seines Berufes hatte er viele Tätigkeiten, für die er unbestreitbares Lob verdiente wie auch die Hochachtung und Wertschätzung seiner Zeitgenossen. Er hatte auch die Funktion als Ehrenpräsident der rumänischen Vereinigung der Handwerker, Kaufleute und Industriellen in Rodna und Umgebung inne, ab Dezember 1932 wird er Mitglied im Kulturkreis Rodna und ab Juli 1935 Beauftragter der Kulturstiftung Principele Carol im Rahmen der Erforschungen der sozial-kulturellen ethnografischen Arbeitskreise des Dimitrie Gusti in den Gemeinden Sant und Lesu. Um dem Leser, der ihn nicht gekannt hat, sein offenes Wesen nahe zu bringen , seine Gutmütigkeit und seine Art zu sein, ein Mensch ohne Vorurteile, ist es gut zu sagen, dass er die Position eines Ehrenpräsidenten der Zigeuner von Rodna aufgrund von Vorschlägen aus Bukarest akzeptiert hat, wegen einer größeren Geldspende seinerseits für diese Stiefkinder des Schicksals, die mit großen materiellen Schwierigkeiten und sozialen Ungerechtigkeiten zu kämpfen hatten.

Als großer Patriot der auch oft seine Gedanken mit allen teilte fiel er schon kurze Zeit nach der Besetzung Siebenbürgens aufgrund des Wiener Schiedsspruches in die Ungnade der ungarischen Behörden. Er sah sich gezwungen ins Exil zu gehen, wo er in Pitesti während der vier dort verbrachten

Jahre der Führung der Siebenbürger Exilanten beigestellt wurde. Von Pitesti aus wird er für die Front mobilisiert, als Arzt im Rang eines Oberleutnants. Später zum Kapitän der rumänischen Armee ernannt bewies er sich hervorragend als guter Offizier und Kommandant des Veterinärdienstes. Hervorragend beteiligt war er auch bei den Kämpfen für die Befreiung der Moldova und der Eroberung Odessas, als Leiter des Veterinärdienstes beim Regiment Nr. 17 der Artillerie, die zur 3. Armee gehörte. Folgendes schreibt der Kommandant des Ostabschnittes, General Arbore, in den Bewertungsbogen: „sehr diszipliniert, ein sehr guter Kamerad, wohlerzogen in Gesellschaft, gewissenhaft, mit Verantwortungsbewußtsein, energisch, voller Arbeitskraft. Für seine Uneigennützigkeit und seinen Mut beim Kampfeinsatz schlage ich ihn zur Beförderung in den Grad eines Kapitän Veterinär vor."

Für seine beruflichen, sozialen und militärischen Verdienste wurde er mit zahlreichen Orden und Medaillen ausgezeichnet, darunter die Krone Rumäniens im Grad als Kavalier mit dem Band für „MILITÄRISCHEN MUT", „Mitglied des Ordens der Krone Rumäniens" im Grad eines Kavaliers, sowie der Orden „Stern Rumäniens" und viele andere.

Dr. Alexandru Moldovan war ein besonders geschätzter Mann, auch für seine Art zu sein, ein guter Ratgeber, ein großer Freund der Armen und Verfolgten. Sandi, wie ihn seine ihm Nahestehenden nannten, war eine wahrhafte Enzyklopedie, er war liebenswürdig bereit, sein erzählerisches Talent auszubreiten, um eine sorglose und mitreißende Athmosphäre zu schaffen. Er freute sich kindlich, wenn er die Gedanken seiner Freunde wenigstens für einige Augenblicke von den täglichen Sorgen ablenken und gute Laune verbreiten konnte. Viele erinnern sich noch mit Vergnügen seiner so angenehmen und erfrischenden Erzählungen voller Belehrungen….. Noch mehr, Sandi war ein besonders bei Treffen im Freundeskreis gern gesehener Partner, aber auch vor hunderten von Dorfbewohnern in den Kulturhäusern oder bei den Versammlungen der Forstwirte, wo er als Mitglied der wissenschaftlichen Kollektivbrigaden zugegen war.

Wenn er heute noch leben würde könnte er in diesen Tagen sein 101. Lebensjahr vollenden. Er starb am 17. September 1991 und hinterließ in seiner Familie und bei seinen Bekannten viel Trauer. Die Stadt Bistritz verlor damals einen wertvollen Mann, der über 20 Jahre lang Diözesanabgeordneter der rumänischen Diözese von Vad, Feleac und Klausenburg war.

Dr. Alexandru Moldovan

Among Bistrita personalities, Dr. Alexandru Moldovan has been one of the most prominent, both as a famous veterinarian and as a distinguished man of culture, deeply involved in the prosperity of his people and the acknowledgement of our town's values.

He was born in Bistrita on 31st October 1906, the third son of Moldovan Ioan of Gurita from over Budacu Bridge and of his wife, Maria Cilica.

He attended primary, secondary and high school in German, at the Lutheran Evangelical High school, which he graduated in 1926. He had his "baccalaureate" end of year exam in Cluj. The members of the graduation committee were, among others, the well-known professors Albert Berger and Bogdan Dulca.

Then he followed The Faculty of Veterinarian Medicine, getting the title of "Doctor" in July 1932.

Starting from January 1st 1932 he held successively the position of primary veterinarian of Buzau and Iasi districts, and then he was veterinarian in the districts of Horezu Valcea, Budesti and Pitesti Arges. He managed to come back to his native land in August 1932 where he stayed until December 1940, when we found him in Rodna. There, because of the Hungarian rule, he was forced to become a refugee, returning to his native town only in August 1945 as primary doctor of Nasaud County. After that he held the position of district doctor and doctor in chief of the district of Bistrita until 1958.

Compelled to retire, Dr. Alexandru Moldovan insisted on being hired again, even if not on a regular basis, wherever he might be needed, accepting even work without pay, because for such a dynamic person as he had been, with a remarkable professional activity spanning along almost half a century, retirement was becoming hard to bear. Consequently, he worked for another 15 years in Satu Nou, Orheiul Bistritei and the Centre for eradication of rats and pest in Bistrita.

As a veterinarian, he was an eminent professional, who made all the others around him appreciate him, both his colleagues and those who asked for his help and support.

He was a merry, open character, always ready to help his fellow citizens, and a great patriot, too. He was respected, praised and cherished for lots of extra-professional activities as well. He also held the position of chairman of honour of the Romanian Merchants, Industrialists and Craftsmen of Rodna and the surroundings and starting with December 1932 he was also a member of the Rodna Cultural Centre. In July 1935 he was sent to Prince Carol Cultural Foundation to take part in the research developed by Dimitrie Gusti and his socio-cultural and ethnographic groups in Sant and Lesu. In order to better understand his open heart and his lack of prejudice in life we should mention the fact that he accepted to be the chairman of honour of Rodna gypsies, position suggested by Bucharest leaders as a consequence of his having donated much money to these poor people who were facing incredible hardships and social inequities.

As a great patriot who would share his thoughts to everyone, he soon reached the disgrace of the Hungarian authorities who were ruling Ardeal following the Vienna Diktat. This made him become a refugee, and later he was the leader of Northern Ardeal refugees in Pitesti. He held this position during the four years he spent working there. Then he went on front as doctor-lieutenant and then as captain in the Romanian army. He distinguished himself as a very good officer and commander of the veterinary division. He bravely fought in the battle to free Moldova and the conquest of Odessa, being the leader of the veterinary division of the 17 Regiment of Artillery, detached by the Third Army. Here is what

General Arbore, the commander of the East Stages, wrote in his mark sheet: “highly disciplined, too good as a partner, having good manners in society, hard-working and responsible, energetic and reliable. Due to his courage and commitment on the battlefield, I propose him to become veterinary captain.”

Dr. Licinius Grapini

Din motive puţin cunoscute, dacă nu dintr-o modestie ancestrală exagerată, avem obiceiul de a nu ne evalua oamenii şi faptele acestora la adevărata lor valoare decât atunci când acestea s-au cuibărit în memorie ca valori ce au aparţinut trecutului cu toate că aveam certitudinea perenităţii faptelor lor cu multă vreme înainte. Dacă am face acest lucru doar din modestie ar fi condamnabil, deoarece au fost prea multe personalităţile de pe aceste plaiuri care şi-au găsit aprecierea şi recunoaşterea meritelor doar după trecerea lor în lumea umbrelor. Azi îmi face o deosebită plăcere ca acum, la început de an, să aduc un omagiu uneia dintre cele mai proeminente personalităţi bistriţene ale secolului XX, doctorul Licinius Grapini, căruia pe această cale îi urăm multă sănătate, asigurându-l de dragostea şi prietenia noastră, dragoste şi prietenie pe care însuşi Domnia Sa a oferit-o mereu, ajutând dezinteresat pe toţi năpăstuiţii soartei.

S-a născut in Comuna Şanţ la 19 august 1923, fiind fiul renumitului luptător pentru drepturile sociale şi naţionale ale neamului său, Eneas Grapini.

Şcoala elementară şi liceul le face la Bistriţa după care urmează Facultatea de Medicină din Cluj pe care o termină în anul 1948. Este numit apoi ca medic de circă la Sângeorz Băi. Din anul 1951 a funcţionat ca medic microbiolog la Laboratorul de Igienă din Bistriţa peste 47 de ani. Atât ca şef al unităţii cât şi ca microbiolog el a fost evidenţiat în repetate rânduri pentru calităţile sale de desăvârşit specialist şi pasionat cercetător. Deşi nutrea reale aptitudini pentru chimie, fizică, matematică şi mai ales astronomie, nu a avut timp suficient să se dedice acestor pasiuni extraprofesionale deoarece, fiind înzestrat cu o sensibilitate excesivă la suferinţele semenilor, şi-a petrecut mult timp la căpătâiul celor bolnavi doftoricindu-i şi alinându-le suferinţele. Prin sufletul său deschis, prin generozitate şi pricepere, dr. Licinius Grapini, Liţi cum îi spuneau prietenii, se bucură de stima şi preţuirea concitadinilor săi. Îmbucurător a fost şi faptul că municipalitatea i-a acordat şi titlul de Cetăţean de Onoare al Bistriţei.

Mă înclin cu deosebită consideraţie în faţa unor astfel de OAMENI!

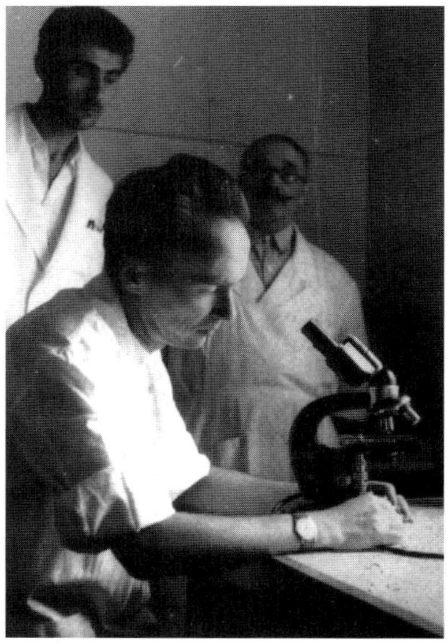

Dr. Licinius Grapini

Aus nur wenig bekannten Gründen wenn nicht gar aus übertriebener ererbter Bescheidenheit sind wir nicht gewöhnt, Menschen und ihre Taten nach ihren wahren Werten einzuschätzen, erst wenn sie sich als der Vergangenheit angehörige Werte im Gedächtnis eingenistet haben, obwohl wir schon lange Zeit vorher ihrer Taten gewiss waren. Wenn wir das nur aus Bescheidenheit tun würden wäre es unverzeihlich, weil sehr viele Persönlichkeiten aus dieser Gegend die Wertschätzung und Anerkenntnis ihrer Verdienste erst nach ihren Eintritt in die Welt der Schatten erfahren haben. Heute am Jahresbeginn bereitet es mir eine besondere Freude, eine der wichtigsten Bistritzer Persönlichkeiten des XX. Jh., Herrn Dr. Licinius Grapini zu ehren, dem wir auf diesem Weg viel Gesundheit wünschen und ihn der Liebe und unserer Freundschaft versichern, einer Liebe und eine Freundschaft, die dieser auch immer uns angeboten hat, indem er uneigennützig allen vom Schicksal ungerecht Behandelten geholfen hat

Er wurde in der Gemeinde Sant am 19. August 1923 geboren und war ein anerkannter Kämpfer für die sozialen und nationalen Rechte seines Verwandten Eneas Grapini.

Die Grundschule und das Lyzeum absolvierte er in Bistritz, danach die medizinische Fakultät in Klausenburg, die er im Jahre 1948 abschloss. Er wird dann zum Sprengelarzt in Sangeorz Bai ernannt. Ab dem Jahre 1951 arbeitete er als Mikrobiologe am hygienischen Laboratorium in Bistritz über 47 Jahre lang. Sowohl als Chef der Einheit als auch als Mikrobiologe wurde er mehrere Male für seine Qualiltäten als überragender Spezialist und passionierter Forscher ausgezeichnet. Obwohl er sich auch für Chemie, Physik, Mathematik und vor allem Astronomie interessierte hatte er für diese ausserberuflichen Leidenschaften nicht genügend Zeit, da er mit außergewöhnlicher Sensibilität für die Leiden der Mitmenschen ausgestattet war. Er verbrachte viel Zeit am Bett der Kranken, um sie zu behandeln und ihre Leiden zu lindern. Durch sein offenes Wesen, seine Selbstlosigkeit und sein Geschick erfreute sich Dr. Licinius Grapini Liti, wie ihn seine Freunde nannten - der besonderen Wertschätzung seiner Mitbürger. Erfreulilch war auch die Tatsache, dass ihm die Stadtgemeinde die Ehrenbürgerschaft der Stadt Bistritz zuerkannte.

Ich verbeuge mich vor solchen Menschen mit besonder Hochachtung!

Dr. Licinius Grapini

Due to unknown reasons or just out of modesty we are in the habit of assessing people and their deeds only when they have already been engraved in the memory as values belonging to the past, although we have been long aware of their lasting quality. If we did this out of modesty, it would be outrageous, because there have been too many personalities around here but they have all been acknowledged and praised only after their death. I do have the pleasure now, at the beginning of a new year, to pay homage to one of the most outstanding personalities of the 20th century Bistrița, Dr. Licinius Grapini, to whom we wish good health and joy, assuring him of our love and friendship, which he himself has always offered to the poor and humble.

He was born in Sant on August 19th 1923, the son of the well-known fighter for social and national rights of his people, Eneas Grapini.

He attended elementary and high school in Bistrita then he followed the Faculty of Medicine in Cluj, which he graduated in 1948. He was then appointed doctor in Sangeorz-Bai. Beginning with 1951 he was microbiologist at the Hygiene Laboratory in Bistrita for a period of over 47 years. Both as chief of this institution and as microbiologist he has often been praised for his qualities of accomplished professional and gifted researcher. Although he had specific skills for chemistry, physics, mathematics and especially astronomy, he never had enough time to devote to his hobbies because, being endowed with an overwhelming sensitivity towards people's grief, he spent much time nursing them and soothing their pains. Owing to his open soul, his generosity and skill, Dr. Licinius Grapini Liți, as his friends used to call him, enjoys the respect and esteem of his fellow citizens. The town Hall granted him the title of Citizen of Honour of the town of Bistrita.

I bow down respectfully in front of such PERSONS!

Dr. Iulian Chitul

Dintre concitadinii noştri mulţi au fost medici cu vocaţie, cu talente într-ale scrisului şi ale muzicii, cadre didactice cu har sau prestigioşi conducători de instituţii, fondatori de aşezăminte culturale sau personalităţi cu funcţii sociale de mare responsabilitate.

Pare puţin verosimil, însă, ca o singură persoană să le fi întruchipat pe toate acestea şi totuşi cel ce a fost hărăzit cu toate cele amintite mai sus aici, la noi, a fost DOCTORUL IULIAN CHITUL.

Despre Domnia Sa, cei mai mulţi ştiu puţine lucruri, pe de-o parte datorită respectării de către foştii săi prieteni a dorinţei sale exprese de a nu i se face publicitate şi a i se respecta anonimatul la vremea senectuţii, iar pe de alta parte din motive de ignorare a celor din perioada „proletariatului victorios" a celor trecuţi la cele veşnice ce au aparţinut altor pături sau clase sociale.

Deşi bistriţean prin „adopţie" el s-a dedicat concitadinilor săi nu numai cu probitatea sa profesională de excepţie dar şi cu talentele sale pe cât de valoroase pe atât de multilaterale şi necesare pentru populaţia românească a Bistriţei în acele vremuri de restrişte a începutului de secol XX. El a petrecut pe meleagurile noastre peste 50 de ani dăruindu-se bistriţenilor.

Dacă la numeroasele sale virtuţi mi-ar fi îngăduit să mai adaug una aceasta ar fi generozitatea, atât de bine evidenţiată în dragostea pentru neamul său, pentru a cărui emancipare socială şi naţională a trudit o viaţă întreagă.

Iulian Chitul s-a născut la 24 iunie, 1872 la Haţeg, fiind unul dintre cei cinci copii ai perceptorului loan Chitul şi al soţiei sale Marta. Rămaşi de mici orfani de tată, ei primesc totuşi o educaţie aleasă, dearece mama lor, fica preotului Cheresteşiu, s-a ocupat mult de aceştia mai ales după ce se mutase alături de părinţii săi la Cheţiu, lângă Beclean.

Iulian a fost crescut de mic în dragoste pentru limba şi neamul românesc, în datinile obiceiurile şi tradiţiile sale, astfel încât a devenit o viaţă întreagă un zelos serv al semenilor săi, unul dintre cei mai conştincioşi exponenţi ai mişcării de dobândire a drepturilor pentru naţiunea română.

Primele clase le face la Şcoala primară confesională din Gherla, continuând apoi la „Gimnaziul superior al piariştilor„ din Cluj pe care-l absolvă în anul 1892, cu „Magna cum laudae ".

Ca elev eminent se distinge şi în activităţile cultural - artistice scriind versuri şi proză, fiind şi primul redactor al revistei clandestine a Societăţii „Julia". El a fost dealtfel şi întemeietorul orchestrei elevilor liceului clujean.

Deşi era un iscusit violonist îndrăgeşte şi flautul pe care îl va studia cu pasiune astfel încât îl găsim şi angajat permanent al orchestrei Operei clujene, ca flautist, în perioada studenţiei sale la Facultatea de Medicină din Cluj.

La 25 iunie 1898 obţine titlul de doctor în medicina universală. A exercitat profesia de medic peste 54 de ani, ca doctor cercual la Beclean (1898-1914), apoi doctor militar şi comandantul Spitalului militar din Bistriţa (1914-1918).

Din 1919 Consiliul Dirigent al Transivaniei îl numeşte medic primar al Judeţului Bistriţa începând cu 14 octombrie 1919, funcţie ce a deţinut-o până în anul pensionării sale, 1933.

A desfăşurat o intensă activitate de educaţie sanitară a sătenilor mai ales, prin numeroasele prelegeri făcute prin comunele judeţului Solnok- Dăbâca şi Năsăud, cu scop profilactic. Prelegeri ţinute în limbile română, maghiară sau germană în funcţie de naţionalitatea auditoriului s-au bucurat de un real succes. Dintre materialele susţinute atunci aş aminti câteva pe care le mai păstrez în original:„Lupta contra bolilor venerice" , „Despre bolile contagioase ce se transmit de la animale", „Obligativitatea declarării avorturilor" , „Despre tuberculoză sau hectică" , „Despre ajutorul întâi la sângerări şi fracturi de oase". Multe dintre aceste „ prelegerile pentru popor" cum le numea Dr. Chitul în perioada anilor 1911-1914 se refereau şi la alte domenii decât cel sanitar aşa cum au fost cele referitoare la: „Deprinderi rele la poporul nostru" sau „Despre diferite soiuri de gunoi şi întrebuinţarea lor".

Din 1919 a fost numit de Consilul dirigent din Sibiu în paralel şi medic-legist pe lângă Tribunalul Bistriţa.

A publicat mult în presa vremii, în ziare şi reviste de specialitate printre care „ Clujul medical", „Revista medicală budapestană" „Revista clujană" , „Noua Transilvanie" sau în buletinul oficial al Inspectoratului general al sănătăţii publice „Sănătatea Publică". Dar a scris şi cărţi ce au apărut în editura Bibliotecii populare a asociaţiunii Astra din Sibiu.

Pentru meritele sale profesionale a fost distins cu Medalia de onoare clasa a I-a cu decoraţia de război de către Crucea Roşie, „Diploma de laudă" de către Comandamentul militar din Sibiu, ca şi cu „ Signum Laudis", Diploma de onoare şi „Medalia comemorativă A.R.P.A", Crucea „ Meritul Sanitar" clasa I-a, Semnul onorific „Răsplata Muncii pentru 25 de ani în serviciul Statului" , „Ordinul Coroana României în grad de Cavaler" ca şi „Ordinul Coroana României în grad de Comandor".

Ministerul Sănătăţii îl numeşte cu data de 12 septembrie 1928 şi director medical al băilor din Sângeorzul-român. în această ultimă calitate se implică în mare măsură în studiul efectelor apelor minerale, cercetând efectele balneare şi curative ale izvoarelor de aici ca apoi să publice în 1937 lucrarea „Rezultatele terapeutice obţinute în tratamentul diabetului zaharat cu apa Hebe din com. Sângeorz Băi jud. Năsăud" , editând apoi şi numeroase alte pliante de popularizare a staţiunii.

De-altfel, Dr. Chitul a fost cel care a pus bazele ştiinţifice a tratamentului balneo- climateric în judeţul nostru.

Deşi pensionat ca medic generalist, activitatea sa de medic balneolog la Sângerz- Băi a continuat fiind numit chiar şi director administrativ al staţiunii în perioada 1948-1952.

Din 1923, anul înfiinţării Liceului românesc „Alexandru Odobescu" din Bistriţa a funcţionat ca medic al şcolii şi profesor de anatomie şi igienă. Demisia sa din 4 feb. 1945 din această funcţie a fost respinsă prin adresa nr. 67 din 9 feb. 1945 astfel; „ *la abzicerea Domniei Voastre vă rugăm să reveniţi din motivul că începând de la înfiinţarea acestui liceu aţi funcţionat neîntrerupt în această calitate, achitându-vă în modul cel mai conştincios faţă de îndatoriile Domniei Voastre. Menţionăm mai departe că între împrejurările de astăzi nici nu aţi putea fi înlocuit şi că orele de igienă şi anatomie le vom aşeza în orar conform dorinţei Domniei Voastre*".

Aşa se face că timp de 25 de ani a îndeplinit şi funcţia de cadru didactic a primului liceu românesc din Bistriţa, activitate încheiată în anul 1948.

Doctorul luliu Chitul s-a implicat de timpuriu în activitatea cultural-artistică. După ce a înfiinţat Despărţământul „Astra" din Beclean, duminică de duminică susţinea în cele peste 80 de comune aparţinătoare, conferinţe şi spectacole cu formaţiile artistice pregătite de el. A înfiinţat şi supravegheat corurile săteşti din localităţile aparţinătoare.

După terminarea Primului război mondial 'înfiinţează la Bistriţa „Societatea Corală lacob Mureşanu" a cărui preşedinte a fost necontenit până în 1940. Au fost organizate de societate sub conducerea sa lunar concerte de coruri şi orchestră, ţinându-se astfel mereu aprinsă flacăra cultului pentru muzică şi artă în oraşul şi judeţul nostru.

Cu prilejul acestor manifestări se interpretează pentru prima oară la Bistriţa, cu artiştii autohtoni operetele româneşti „Crai Nou" de Ciprian Porumbescu, „ Şezătoarea" de Tiberiu Brediceanu şi „Baba Hârca" de Al. Flechtenmaher. Nu este mai puţin adevărat că au fost interpretate şi arii şi coruri din operele „Tanhauser" , „Faust" , „Vasul Fantomă" sau din operetele „Dragoste de ţigan", „Liliacul", „Gioconda", „Văduva veselă" şi altele .

În cadrul Societăţii corale el a avut grijă de repertoriu incluzând întotdeauna muzica românească cultă, dar făcea şi prelucrări şi aranjamente din tezaurul folclorului românesc din jurul Bistriţei. A avut o activitate muzicală atât de bogată încât a compus peste 200 piese muzicale, operete, doine şi dansuri româneşti, romanţe, marşuri, valsuri uşoare şi clasice ca şi balade cu motive româneşti. Tot el a fost şi libretistul operetelor sale. Activitatea în acest domeniu al muzicii a fost atât de prodigioasă încât a devenit membru al Uniunii Compozitorilor din România, muzica sa a fost frecvent interpretată de ansambluri profesioniste de prestigiu şi des difuzată pe postul naţional de radio. Multe dintre creaţiile sale n-au văzut încă lumina tiparului şi nu au fost interpretate niciodată.

Dacă îmi este îngăduit aş cita un fragment din articolul apărut în „Tribuna Ardealului la 10 octombrie 1943 sub semnătura lui Titus Poienaru „*Dr. Iulian Chitul de o viață întreagă lucrează în taină, cu talent și pasiune, îndrăgostit de sonoritățile infinite ale muzicei și de motivele de creație specifice neamului nostru. Lucrând în tăcere, fără reclamă și fără grabă,cu specificul marilor creatori*". *Despre activitatea muzicală a Dr. Iulian Chitul voi reveni, pe îndelete, însă cu un alt prilej.*

Frate mai mic al scriitorului Tit Chitul, cel care prin romanele „O fată de tarabostes", „Catastrofa Daciei" și „Steaua Orientului" a fost considerat întemeietorul romanului istoric românesc, Iulian nu a fost lipsit și el de talent literar dovadă fiind numeroasele creații ce au rămas de la Domnia Sa. Dintre acestea nu aș nominaliza acum nici una, aș releva doar aspectul cantitativ dearece o evaluare valorică lipsește deocamdată, multe dintre lucrările sale nu au fost publicate fiind și astăzi în stadiul de manuscris. Aș aminti scrierile pentru copii cum sunt cele opt piese de teatru, patru piese de teatru cu cântece și 26 de povești. Pentru adulți a scris 13 piese de teatru, unele dintre ele în patru acte, 6 monoloage și 30 de nuvele toate create în perioada 1944-1960.

S-a stins din viață la vârsta de 93 de ani, în anul 1965. Un pios omagiu și vie recunoștință pentru cel de la a cărui naștere s-ar împlini în acest an 135 de ani.

Ar fi o mare bucurie, pentru mine, dacă aș întâlni oameni de specialitate doritori să scoată la lumină ceea ce este valoros în opera sa, deoarece volumul mare de materiale ce trebuiesc revăzute și pregătite de tipar depășesc posibilitățile mele actuale.

Dr. Iulian Chitul

Dr. Iulian Chitul

Unter unseren Mitbürgern gab es Ärzte, denen ihr Beruf vorbestimmt war, Menschen mit Talent zum Schreiben und für die Musik, begnadete Lehrer oder angesehene Institutsleiter, Gründer kultureller Einrichtungen oder Persönlichkeiten in sozialen Funktionen mit großer Verantwortung.

Es erscheint wenig wahrscheinlich, dass eine einzige Person alle diese Eigenschaften verkörpert und mit allem oben Erwähnten beschenkt sei, bei uns jedoch war das DR. IULIAN CHITUL.

Über ihn wissen die Meisten sehr wenig, einesteils wegen des Respektes seiner ehemaligen Freunde gegenüber seinem ausdrücklichen Wunsch, keine Werbung für ihn zu machen und seine Anonymität auch im Alter zu wahren. Andererseits wurde er in der Zeit des „Siegreichen Proletariats" von den ewig Gestrigen ignoriert, die anderen Richtungen oder sozialen Klassen angehörten.

Obwohl er zugezogen war widmete er sich seinen Mitbürgern über 50 Jahre lang nicht nur mit seiner aussergewöhnlichen professionellen Kunst, sondern beschenkte sie auch mit seinen wertvollen und vielseitigen Talenten, die für die rumänische Bevölkerung von Bistritz in diesen restriktiven Zeiten am Beginn des XX. Jh. von großem Nutzen waren.

Wenn ich zu seinen zahlreichen Tugenden noch eine hinzufügen dürfte, so wäre das seine Selbstlosigkeit, die sich in der Liebe zu seinem Volk ausdrückte, für dessen soziale und nationale Emanzipation er ein Leben lang arbeitete.

Iulian Chitul wurde am 24. Juni 1872 in Hateg/Hunedoara geboren, er war eines der fünf Kinder des Steuereinnehmers Ioan Chitul und seiner Gattin Marta. Von klein auf war er Waise nach seinem Vater, er erhielt trotzdem eine ausgewählte Erziehung, weil seine Mutter als Tochter des Pfarrers Cherestesiu sich sehr damit beschäftigte, besonders nachdem sie mit ihren Kindern und den Eltern nach Chetiu neben Beclean übersiedelt war.

Iulian wurde von klein auf in der Liebe zum rumänischen Volk und dessen Sprache, seiner Sitten, Gebräuche und Traditionen erzogen und so wurde er ein eifriger Diener seinesgleichen, einer der gewissenhaftesten Vertreter der Bewegung zur Erlangung der Rechte für die rumänischen Nation.

Die ersten Klassen besuchte er in der konfessonellen Volksschule in Gherla, darauf folgte das „Obergymnasium der Piaristen" in Klausenburg, das er im Jahre 1892 „Magna cum laudae" abschloß.

Als ausgezeichneter Schüler war er auch bei den kulturellen und künstlerischen Aktivitäten herausragend, er schrieb Gedichte und Prosa, er war der erste Redakteur der geheimen Zeitschrift der Vereinigung „Julia". Andererseits war er auch der Gründer des Schülerorchesters des Klausenburger Lyzeums.

Obwohl er ein gewandter Violonist war liebte er auch die Flöte, welche er begeistert studierte, sodass er während seiner Studienzeit an der Medizinischen Fakultät Klausenburg ständig beim Orchester der Klausenburger Oper als Flötist angestellt wurde.

Am 25. Juni 1898 erhielt er den Titel als Doktor der gesamten Medizin. Die Tätigkeit als Arzt übte er mehr als 54 Jahre lang aus, zuerst als Kreisarzt in Beclean (1898-1914), dann als Militärarzt und Kommandant des Militärspitals von Bistritz (1914-1918).

Ab 14. Oktober 1919 wurde er vom Führungsrat für Transilvanien zum Primararzt für den Landkreis Bistritz ernannt, diese Funktion hatte er bis zu seiner Pensionierung im Jahre 1933 inne.

Er entwickelte breit ausgelegte Aktivitäten zur Gesundheitserziehung vor allem der Dorfbevölkerung, in den Gemeinden Solnok-Dabaca und Nasaud des Landkreises hielt er zahlreiche Vorträge mit vorbeugenden Themen. Die je nach Nationalität der Zuhörer in rumänischer, ungarischer oder deutscher Sprache gehaltenenn Vorträge erfreuten sich eines großen Erfolges. Unter den damals verwendeten Unterlagen möchte ich an einige erinnern, die ich noch im Original aufbewahre: „Kampf gegen Geschlechtskrankheiten“, „Über Ansteckungskrankheiten die von Tieren übertragen werden“, „Über die Tuberkulose oder Hektik“ „Über Erste Hilfe bei Blutungen und Knochenbrüchen“. Viele davon „Vorträge für das Volk“, wie sie Dr. Chitul in der Zeit zwischen 1911 bis 1914 nannte bezogen sich auch auf andere Gebiete, wie jene mit Bezug auf: „Schlechte Gewohnheiten unseres Volkes“ oder „Über verschiedene Arten von Abfällen und deren Gebrauch“.

Ebenfalls ab 1919 wurde er vom Führungsrat in Sibiu zum Rechtsmediziner am Gericht in Bistritz ernannt.

Er publizierte vieles in der Presse der damaligen Zeit, in spezialisierten Zeitungen und Zeitschriften, darunter „Klausenburg medizinisch“, „Medizinische Zeitschrift Budapest“, „Klausenburger Zeitschrift“, „Neues Transilvanien“ oder im ofiziellen Amtsblatt des Generalinspektorates für öffentliche Gesundheit „Öffentliche Gesundheit“. Er schrieb aber auch Bücher, die im Verlag der Volksbibliothek der Gesellschaft Astra in Hermannstadt erschienen.

Für seine beruflichen Verdienste wurde er mit der Ehrenmedaille I. Klasse mit Kriegsorden vom Roten Kreuz ausgezeichnet, mit dem „Belobigungsschreiben“ von der militärischen Kommandantur in Hermannstatt, sowie mit „Signum Laudis“, dem Ehrendiplom und mit der „Erinnerungsmedaille A.R.P.A“, mit dem „Gesundheits-Verdienstkreuz I.Klasse“, mit dem Ehrenzeichen „Belohnung für 25 Jahre Arbeit im Dienste des Staates“, mit dem „Ordenskranz Rumäniens als Kavallier“ wie auch mit dem „Ordenskranz Rumäniens als Kommandeur“.

Der Gesundheitsminister ernannte ihn mit 12. September 1928 auch zum medizinischen Direktor der Kurbäder in Sangeorzul-roman. Hier widmete er sich in großem Stil dem Studium der Effekte der Mineralwässer, er erforschte die Wirkung der dortigen Quellen bei Bädern und Kuren und 1937 veröffentlichte er die Arbeit „Therapeutische Ergebnisse durch die Behandllung der Zuckerkrankheit mit Hebewasser aus der Gemeinde Sangeorz Bai Landkreis Nasaud“. Ausserdem gab er noch zahlreiche Prospekte zur Bekanntmachung des Kurortes heraus.

Andererseits war Dr. Chitul auch derjenige, der die wissenschaftlichen Grundlagen der Behandlung mit Wasser und Klima in unserem Landkreis erarbeitete.

Obwohl als Chefarzt schon in Pension setzte er seine Tätigkeit als Kurarzt in Sangeorz-Bai fort, er wurde für die Periode 1948 bis 1952 zum Verwaltungsdirektor des Kurzentrums ernannt.

Ab der Gründung des rumänischen Lyzeums „Alexandru Odobescu“ im Jahre 1923 in Bistritz war er dort als Schularzt und Professor für Anatomie und Hygiene angestellt. Sein Rücktritt von dieser Funktion am 4. Februar 1945 wurde mit Schreiben Nr. 67 vom 9. Februar 1945 folgendermassen abgelehnt: „Auf Ihren Verzicht hin bitten wir Sie um Ihre Rückkehr, da Sie seit der Gründung dieses Lyzeums ununterbrochen tätig waren und in gewissenhaftester Weise Ihren Verpflichtungen nachgekommen sind. Weiters erwähnen wir, dass Sie entsprechend den heutigen Gegebenheiten nicht ersetzt werden können und wir Ihre Unterrichtsstunden in Hygiene und Anatomie gemäss Ihren Wünschen im Stundenplan einsetzen werden.“.

So erfüllte er seine Funktion im Lehrkörper des ersten rumänischen Lyzeums von Bistritz 25 Jahre lang, er beendete sie im Jahre 1948.

Schon beizeiten beschäftigte sich Dr. Iuliu Chitul mit kulturellen und künstlerischen Aktivitäten. Nachdem er die Abteilung „Astra“ in Beclean gegründet hatte hielt er in den über 89 zugehörigen Gemeinden Kurse und Vorstellungen mit von ihm trainierten künstlerischen Formationen ab, er gründete und überwachte die Dorfchöre in diesen Gemeinden.

Nach Beendigung des Ersten Weltkrieges gründete er in Bistritz die „Chorgemeinschaft Iacob Muresanu“, deren Präsident er durchgehend bis 1940 war. Unter seiner Leitung gab es monatlich Chor- und Orchesterkonzerte, so erhielt er sich in der Stadt und in unserem Landkreis das Licht seiner Vorliebe für Musik und Kunst.

Aus Anlass dieser Veranstaltungen gab es zum ersten Mal in Bistritz rumänische Operetten mit einheimischen Künstlern: „Der Neue Kaiser“ von Ciprian Porumbescu, „Die Spinnstube“ von Tiberiu Brediceanu und „Die Alte Harca“ von Al. Flechtenmaher. Nicht weniger wahr ist, dass auch Arien und Chöre aus den Opern „Tannhäuser“, „Faust“, „Das Geisterschiff“ oder aus den Operetten „Zigeunerliebe“, „Die Fledermaus“, „Gioconda“, „Die lustige Witwe“ und anderen aufgeführt wurden.

Im Rahmen der Chorgemeinschaften sorgte er für das Repertoir und bezog dabei immer die klassische rumänische Musik mit ein. Er machte aber auch Bearbeitungen und Arrangements aus dem Schatz der rumän. Volksmusik im Umkreis von Bistritz. Seine musikalischen Aktivitäten gingen so weit, dass er über 200 musikalische Stücke, Operetten, Doine und rumänische Tänze komponierte, Romanzen, Märsche, leichte Walzer und klassische Stücke wie Balladen zu rumänischen Motiven. Er war gleichzeitig selbst auch der Librettist seiner Operetten. Seine Tätigkeit auf diesem Gebiet war so ausserordentlich, dass er bei der Vereinigung der rumänischen Komponisten Mitglied wurde. Seine Musik wurde oft von berühmten professionellen Ensembles aufgeführt und oft im nationalen Radioprogramm ausgestrahlt. Viele seiner Entwürfe sind jedoch noch nicht gedruckt oder aufgeführt worden.

Wenn es erlaubt ist möchte ich das Fragment eines Artikels, der in „Tribuna Ardealului" am 10. Oktober 1943 unter Titus Poienaru erschienen ist, zitieren: *„Dr. Iulian Chitul arbeitet sein Leben lang im Geheimen mit Talent und Hingabe, verliebt in die unendlichen Klänge der Musik und in die Muster der besonders unserem Volk eigenen Schöpfungen. Wie es großen Künstlern eigen ist, arbeitet er schweigend, ohne Reklame und ohne Eile".* Ich werde auf die musikalische Tätigkeit des Dr. Iulian Chitul später ausführlich zurückkommen, bei anderer Gelegenheit.

Als jüngerem Bruder des Dichters Tit Chitul, welcher durch seine Romane „Ein Mädchen von tarabostes", „Katastrophe Daciens" und „Stern des Orients" als Begründer des historischen rumänischen Romans eingeschätzt wurde, fehlte Iulian auch nicht das literarische Talent, was durch zahlreiche Werke bewiesen ist, die von ihm geblieben sind. Davon möchte ich jetzt keines erwähnen, ich möchte nur den quantitavien Aspekt hervorheben, denn es fehlt noch die Bewertung. Viele seiner Arbeiten wurden nicht veröffentlicht und befinden sich nur im Stadium eines Manuskriptes. Ich erinnere an die Schriften für Kinder, zu denen acht Theaterstücke, vier Theaterstücke mit Gesang und 26 Geschichten gehören. Für Erwachsene schrieb er 13 Theaterstücke, einige davon in vier Akten, 6 Monologe und 30 Novellen, alle in der Zeit von 1944 bis 1960.

Er starb im Alter von 93 Jahren im Jahre 1965. Eine fromme Ehrenbezeugung und lebendige Anerkennung für denjenigen, seit dessen Geburt 135 Jahre vergangen sind.

Für mich wäre es eine grosse Freude wenn ich Fachleute treffen könnte, welche das, was an seiner Arbeit wertvoll ist, ans Licht bringen könnten. Die große Menge des Materials, das durchgesehen und zum Drucken vorbereitet werden muss, überschreitet meine momentanen Möglichkeiten.

Dr. Iulian Chitul

Among our fellow citizens, there have been many gifted doctors with literary and musical talents, extraordinary teachers or famous institutions leaders, founders of cultural settlements or highly responsible social personalities.

It is unlikely that one and the same person might have all these gifts; however, the one who was endowed with them all was Dr. IULIAN CHITUL.

Most people know very little about him, on the one hand due to his own wish to be left anonymous at old age and on the other hand because of the "Victorious" proletariat's ignorance as to those belonging to other social categories than theirs.

In spite of being "adopted" by Bistrita, he dedicated himself to his fellow citizens with all his exceptional professional skill as well as with his gifts, both valuable, multiple and necessary to the Romanian population of Bistrita in those times of turmoil at the turn of the 20th century. He spent over 50 years in this part of the country, committed to Bistrita people.

I should also add generosity to the list of virtues characterizing him, as he loved his people dearly and struggled for their social and national emancipation.

He was born on June 24th 1872 at Hateg, one of the five children of preceptor Ioan Chitul and his wife Marta. Although their father died when they were still very young, they got a good education because their mother, the daughter of the priest Cherestesiu, carefully looked after them, having moved to her parents in Chetiu, near Beclean.

Iulian was brought up to love the Romanian people and language, the customs and traditions, so that he was all his life a zealous servant of his fellow citizens, one of the most conscientious fighters for the Romanian nation's rights.

He attended The Confessional Primary School in Gherla, the Secondary School in Cluj, which he graduated in 1892 with „Magna cum laudae ".

He was an eminent student, distinguished in cultural and artistic activities too; he wrote poems and prose and he was the first editor of the secret magazine of the "Julia" Society as well as the founder of the high school students' orchestra.

He was a gifted violinist who also liked playing the flute, which he passionately studied so that we find him as a permanent member of the Cluj Opera Orchestra while studying medicine at The Faculty of Medicine Cluj.

On 25th June 1898 he became Doctor in Universal Medicine. He was a doctor for over 54 years, in Beclean then military doctor and commander of the Military Hospital in Bistrita (1914-1918).

Starting from 1919, the Leading Council of Transylvania appointed him primary doctor of Bistrita county beginning with 14th October 1919, position held until the year of his retirement, 1933.

He developed a sustained medical education activity, especially for the villagers, through numerous lectures across the county's villages: Solnok- Dăbâca and Năsăud with a view to prophylaxis. The lectures were in Romanian, German or Hungarian, depending on the audience's nationality, always appreciated by the participants. Among the topics tackled then I may count some which I still have in their original form: "Fighting Venereal Diseases", "On catching diseases transmitted from animals", "Declaring abortion is compulsory", "About Tuberculosis", "First aid in fractures and bleeding"". Many of these "lecture for the people", as Dr. Chitul used to call them between 1911 and 1914 referred to other domains, too, not only to medicine: "Our people's bad habits", "Different kinds of waste and its use" etc.

In 1919 he was appointed by the Council of Sibiu forensic expert at The Legal Court of Bistrita.

He published a lot in newspapers and magazines of the time among which "Clujul medical", "Budapest Medicine Magazine", "Cluj Magazine", "New Transylvania" or the Official Bulletin of the General Authority for Public Health. He also wrote books, edited by The Public Library of "Astra" Association in Sibiu.

As a homage paid to his professional merits, he received the Medal of Honour class I with the war decoration from the Red Cross, "Praise Diploma" from the Military Commandment of Sibiu and "Signum Laudis", The Diploma of Honour and "A.R.P.A. Commemorative Medal", the Sanitary Merit Cross class I, the Honorific Sign "Work Reward for 25 years' work for the State", The Order "the Crown of Romania" as Cavalier and the Order "the Crown of Romania" as Commander.

The Ministry of Public Health appointed him Medical Director of the Romanian Sangeorz spa beginning with September 12th 1928; in this position, he developed important research in the curative and balneary effects of mineral waters, studying the springs here, then publishing the work "The therapeutic effects of using the mineral water Hebe from Sângeorz, county of Năsăud, upon the treatment of diabetes" in 1937. He also edited many advertising leaflets in order to make this spa better-known.

Dr. Chitul was the person who set the scientific basis for balneary and climatic treatment in our district.

Although he retired as general practitioner, his activity as balneologist at Sangeorz spa continued; he was even appointed administrative executive at the spa between 1948 and 1952.

Starting from 1923, the year when the Romanian High School "Alexandru Odobescu" was founded in Bistrita, he was school doctor and he also taught anatomy and hygiene. His resignation of 4th February 1945 from this position was denied through the address nr.67 from 9th February 1945: *"We kindly ask you to withdraw your resignation because you have been with us since the founding of this school, always doing your duty conscientiously. We further mention the fact that nobody else could do this job and that we are going to fit these classes in the school timetable just as you wish them to be."*

Thus, he was also teacher at the first Romanian High School in Bistrita for a period of 25 years, and he concluded his activity here in 1948.

Doctor Iulian Chitul also got involved in cultural and artistic activities. He established "Astra" Association in Beclean and every Sunday he used to give lectures and perform on stage with the art groups he had trained in all the 80 villages of the region. He founded and supervised all the village choirs in the belonging villages.

After World War Two he established in Bistrita the "Iacob Muresanu" Choral Society, whose chairman he was until 1940. They organized choir and orchestra concerts every month, thus making contribution to educating the taste for music and art in our town and county.

On the occasion of such festivals they performed for the first time in Bistrita the Romanian operetta "New Moon" by Ciprian Porumbescu, "The Soiree" by Tiberiu Brediceanu, and "Old Harca" by Al. Flechtenmacher. They also sang arias and choir songs from the operas "Tanhauser", "Faust", "The Ghost Ship" or from the operetta "Gypsy Love", "The Lilac", "Gioconda", "The Merry Widow" and others.

Inside the Choral Society he was very careful about the repertory, always including Romanian operas, but he also made studies and musical arrangements starting from the Romanian folklore around Bistrita. He had such a rich musical activity: he composed over 200 songs, operetta, "doinas" and Romanian dances, romances, marches, light and classical waltzes, and ballads inspired from Romanian motives. He himself wrote the libretto for his operas. His musical activity was so rich that he became a member of the Composers' Union in Romania and his music was often performed by prestigious professional groups and broadcast on the radio. But many of his compositions have never been published or interpreted.

Now, I would like to quote from an article written by Titus Poienaru on 10th October 1943 in "Tribuna Ardealului": *"Dr. Iulian Chitul has been secretly working for a lifetime, with talent and passion, being in love with the infinite sounds of music and with the creative motives inherent to our people. He has been working privately, calmly, secretly and with no rush or desire to get known."*

He was the younger brother of the famous writer Tit Chitul, the one who was considered to be the founder of the Romanian historical novel due to his works: "A Noble Dacian's Daughter", "Dacia's Catastrophe" and "The Star of the East". Iulian also had a gift for literature, the proof being his work. I am not going to mention any of them here, but I can point out the great amount, for lack of a literary value assessment. Most of his literary works have not been published yet, but they can be still found in manuscript. I must however mention his children literature: 8 plays, 4 musical plays and 27 fairy-tales. He also wrote 13 plays, one of them being a verse drama, 6 monologues and 30 short-stories, all written between 1944 and 1960.

He died in 1965, at the age of 93. We pay a pious homage to the one from whose death there will be 135 years this year.

It would be a great joy for me if I could find professionals eager to unfold what is really valuable in his work, because the great amount of writings that need to be seen and assessed by far overcomes my actual possibilities.

Fotografii, martori la evenimente bistrițene
Fotografien als Zeugnisse Bistritzer Begebenheiten
Photographs - witnesses to Bistrița events

Bistrița în 1898 ~ Bistritz 1898 ~ Bistrița in 1898

Prefectura ~ Präfektur ~ The Prefect's office

Piața centrală ~ Hauptplatz ~ Central Square

Biserica Reformată ~ Reformierte Kirche ~ The Protestant church

Gimnaziul de fete ~ Mädchengymnasium ~ The girls' gymnasium

Strada Paielor
Strohgasse ~ Straw Street

Cazarma Regimentului 84
Kaserne des Regimentes Nr. 84 ~ Regiment 84 barracks

Restaurantul Rusu 1902
Restaurant Rusu 1902
Rusu Restaurant, 1902

Vedere generală, 1903
Stadtübersicht 1903
Panoramic view, 1903

Strada Albert Berger, 1904
Albert-Berger-Str. 1904
Albert Berger Street, 1904

Cu familia înaintea plecării la război, 1914
Mit der Familie vor Antritt des Militärdienstes ~ Together with the family before going on front

Hotel Fritsch, 1914
Hotel Fritsch 1914
Fritsch Hotel, 1914

Spitalul Keinzel, 1901
Spital Keinzel 1901
Keinzel Hospital, 1901

Liceul Evanghelic-luteran, 1911
Evang.-luth. Lyzeum 1911
The Evangelical-Lutheran highschool, 1911

Vedere generală dinspre Goldberg, 1904
Stadtansicht gegen den Goldberg 1904
Panoramic view from Goldberg, 1904

Vânători bistrițeni , 1907
Bistritzer Jäger 1907
Bistrița hunters, 1907

Slujba religioasă înaintea plecării pe front, 1914
Gottesdienst vor der Abreise an die Front 1914
The religious service before going to the front, 1914

În curtea școlii primare românești, 1914
Auf dem Hof der rumän. Grundschule 1914
Inside the Romanian primary school yard, 1914

Societatea bistrițeană de ajutor la a 50-a aniversare, 1920
Bistritzer Hilfsorganisation beim 50-jähr.Jubiläum 1920
Bistrița help society at the 50th anniversary, 1920

Defilarea de la 10 mai 1936 (Prefectul Nacu Dumitru, Primarul Dr. Mureșan, Subprimarul Ioan Rusu, Comandantul și adjunctul Diviziei 2 Vânători munte)
Defilee zum 10.Mai 1936 (Präfekt Nacu Dumitru, Bürgermeister Dr. Muresan, Vizebürgermeister Ioan Rusu, Kommandant und Adjunkt der 2. Division der Gebirgsjäger)
10th May, 1936 Parade (The prefect Nacu Dumitru, The Mayor Dr. Mureșan, The Mayor-Deputy Ioan Rusu, The Commander and the Deputy of the Second Division Mountain Corps)

Corpul profesoral al Liceului german, 1923
Professorenkollegium des deutschen Lyzeums 1923
The German highschool teachers, 1923

Culesul de struguri la Viișoara, 1920
Weinlese in Viișoara 1920
Grapes harvesting at Viișoara, 1920

Vizita Mitropolitului Bălan la Bistrița în 3 martie 1934
Besuch des Mitropoliten Balan in Bistritz am 3. März 1934
The visit of Bălan, the Metropolitan bischop, in Bistrița on March 3rd 1934

Vizita Episcopului Iuliu Hosu la Bistriţa în anul 1942
Besuch von Erzbischof Iuliu Hosu in Bistritz 1942
Bishop Iuliu Hossu's visit to Bistriţa in 1942

Familia Hopârcă în curtea gospodăriei de pe Burich, 1942
Familie Hopârcă bei ihrem Bauernhof am Burgberg 1942
The Hopârcă family in their household on Burich, 1942

Defilarea saşilor bistriţeni, 1940
Defilee der Bistritzer Sachsen 1940
The Bistriţa saxon people's parade, 1940

Vedere generală din Codrişor, 1940
Übersicht vom Codrisor aus 1940
Panoramic view from Codrişor, 1940

Fichy torcând, 1948
Fichy beim Spinnen
Fichz spinning, 1948

La săniuş pe Dealul Budacului, 26 ianuarie 1986
Beim Schlittenfahren auf dem Budaker Berg am 26. Jänner 1986
Sleighing on Budacu Hill, January 26th, 1986

Bistriţa ieri şi azi
Bistritz gestern und heute
Bistriţa: Yesterday and today

Biserica ortodoxă de sus, cel mai vechi monument arhitectonic al oraşului
Obere orthodoxe Kirche, das älteste architektonische Denkmal der Stadt
The upper side Orthodox Church, the oldest arhitectural monument of the town

Turnul Dogarilor ~ Der Faßbinder-Turm ~ The Coopers' Tower

Biserica evanghelică ~ *Die evangelische Kirche* ~ *The Evangelical Church*

Sala Polivalentă ~ *Der Allzwecksaal* ~ *The Sports Centre*

Poşta veche ~ *Die Alte Post* ~ *The old Post office*

Hotel "Coroana de Aur" ~ *Hotel „Coroana de Aur"* ~ *The "Golden Crown" Hotel*

Blocul şi complexul comercial "Domus" ~ Wohnblock mit Geschäftskomplex „Domus" ~ The block of flats and the "Domus" shopping centre

Casa Argintarului ~ Das Haus des Silberschmiedes ~ Silver Jeweller's House

Casa Municipală de Cultură ~ *Das städtische Kulturhaus* ~ *The Town House of Culture*

Camera de Comerț, Industrie și Agricultură a județului
Kammer für Handel, Industrie und Landwirtschaft des Landkreises ~ *The County Chamber of Commerce, Industry and Agriculture*

Hotel "Codrişor" ~ *Hotel Codrişor* ~ *"Codrişor" Hotel*

Colegiul Național "Liviu Rebreanu" ~ *Nationalcollegium „Liviu Rebreanu"* ~ *"Liviu Rebreanu" National College*

Strada George Coşbuc
Strada George Cosbuc
George Coşbuc Street

Catedrala ortodoxă
Orthodoxe Kathedrale
The Ortodox Cathedral

Primăria municipiului ~ *Rathaus der Stadtgemeinde* ~ *The Town Hall*

Prefectura ~ *Präfektur* ~ *The Prefect's Office*

Noul pod al Budacului ~ *Die neue Budaker Brücke* ~ *The new Budac Bridge*

Palatul de justiție ~ *Der Justizpalast* ~ *The Court of Law*

Piața Centrală ~ *Hauptplatz* ~ *Central Square*

Bulevardul Independenței ~ *Bulevardul Independenței* ~ *The Independence Boulevard*

Pasaj
Passage
A Passage

267

Liceul "Andrei Mureşanu" ~ *Lyzeum „Andrei Mureşanu"* ~ *The "Andrei Mureşanu" highschool*

Bistrița

2007

Respectat profesor şi distins pedagog, vrednic gospodar al şcolii româneşti, remarcabil cercetaş, Omul cu inima cât lumea, acesta este Domnul Oscar Scrabel, împătimitul şi iremediabil îndrăgostitul de Bistriţa, urbe încărcată de istorie, ca mărul de roade şi dăruită cu oameni cuminţi, care i-au cinstit fiinţa.

Domnul Oscar Skrabel semnează cu numele său, din iubire şi respect, cu nostalgie firescă şi aducere aminte din plin probată, albumul marii familii bistriţene.

Semnul Domniei Sale rămâne icoană, înălţată din lumină, în turnul conştiinţei noastre.

Dorina-Silvia Ceoarec

Profesor, Oscar Skrabel